Verhandlungen von 1874.

Schriften

des

Vereins für Socialpolitik.

IX.

Verhandlungen von 1874.

Leipzig,
Verlag von Duncker & Humblot.
1875.

Verhandlungen

der

zweiten Generalversammlung

des

Vereins für Socialpolitik

am 11. und 12. October 1874.

Auf Grund der stenographischen Niederschrift von H. Roller in Berlin

herausgegeben

vom

Ständigen Ausschuß.

Leipzig,

Verlag von Duncker & Humblot.

1875.

Vorbemerkung.

Der stenographische Bericht über die Verhandlungen von 1874 erscheint leider später als in den Vorjahren. Da nur ein Stenograph thätig war, so war das Stenogramm sehr unvollkommen, und da von den Rednern einzelne in der Zeit nach dem Congresse sehr beschäftigt waren, so war das richtig gestellte Manuscript erst im Januar dieses Jahres vollständig. Die letzten von den Rednern besorgten Correcturen aber kamen erst im Februar in die Druckerei.

So ergab sich eine unwillkommene Verzögerung, obwohl die Verlagshandlung alles Manuscript so schnell druckte als möglich und obwohl der unterzeichnete Secretär sich alle Mühe gab, das Manuscript so schnell wie möglich zusammenzustellen. Beide aber waren dabei von den einzelnen Rednern abhängig, da sie die Lücken des Stenogramms nicht durch eigene Erfindung ausfüllen durften. Die geehrten Vereinsmitglieder werden wohl das späte Erscheinen des Berichts entschuldigen, wenn sie bedenken, daß ein einziger der vielen Redner im Stande war, den Druck des Ganzen aufzuhalten — gerade wie solche Verzögerungen bei Sammelwerken eintreten können. Als besondere Schwierigkeit ist noch zu erwähnen, daß zur Zeit des Drucks in Leipzig kein Ausschußmitglied des Vereins anwesend war, welches die Versammlung mitgemacht und kleine Correcturen brevi manu hätte besorgen können.

Die Gutachten zur Vorbereitung des nächsten Congresses, von denen eines schon eingelaufen ist, werden im Laufe des Sommers erscheinen. Es wird die angelegentlichste Sorge der Verlagshandlung und des Präsidiums sein, daß dieselben dem Publicum rechtzeitig zugänglich werden.

Bonn, im Februar 1875.

A. Held,
Schriftführer des Vereins für Socialpolitik.

Erste Sitzung.

Sonntag, den 11. October.

Prof. Dr. Nasse (Bonn) eröffnet um $9\frac{1}{2}$ Uhr die zahlreiche Versammlung mit folgenden einleitenden Worten:

Meine Herren! Der Ausschuß unsres Vereins hat mich beauftragt, die heutige General-Versammlung unsres V reins zu eröffnen. Ich heiße Sie in seinem Namen hier willkommen, und erla be mir, Ihnen zunächst einige geschäftliche Mittheilungen zu machen.

Vor Allem bedauere ich sehr, daß unser Schatzmeister, Herr Geibel in Leipzig, durch eine ernste Erkrankung verhindert ist, unter uns zu erscheinen. Es hat dies für uns leider die Folge, daß wir nicht in der Lage sind, einen Verwaltungs- und besonders finanziellen Bericht über das Vereinsvermögen erstatten zu können. Herr Geibel ist plötzlich erkrankt, und hat in dieser Beziehung uns seine Mittheilungen nicht mehr erstatten und seine Rechnungen nicht mehr aufstellen können. Der Ausschuß wird zu erwägen haben, auf welche andere Weise er den Vereinsmitgliedern über die finanzielle Lage Mittheilung machen kann.

Ferner haben sich außer Herrn Geibel eine Anzahl von Herren entschuldigt, die zum Theil auch durch Krankheit, zum Theil dringender Geschäfte halber verhindert sind, der Generalversammlung beizuwohnen. Sie knüpfen daran fast alle den Ausdruck lebhaften Bedauerns. Es sind dies die Herren Prof. Dr. Gneist und Schmoller, Stadtger.-R. Eberty, Senats-Secr. Eckardt, Prof. Dr. Schönberg, Fabrikant Borchert, Prof. Dr. Knies; auch Herr Dr. Schulze-Delitzsch bedauert in einem Privatbriefe, nicht theilnehmen zu können.

Der Ausschuß hat sich, wie in früheren Jahren, bemüht, die Verhandlungen der heutigen Generalversammlung vorzubereiten und zu fördern durch Gutachten, die er über die wichtigsten heute zur Verhandlung stehenden

Gegenstände von sachkundigen Männern eingezogen hat. Wir können den Verfassern solcher Gutachten nicht dankbar genug sein für die große Mühe und den großen Fleiß, den sie auf diese Arbeit gewendet haben. Ich glaube es aussprechen zu dürfen, daß in der That die in Rede stehenden Fragen durch die vorliegenden Druckhefte der Gutachten eine wesentliche Förderung und Klärung erfahren haben.

Diese Gutachten werden denjenigen Herren, die schon längere Zeit Mitglieder des Vereins sind, von Herrn Geibel zugesandt worden sein. Diejenigen, die dem Vereine erst jetzt beitreten, erhalten solche vorn beim Cassirer, soweit der Vorrath reicht. Wir bedauern, daß der Vorrath vielleicht nicht ausreichen wird.

Der Vorsitzende des Local-Comitees hat mich gebeten, die Herren, die etwa solche Gutachten bereits vom Tische genommen, ohne ihre Namen angegeben zu haben, zu ersuchen, dies noch nachträglich thun zu wollen, da derselbe über die abgegebenen Exemplare und die berechtigte Inempfangnahme Rechenschaft ablegen muß.

Sehr bedauerlich ist, daß die Gutachten in diesem Jahre so spät in die Hände der Mitglieder gekommen sind. Ich muß gestehen, daß ich über die Ursache dieser bedeutenden Verspätung einen Aufschluß nicht geben kann. Ich habe die Verhandlungen darüber nicht geführt; sie sind ausschließlich von Herrn Geibel und Herrn Prof. Gneist mit den Herren Gutachtern geführt worden, und aus den mir darüber zugekommenen Acten kann ich nicht ersehen, wie es gekommen ist, daß diese Gutachten erst vor wenigen Tagen an die Mitglieder gekommen sind.[1] Das aber kann ich versichern, daß der Ausschuß sich in Zukunft bemühen wird, die qu. Gutachten früher zur Vertheilung gelangen zu lassen.

An diejenigen Herren, die, ohne Mitglieder zu sein, auf Grund einer Zuhörerkarte hier zugelassen sind, habe ich die Bitte zu richten, in dieser Versammlung als Nichtmitglieder weder an den Debatten, noch an den Abstimmungen theilzunehmen, sich vielmehr, falls eine Abstimmung stattfindet, in den Hintergrund zu begeben, damit die Abstimmung sich unter den Mitgliedern leichter regeln läßt.

Der Ausschuß hat ferner in der heutigen Tagesordnung sich eine Aenderung erlaubt, die hoffentlich Ihre Billigung finden wird. Sie wissen, daß heute von anderer Seite um 3½ Uhr zur Besprechung der Reichs-Einkommensteuerfrage eine Sitzung anberaumt ist. Nun sind viele Mitglieder unsres Vereins auch dort Mitglieder und wir halten eine recht ausgedehnte Theilnahme unsrer Mitglieder an den dortigen Verhandlungen für höchst wünschenswerth. Wir haben deshalb für nöthig gehalten, das heutige Mittagessen von 3 Uhr auf 7 Uhr zu verlegen. Wir dachten, daß wir bis etwa 3½ Uhr mit einer kurzen Pause, einen erheblichen Theil unsres Programms erledigen können. Auf eine Abendsitzung wird aber dann freilich zu verzichten sein.

Nun bitte ich Sie, sich zu constituiren, und vor Allem einen Präsidenten zur Leitung der diesjährigen Verhandlungen wählen zu wollen.

Prof. Dr. Hildebrand: Das Präsidium ist in so guten Händen, daß

---

[1] Note der Redaction: Der Grund war einfach die sehr verspätete Einsendung einzelner Manuscripte.

ich vorschlage, durch Akklamation den Herrn Prof. Dr. Nasse zum Präsidenten wählen zu wollen. (Beifall.)

Prof. Dr. Nasse: Ich bin mir wohl bewußt, wie weit ich in parlamentarischer Gewandtheit und Erfahrung dem ausgezeichneten Manne nachstehe, der in den beiden letzten Jahren die Verhandlungen hier geführt hat. Wenn ich das Amt doch annehme, so thue ich es in der Hoffnung, daß Sie mich durch Ihre Mitwirkung recht rege unterstützen.

Ich hätte aufrichtig gewünscht, daß Ihre Wahl nicht wieder auf einen Professor gefallen wäre, denn Sie wissen ja, welche Vorwürfe dem Character unserer Verhandlungen gemacht werden. Dennoch aber glaube ich, daß wir uns darum nicht gerade allzusehr zu bekümmern haben, denn der Tadel des „Professorenmäßigen", des „Kathedermäßigen", ist im Laufe dieses Menschenalters schon einmal einer politischen Bewegung gemacht worden, die ebensowenig allein von Professoren ausging oder getragen wurde; ich meine die deutsche Professoren-Politik zu Frankfurt a. M., Gotha, Erfurt, welche vor zwanzig Jahren der Spott aller erfahrenen und weisen Staatsmänner nicht nur Deutschlands, sondern auch fast aller andern Staaten Europas war. Nun, diese deutsche Professoren-Politik ist zu Ehren gebracht worden durch unsren größten, bedeutendsten Staatsmann. Er hat sie in ihren Zielen adoptirt und in seiner Genialität die Mittel zu ihrer Durchführung gefunden, und ich habe die Hoffnung und das Vertrauen, daß auch unseren Bestrebungen die Zukunft gerecht werden wird. Wohl weiß ich, daß auf socialem Gebiete auch der bedeutendste Gesetzgeber und der genialste Staatsmann nicht durchgreifende Maßregeln ergreifen kann; daß großartige, überraschende Erfolge nicht entfernt zu hoffen sind, sondern daß auch die Staatsgewalt sich begnügen muß, zur Erreichung des fernen Zieles nur Sandkorn an Sandkorn zu reihen. Dieses Vertrauen begründet sich auf den gemeinsamen Character jener Bewegung vor 25 Jahren und unserer heutigen Bestrebungen. Ich erkenne in beiden den idealen Sinn unseres Volkes, der nicht blos die augenblicklichen Zustände ins Auge faßt, sondern auch hinausschaut auf die Ziele, nach denen er streben will und die vollkommenere Gestalt, welche die menschlichen Dinge zu erlangen bestimmt sind; der sich im Streben danach nicht behindern läßt, sei es durch die Ungunst der öffentlichen Meinung, sei es durch andere Schwierigkeiten.

Ich hoffe, wir werden bei unsern Verhandlungen zeigen, daß wir nicht Gönner der Socialdemokratie sind; daß wir uns aber auch nicht darauf beschränken, diese Partei in ihrer großen wirthschaftlichen Schwäche und noch größern sittlichen Verkehrtheit zu kennzeichnen, sondern daß wir von den Symptomen zurückgreifen auf die Ursachen der zu Tage getretenen Krankheit, und daß wir in angestrengter Arbeit zusehen, wie man diesen Ursachen abhelfen und diese Schäden heilen kann!

Meine Herren! Der Ausschuß hat Ihnen eine Tagesordnung vorgeschlagen, vorzüglich in Bezug auf die Reihenfolge der zu besprechenden Gegenstände. Wenn nicht Widerspruch dagegen erfolgt, nehme ich an, daß die Generalversammlung diese Reihenfolge billigt und daß wir zunächst zur Besprechung der Frage über die „Bestrafung des Arbeitsvertragsbruches" übergehen.

Herr Dannenberg: Ich möchte bitten, jetzt nur über den ersten Gegenstand der heutigen Tagesordnung einen Beschluß zu fassen.

Vorsitzender Dr. Nasse: Ich glaube auch, daß das ganz zweckmäßig ist.

Nach unserem Statute liegt uns nun zunächst ob, die Vicepräsidenten zu ernennen. Nach vorheriger Besprechung mit dem Ausschuß erlaube ich mir als Vicepräsidenten vorzuschlagen die Herren Prof. Hildebrand, Staatsminister v. Roggenbach, Prof. v. Sybel.

(Wird angenommen.)

Die Arbeiten des Secretariats bitte ich übernehmen zu wollen die Herren Prof. Held und Prof. Knapp, Reichstagsabgeordneter v. Bojanowski, Buchhändler Mühlbrecht und ersuche, daß einer dieser Herren hier die Rednerliste führe.

In Bezug auf die Tagesordnung gebe ich nun das Wort dem Herrn Prof. Held.

Referat

des Prof. Dr. A. Held (Bonn) über die

Bestrafung des Arbeitscontractbruchs[1]).

(Die Noten unter dem Texte sind für die gedruckten Verhandlungen eingefügt worden und wurden im Vortrage nicht gesprochen.)

Als vor 2 Jahren die Frage der Bestrafung des Arbeitscontractbruchs an dieser Stelle nur ganz gelegentlich und nebenbei zur Sprache kam, ging der Vorschlag des Referenten und die allerdings zugleich stark bestrittene Ansicht vieler Mitglieder der Versammlung dahin, daß neue Strafen auf den Contractbruch zur Zeit nicht eingeführt werden sollen, d. h. man wollte, daß es einstweilen bei der bestehenden Gesetzgebung verbleiben solle.

Obwohl es sich dabei um eine offenbar höchst conservative und durchaus nicht einmüthige Ansicht handelte, so diente dieselbe doch als Grundlage vielfacher und heftiger Angriffe gegen unseren Verein überhaupt.

Da nun meine persönliche Ansicht in der Frage von derjenigen, welche im

---

[1]) Literatur:

1) Verhandlungen des ersten Eisenacher Congresses 1872.
2) Dannenberg, Das deutsche Handwerk und die sociale Frage. Leipzig 1872.
3) Landgraf, Sicherung des Arbeitsvertrags (Holtzendorff und Oncken). Berlin 1873.
4) Socialpolitische Flugblätter von Rudolf Meyer. I. Lieferung 1874.
5) Der Entwurf der Novelle zur Gewerbeordnung von A. Held in Hildebrand's Jahrbüchern XXII. 2. Heft.
6) Verhandlungen des Reichstags über den Entwurf einer Novelle zur Gewerbeordnung im Februar 1874 und Bericht der 6. Commission über diesen Entwurf s. in Hirth's Annalen 1874, Nr. 9.
7) H. B. Oppenheim, Gewerbegericht und Contractbruch. Berlin 1874.
8) Ueber Bestrafung des Contractbruchs. Gutachten des Vereins für Socialpolitik von Knauer, Roscher, Schmoller, Brandes, Brentano, Hirsch.
9) Holdheim, Der Arbeitsvertrag in seiner systematischen Stellung. Tübinger Zeitschrift f. d. ges. Staatsw. XXX. Heft 2.
10) Verschiedene Artikel in der Concordia, den Mittheilungen des mittelrheinischen Fabrikantenvereins 2c. 2c.

Jahre 1872 hier zur Geltung kam, im Resultate wenig abweicht, so sei es mir zunächst gestattet, über die Beurtheilung, welche unsere damalige Debatte erfuhr, einige Worte zu sagen.

Die Fragen der socialen Reform sind im allerhöchsten Maße junge Fragen. Es ist daher durchaus unvermeidlich daß Männer, die sich in principieller Hinsicht sehr nahe stehen, in einzelnen Punkten doch stark differiren. In unserem Verein selbst sind sogar Meinungsverschiedenheiten vorhanden, welche geradezu principielle genannt werden müssen, da ihre Träger nur in einzelnen principiellen Punkten übereinstimmen. Und dies liegt durchaus in der Absicht der Gründer unseres, eine vielseitige Besprechung socialer Fragen wünschenden Vereins. Nichts kann daher verkehrter sein, als für eine Ansicht eines einzelnen Mitgliedes sofort den ganzen Verein, die ganze Richtung verantwortlich zu machen. Für meine hier auszusprechende Ansicht bin ich allein verantwortlich und ich protestire von vornherein dagegen, daß man Etwas von dem, was ich sagen werde, sofort als die maßgebende Ansicht in unserem Vereine behandelt; ich muß diesen Protest aussprechen, da es leider geradezu Mode geworden ist, unsere Bestrebungen im Ganzen auf Grund von Aeußerungen einzelner Vereinsmitglieder zu beurtheilen, und noch einmal leider, nicht nur bei solchen Schriftstellern, welche gründliches Lesen überhaupt für unnöthige Mühe halten.

Die Fragen der socialen Reform sind ferner solche, welche die Interessen einzelner Stände berühren und daher leicht Leidenschaften aufregen. Die Ansicht, die Jemand über eine sociale Reform hat, wird fast immer einzelnen Ständen unbequem sein, wenigstens wenn diese nur ihren nächstliegenden Vortheil im Auge haben. Aus diesem ebenso beklagenswerthen als natürlichen Verhältniß entspringt eine doppelte Folge:

In der Debatte entsteht leicht theils in den Ansichten selbst, theils nur in dem Ton, in welchem sie geäußert werden, eine gewisse Gereiztheit und Neigung zu einseitiger Uebertreibung. Ich will hier nicht untersuchen, wer in allen diesen Fällen die erste Schuld hat, ja ich will auch nicht leugnen, daß aus unserem Kreise manches gereizte und manches unzeitgemäße Wort erklungen ist. Aber ich möchte es als einen von nun ab, bei unseren Verhandlungen wenigstens, unverbrüchlich festzuhaltenden Grundsatz hinstellen, daß wir ohne Leidenschaft über einzelne Fragen sachlich discutiren, daß alle Sprechenden nicht von ihren Privatinteressen, sondern lediglich von der Rücksicht auf das allgemeine Wohl ausgehen — und die gleiche Tendenz auch bei jedem Gegner in der Debatte annehmen.

Zu der Gereiztheit des Tons gesellt sich dann eine Neigung zu Mißverständnissen über die Ansicht des Gegners, die man natürlich, wenn mißverstanden, leicht heftig angreifen kann. Hier handelt es sich insbesondere um ein Mißverständniß, das den Gegner einer Contractbruchsstrafe vor Allen leicht trifft und das ich zur Einleitung meines Referats ein für allemal aufklären, resp. energisch zurückweisen möchte.

Nicht allen Mitgliedern dieser Versammlung, aber mir und meinen akademischen Freunden — unter denen denn oft noch Unterschiede gemacht werden — wird als innerstes Motiv ihrer Anschauungen sehr häufig eine hypersentimentale und zugleich sehr unpraktische, jedenfalls einseitige und gefährliche Arbeiterfreundlichkeit vorgeworfen. Hier ist nun ein Punkt, wo ich ausnahmsweise im Namen aller Mitglieder dieser Versammlung und aller meiner näheren Freunde sprechen kann.

Wir sind vor Allem ganz unbedingte Gegner der Socialdemokratie — ich sage ausdrücklich „Socialdemokratie", weil nur diese eine concrete Partei mit einigermaßen formulirtem Programm ist, während das Wort Socialismus keinen scharfen Begriff bezeichnet. Wir halten die materialistische, reichsfeindliche, alle Ideale zerstörende Socialdemokratie für eine durchaus zu bekämpfende Partei, ja ich behaupte, wir sind ihre energischsten Gegner, nur wollen wir gelegentlich mit anderen, mehr die Wurzel des Uebels angreifenden Waffen kämpfen, statt derjenigen, welche die fluctuirende Ansicht des großen Publikums vorschlägt. Auch wollen wir die Socialdemokratie, ehe wir sie bekämpfen, erst gründlich studiren, wobei wir ihr, ähnlich wie den Schutzzöllnern und Romantikern in der ersten Hälfte dieses Jahrhunderts, gewisse kritische Verdienste zugestehen müssen, aber auch nur solche kritische Verdienste. Ich kann über diesen Punkt nach den Aeußerungen unseres verehrten Präsidenten kurz hinweggehn. Was aber die Arbeiterfreundlichkeit und den Mangel praktischer Erfahrung im Allgemeinen betrifft, so sage ich rund heraus: wir sind Abkömmlinge der gebildeten und besitzenden Klassen und fühlen uns als Angehörige derselben. Ich kann sagen: „gebildete und besitzende Klassen," denn, Gott sei Dank, sind Besitz und Bildung keine Gegensätze in Deutschland und die Sinnesart, die man als Bourgeoisgeist bezeichnet, beherrscht nicht die Klassen, die in ihrer Gesammtheit dem Proletariat gegenüberstehn [1]). Wir wollen und müssen dem berechtigten und zeitgemäßen Einfluß dieses unseres Standes auf socialem und politischem Gebiete dienen, demjenigen Einfluß, der nur eine natürliche Folge größerer Bildung ist, der nie zur Unterdrückung, sondern nur zur Hebung der unteren Klassen benutzt werden kann und dem zu Ehren wir eben vor Allem Vermehrung der allgemeinen, nicht allein technischen Bildung in unserem Stande wollen. Nicht direct in die gewerblichen Interessen der besitzenden Stände verwickelt, gewohnt und dazu erzogen, momentane Erscheinungen als Glieder großer Entwickelungen zu betrachten, sind wir dem Irrthum in einzelnen Fällen gewiß in hohem Maße ausgesetzt. Aber wenn es uns nicht beifällt, eine Unfehlbarkeit des Katheders zu beanspruchen, so müssen wir doch den Anspruch auf eine absolute Ueberlegenheit

---

[1]) Ich gebrauche im Text das Wort „Proletariat", nicht „Arbeiter", um nicht den alten Einwurf heraufzubeschwören, daß „wir Alle Arbeiter seien". Freilich sind wir Alle Arbeiter in gewissem Sinne, aber wenn man von Arbeiterstand spricht, so meint man heute die „Nichts als Arbeiter" oder mit anderen Worten die Lohnarbeiter ohne Besitz und höhere Bildung, welche von dem täglichen Ertrag ihrer vorwiegend mechanischen Arbeit leben müssen. Diese Arbeiter im technischen Sinne des Worts, oder die Proletarier bilden eine in der That durch gemeinsame Interessen verbundene, wenn auch nicht scharf abgegrenzte Klasse, der alle anderen Mitglieder der Gesellschaft gegenüberstehn. welche entweder durch Besitz eine mehr selbstständige, gesicherte und wirthschaftlich herrschende Lage haben, oder durch besondere Bildung eine exceptionelle, höher angesehene und mit gesicherter Stellung gelohnte Arbeit verrichten können. Deshalb kann man von besitzenden und gebildeten Ständen gegenüber Arbeitern oder Proletariat reden, zumal größere Bildung gewöhnlich nur auf Grundlage einiges Besitzes erworben wird und größere Bildung sich leicht Besitz verschafft. Diesen Gegensatz präcisiren, statt ihn durch das Wort Arbeiter in weiterem Sinne zu verwischen, heißt nicht Klassenhaß predigen, sondern es heißt: eine sociale Thatsache offen gestehen, um dann die verschiedenen und gegenseitigen Pflichten beider sich ergänzenden Stände festzustellen.

der sogenannten Praxis über die Wissenschaft als eine Begriffsverwirrung, nicht als eine falsche Ansicht zurückweisen, da wir überhaupt keinen solchen Gegensatz erkennen können. Denn unsere Wissenschaft ist nichts Anderes als ein systematisches Durchdenken vieler vergangener und gegenwärtiger einzelner praktischer Fälle, gerade unsere Richtung hat die emsige Beobachtung der realen Verhältnisse auf ihre Fahne geschrieben. Jede praktische Erfahrung die sich geltend macht, wird von uns als werthvoller Theil der gesammten Basis unserer Wissenschaft willkommen geheißen, zu jeder Correctur unserer Ansichten sind wir, wenn überzeugt, bereit — nur können wir jeder einzelnen praktischen Erfahrung und jedem einzelnen praktischen Interesse (die sich ja untereinander beständig bekämpfen und widersprechen) nicht in jedem Augenblick unbedingt Recht geben. Ich glaube, es haben auf die unpraktische Wissenschaft lächelnd herabzusehen, diejenigen am wenigsten Recht, welche als unsere Gesinnungsgenossen auf dem Gebiete der von den Mittelständen getragenen nationalen Politik sich gerne rühmen deutschem Idealismus zu dienen; und es haben diejenigen Männer der Praxis kein Recht, neue Entwickelungen der ökonomischen Wissenschaft ohne Untersuchung zurückzuweisen, welche sich der älteren, rein abstracten Freihandelslehre in die Arme geworfen haben. Die relative Berechtigung der erwähnten Lehre erkennen wir nebenbei bemerkt in hohem Maße an (zumal wir alle Freihändler im engeren Sinne des Wortes gegenüber schutzzöllnerischer Praxis sind), nur können wir sie nicht als die für alle Zeiten absolut abschließende, von jeder neuen Untersuchung dispensirende Weisheit betrachten.

Soviel davon, daß wir unpraktisch genannt werden. Ich komme wieder zu dem eigentlichen Thema der Arbeiterfreundlichkeit: Männer der Wissenschaft, die verlangen müssen, in gesicherter Ruhe durch ihre stille Arbeit dem Fortschritt der Cultur zu dienen, können am wenigsten wünschen, daß die ungebildeteren Klassen zu einem die Cultur bedrohenden einseitigen Uebergewicht gelangen. Wenn wir aus der Gelehrtenstube, wie dies zu allen Zeiten vorgekommen ist, uns gelegentlich herausbegeben auf das Gebiet der Agitation, so kann dies nur geschehen, um dem socialen Frieden zu dienen. Wer dem Frieden dienen will, muß beide Parteien hören und verstehen. Nun kann doch Niemand leugnen, daß die Interessen der besitzenden Klasse, zu der wir uns rechnen, in Wort und Schrift reichlichst vertreten werden. Wenn nun ein einzelner Gelehrter das, was der Arbeiter empfindet und will, auszusprechen und im Zusammenhalt mit ähnlichen Erscheinungen vergangener Zeiten zu erklären sucht, wenn er dabei ausnahmsweise einmal einseitig wird — ist er deshalb ein Feind der besitzenden Klassen? Viele von uns haben sich ängstlich von solcher Einseitigkeit ferne gehalten, Andere haben sich ihrer namentlich nach ausgebrochenem Kampfe der Schulen, wie behauptet wird, schuldig gemacht. Aber ich frage: Wenn Jemand, der zu den besitzenden und gebildeten Klassen gehört, die gewöhnlichen Geldinteressen dieser Klassen aber zufällig nicht hat, wenn dieser von den Bedürfnissen und Rechten der Arbeiter spricht, mit denen die Besitzenden doch trotz alles momentanen Streits in Bund und Frieden leben müssen, — was thut er anders, als daß er seinen eigenen, den höher stehenden und besser situirten Stand aufmerksam macht auf diejenigen Pflichten, durch deren Erfüllung allein die höhere Stellung aufrecht erhalten werden kann? Weil wir unsere Pflichten betonen, ähnlich wie es früher V. A. Huber that, sind wir deshalb Freunde oder Gegner unseres

Standes? Sind wir nicht eben deshalb seine besten Freunde, bessere als die Wenigen, die nur auf die Rechte des Besitzes pochen, oder diejenigen, die das absolut ungestörte Verfolgen der egoistischen Sonderinteressen für das einzige Urrecht der Menschheit erklären? Mit den unberufenen, wenn gleich oft naiven und glücklicherweisein Deutschland nie sehr heimisch gewesenen Wohldienern des Besitzes, die ich mit den Freihändlern als solchen keineswegs identificire, können wir freilich weder debattiren, noch transigiren; aber wenn wir uns mit diesen nicht verständigen können, so sollten sie doch nicht fähig sein zu bewirken, daß wir mißverstanden werden. Die Ansicht, daß höhere Stellung höhere Pflichten auferlege und daß diejenigen, welche sie inne haben, eine größere Unparteilichkeit gegen die unteren Klassen, eine gewisse Souverainität gegenüber ihren momentanen Sonderinteressen haben müssen — diese Ansicht hat uns zusammengeführt und vereinigt. Wir wollen Befriedigung der gerechtfertigten Bedürfnisse der unteren Klassen, wir wollen Organisation und Ordnung in den Gewerben durch vorsichtige Reform der bestehenden Verhältnisse, damit nicht aufregende Kämpfe alle Ordnung und damit die Stellung der Besitzenden selbst untergraben. Wir wollen sittliche Zucht — erlauben Sie diesen Ausdruck als Anklang an das so vielfach mißverstandene „sittliche Pathos" — in beiden Ständen und namentlich in unserem eigenen, denn nur die Tugenden, die wir selbst in höherem Maße üben, können wir von den Arbeitern verlangen. Wir wollen keine Ueberstürzungen und halten die Weltbeglückungsträume der Socialdemokraten für gefährlichen Unsinn. Aber wir wollen uns über Maßregeln die zur Erreichung gewisser im letzten Grunde allerdings idealen Ziele zunächst möglich sind, ruhig und vorurtheilsfrei besprechen und dabei nicht nur fragen, was wir von Anderen, sondern was wir von uns selbst zu fordern haben.

Diese und keine anderen Grundabsichten bitte ich uns unterzuschieben, mag im Augenblick dies oder jenes Wort auch hart erscheinen. Diese Grundabsichten muß ich zunächst bitten, bei mir anzunehmen, wenn ich zur Zeit gegen ein isolirtes Gesetz zur Bestrafung des Contractbruchs bin. Diese letztere Ansicht ist in der That eine höchst discutable, aber mein Motiv, daß Alles was auf socialem Gebiet geschieht oder nicht geschieht, dem dauernden socialen Frieden dienen solle, dies Motiv darf unter uns nicht discutabel sein.

Auf die vollständige Gewährung meiner Bitte kann ich wohl um sosicherer hoffen als die Frage nach Bestrafung des Contractbruchs nicht einmal zu den eigentlichen Parteifragen zwischen den sogenannten Socialpolitikern und Fr ihändlern gehört. Bekanntlich sind sogenannte Freihändler, die es mit der Abneigung gegen Staatsintervention sehr ernst nehmen, durchaus gegen eine Bestrafung des Contractbruchs, während ein Mitglied unseres Vereins, mein geehrter Correferent, sozusagen der publicistische Erfinder der Contractbruchsstrafe ist. Und wenn Sie die Gutachten über unsere Frage nehmen, die unser Verein veranlaßt hat, und die wohl unbedingt in ihrer Vereinigung die gründlichste und interessanteste Veröffentlichung über unser Thema ausmachen, die bisher erschienen ist, so finden Sie alle denkbaren Ansichten — und Interessen vertreten. Arbeitgeber und Arbeiter sprechen, nicht immer ohne Einseitigkeit, durch den Mund des Herrn Knauer und Dr. Max Hirsch. Dazwischen spricht auch der Professor — und Sie finden, daß mein Freund Brentano nicht gegen eine Bestrafung des Contractbruchs ist!

Ist unsere Frage keine Parteifrage, so ist zugleich die jetzige Zeit, d. h. die Zeit des Rückschlages gegen eine übertriebene Speculationsperiode, zur ruhigen Besprechung unseres Themas sehr geeignet.

Daß man von einer Bestrafung des Contractbruchs seit 2 — 3 Jahren, d. h. also unmittelbar nach Erlaß der neuen Gewerbeordnung, so viel gesprochen hat, beruht meines Erachtens auf sehr verschiedenen Motiven:

Das häufige Vorkommen mehr oder minder turbulenter Arbeitseinstellungen seit Gewährung der Coalitionsfreiheit hat in Arbeitgeberkreisen, inclusive der Großindustriellen, eine natürliche Entrüstung und das unklare Bedürfniß, Etwas dagegen zu thun, hervorgerufen, — in welchen Gefühlen das ganze kaufende Publikum wegen der Vertheuerung der Waaren mit den Arbeitgebern sympathisirt. Nun glaube ich, daß die Tendenz, Strikes zu erschweren, bei der Mehrzahl der Anhänger einer Contractbruchsstrafe nicht das leitende Motiv ist, aber es wirkt immerhin bei einem Theil der Anhänger dieser Ansicht, und bei vielen Anderen herrscht wenigstens das dunkle und unklare Gefühl, man solle die strikelustigen und übermüthigen Arbeiter überhaupt irgendwie die Macht des Gesetzes, d. h. eine stärkere Macht fühlen lassen.

Dieses vielfach nur empfundene, nicht bewußte Gefühl des Aergers kann jedenfalls nicht als Motiv des Gesetzgebers in Betracht kommen. Es verurtheilt sich selbst als ein Zeichen von Schwäche. Ich erwähne es nur, weil es ganz gewiß die Zahl der Anhänger einer Contractbruchsstrafe im großen Publikum vermehrt hat. Diese haben aber auch noch ganz andere und sehr zu berücksichtigende Motive.

In der eigentlichen Fabrikindustrie erscheint der Contractbruch als solcher nicht als ein erhebliches Uebel, wie dies Stumm und Andere anerkannt haben. In Fabriken ist eintägige Kündigungsfrist, welche den Contractbruch geradezu unmöglich macht, vielfach eingeführt. Wo dies nicht der Fall ist, weiß sich der Fabrikant durch verschiedene Bestimmungen der Fabrikordnung (Conventionalstrafen, Cautionen, Termine der Lohnzahlung ꝛc. ꝛc.) vor Contractbruch der Arbeiter zu schützen. Für den einzelnen entlaufenen Arbeiter bekommt der Großfabrikant leicht einen anderen, weil ja zur Großindustrie die Arbeiter sich gegenwärtig drängen. Es kann wohl vorkommen, daß ein Fabrikant, der bestimmte Lieferungen übernommen hat, durch einen Massencontractbruch seiner Arbeiter einmal sehr geschädigt wird. Aber meines Erachtens wird dann das zumeist Störende doch immer der Strike sein und nicht die Außerachtsetzung der 14- oder 8tägigen Kündigung. Freilich können bei Strikes, denen Kündigung vorangeht, Vermittlungsversuche gemacht werden, — kurz, ich gestehe zu, daß der Contractbruch auch in der Großindustrie ein Uebel ist, aber er ist hier für sich allein kein so erhebliches Uebel, daß er allgemeine Aufregung in Arbeitgeberkreisen hervorgerufen und die allgemeine Aufmerksamkeit auf sich gezogen hätte. Die Interessen großer Arbeitgeber werden relativ wenig davon berührt, wie ich denn aus dem Munde vieler und zwar hervorragend humaner Arbeitgeber gehört habe, wenn ein Arbeiter nicht bei ihnen bleiben wollte, so sei es ihnen um so lieber, je eher er die Fabrik verlasse [1]).

---

[1]) S. auch das Roscher'sche Gutachten S. 21 u. 30.

Anders steht die Sache bei dem kleinen Handwerk und der Landwirthschaft. Dies sind Erwerbszweige, die zur Zeit überhaupt an relativem Arbeitermangel leiden und sich vielfach in wirthschaftlich bedrängter Lage befinden. Längere Contracte, wenn auch nur auf Wochen, liegen hier mehr in der Natur des Verhältnisses, da der Meister seinen Kunden die übernommenen Bestellungen nicht ausführen, der Landwirth die angefangenen Arbeiten nicht vollenden kann, wenn ihn der in Zeit- oder Stück-Lohn engagirte Arbeiter verläßt und wie gewöhnlich, Ersatz nicht sofort oder gar nicht zu finden ist. In der Landwirthschaft wirkt auch der Contractbruch des Gesindes empfindlich, während bei dem zu rein persönlichen, nicht gewerblichen Diensten engagirten Gesinde der Fall doch mehr wie bei den Arbeitern der Großindustrie so liegen möchte, daß Niemand einen widerwilligen Dienstboten halten mag. Besonders schlimm wirkt dann noch im Handwerk der Contractbruch der Lehrlinge, weil derselbe jede gründliche Ausbildung gelernter Arbeiter verhindert.

Ich brauche diesen Gegenstand in Anbetracht unserer eingehenden Gutachten nicht weiter auszuführen. Es kann als feststehend betrachtet werden, daß der Contractbruch der Arbeiter, Gesellen, Lehrlinge und des Gesindes im Kleingewerbe und in der Landwirthschaft schwere wirthschaftliche Nachtheile mit sich bringt, indem er die Existenz der betreffenden Arbeitgeber in einzelnen Fällen bedroht und in allen die regelmäßige Fortführung der Wirthschaft stört.

Diese Drangsale des Handwerks und der Landwirthschaft können geradezu gemeingefährlich genannt werden, nicht nur wegen der dadurch bewirkten Vertheuerung der Waaren, sondern weil diese Gewerbe im Interesse der Erhaltung eines gesunden **Mittelstandes** aufs Aeußerste geschont werden müssen.

Die gerechtfertigten Interessen der Landwirthschaft und des Kleingewerbes sind das erste wichtigere Motiv für die Bestrafung des Contractbruchs. Dazu kommt aber noch ein zweites, welches sich zugleich auf die Großindustrie bezieht.

Wenn Contractbruch überhaupt häufig wird, wenn derselbe, ähnlich wie das Wildern und Schmuggeln in gewissen Gegenden, im Arbeiterstande nicht mehr als ehrenrührig betrachtet wird, so muß daraus eine sittliche Verwilderung des Arbeiterstandes entstehen, welche die weitestgehenden Folgen hat. Es giebt keine Freiheit ohne die Schranke des Rechts. Freiheit des Arbeitscontracts und der Coalition können nur dann als ein Fortschritt betrachtet werden, wenn die frei übernommenen Verpflichtungen mit der höchsten Gewissenhaftigkeit, ja mit einem gewissen Stolze erfüllt werden. Wenn nun diejenige sittliche Zucht, welche das Correlat der Freiheit sein muß, zu verschwinden droht, so macht sich nothwendig bei Allen, welche Gefühl für Recht und Ehre haben, eine sittliche Entrüstung geltend welche himmelweit von dem oben erwähnten Aerger über Strikes entfernt ist.

Nun ist der Staat nicht die Quelle aller Sittlichkeit; aber er ist der Wächter der Sittlichkeit, soweit sie sich in Rechtssätzen verkörpert, und er hat durch seine Institutionen nach unserer Ansicht auch sonst, so weit er kann, für Aufrechterhaltung und Stärkung der sittlichen Kraft des Volkes zu sorgen. Es ist daher sehr naheliegend, wenn der Rechtssinn des Volkes bedenklich ins Schwanken kommt, eine Reaction und Hilfe durch die öffentliche Rechtsordnung zu verlangen. Und ich stehe nicht an, dies als den schwerwiegendsten Grund für Bestrafung des Contractbruchs zu erklären, daß man das Volk durch eine Strafe, welche nur den ehrlos Handelnden bedroht, vom Rechtsbruch und der Gewöhnung an den Rechtsbruch abhalten will. Dabei ist es gar nicht nöthig, an die Abschreckungstheorie zu denken. Man kann einfach beabsichtigen, durch Definition des Delicts und Decretirung der Strafe die Begriffe von Recht und Ehre zu rectificiren.

Ich gehe unbedenklich noch weiter und gestehe zu, daß der Contractbruch nicht nur von moralischem Gesichtspunkt aus Strafe verdient, sondern daß auch juristisch sich solche Strafe durchaus rechtfertigen läßt. Die Grenzen zwischen civilistischem und criminalistischem Unrecht haben sich niemals und werden sich niemals durch eine aprioristische Definition und logische Distinction allgemeingültig bestimmen lassen. Der Bruch eines civilrechtlichen Contracts wird als strafbar anerkannt werden müssen, so oft darin eine Gefahr für die Aufrechterhaltung der öffentlichen Rechtsordnung liegt. Und dies ist offenbar der Fall, wenn der Contractbruch das wirthschaftliche Leben zerrüttet und seiner rechtlichen Basis beraubt.

Das gemeingefährliche Unrecht, das im Contractbruch liegt, wird natürlich nicht nur vom Contractbrüchigen selbst, sondern wo möglich in höherem Maße von dem Arbeiter und Arbeitgeber geübt, der einen Anderen zum Contractbruch anreizt, denselben erleichtert und unterstützt. Daher, um von vornherein jeden Verdacht einer sentimentalen Beschönigung des Unrechts auszuschließen, erlaube ich mir, folgende erste These vorzuschlagen, welche im Gegensatz zu den anderen wohl sicher eine von allen Anwesenden getheilte Ansicht ausspricht:

I. Der Bruch des Arbeitsvertrags so wie die directe oder indirecte Verleitung zu demselben erscheint nicht nur als ein namentlich die Landwirthschaft und das Kleingewerbe schwer schädigendes wirthschaftliches Uebel, sondern vor Allem als ein schweres **Unrecht**, das vom moralischen Standpunkt durchaus verdammt werden muß und dessen Bestrafung juristisch durchaus zulässig ist.

So sehr ich aber den Contractbruch als unrecht und sogar strafwürdig betrachte, so kann ich daraus doch nicht den Schluß ziehen, daß die sofortige gesetzliche Einführung der Contractbruchsstrafe eine unabweisbare Nothwendigkeit sei. Es würde sich daraus nur die vorläufige Beibehaltung bestehender Strafen — bis zum Erlaß einer neuen, allseitig durchgreifenden Gesetzgebung rechtfertigen lassen. Bei uns handelt es sich aber um eine neue That der Gesetzgebung, und wenn man ein Uebel und Unrecht als solches erkannt hat, so ist, ehe man Mittel dagegen vorschlägt, immer die schwierigere Frage nach den eigentlichen Gründen des Uebels zuerst zu untersuchen.

Wenn nun auch durchaus zuzugestehen ist, daß der Contractbruch sittliche Verwilderung befördert, also eine Ursache socialer Mißstände ist, so ist er doch nur eine secundäre Ursache gewerblicher Verwirrung und sein häufiges Vorkommen ist seinerseits zunächst Folge gewisser allgemeiner Verhältnisse. Es ist in den Gutachten des Weiteren ausgeführt, daß der Contractbruch die Folge der plötzlich eingeführten Gewerbe- und Coalitionsfreiheit und Freizügigkeit ist, deren richtiger Gebrauch erst von beiden Seiten gelernt werden muß und zunächst durch die nach 1870 eingetretene Periode der Ueberspeculation sehr erschwert wurde. Daraus folgt, daß ein Abnehmen oder Verschwinden des Uebels möglich ist, wenn nur die bestehende neue Gesetzgebung sich mehr eingelebt hat. Ein solches Abnehmen ist aber geradezu zu erwarten, wenn die bestehende Gesetzgebung zugleich durch neue organische Gesetze und freiwillige Institutionen ergänzt wird. Ich denke dabei an Gesetze, die eine gewisse Ordnung im Lehrlingswesen, Hilfscassenwesen, Vereinswesen, die Fabrikordnungen ꝛc. einführen, und dadurch den wüsten Gebrauch der Freiheit vorbeugend verhindern.

Ich gehöre nicht zu Denjenigen, welche in der Ausdehnung der Schule und des Bildungswesens das einzige Heilmittel gegen sociale Schäden erblicken. Um Contractbruch und dergleichen zu verhüten, brauchen wir nicht intellectuelle, sondern moralische Bildung, welch letztere nur in verschwindendem Maße durch Belehrung gefördert werden kann, in hohem Maße aber durch Stärkung eines wahrhaften innerlichen religiösen Lebens — und durch rechtliche und sociale Institutionen. Aber wenn ich nicht auf Bildung und Fortschritt der Zeiten im Allgemeinen zu vertrösten geneigt bin, so bin ich doch durchaus der Ansicht, daß sociale Uebel am Grunde und nicht an ihren Symptomen angepackt werden müssen, und daß Derjenige, der sich mit einer äußerlichen Reaction gegen solche Symptome begnügt, leicht bittere Enttäuschungen erleben kann. Und ein erfolgloses Gesetz könnte dem Rechtssinne des Volkes nicht minder schädlich werden als eine Sitte des Contractbruchs selbst. Ich erlaube mir daher, der ersten Thesis gleich eine zweite anzureihen:

II. Das häufige Vorkommen des Contractbruchs erzeugt und befördert sittliche Verwilderung des Arbeiterstandes. Indessen ist dasselbe doch vor Allem als Folge tiefer liegender Verwirrung in den gewerblichen Verhältnissen zu betrachten. Daher erscheinen die practischen Folgen einer Contractbruchsstrafe als sehr zweifelhaft, was um so mehr zu beachten ist, als eine solche juristisch zulässig, aber nicht geboten ist.

Zur Unterstützung der vorangehenden Ansichten sei besonders betont, daß die Bestrafung des Contractbruchs juristisch als zulässig, aber nicht als nothwendig in Folge unserer allgemeinen Rechtsprincipien erscheint. Wir strafen den Bruch von Lieferungscontracten nicht, wir kennen kein allgemeines Delict auch indirecter Vermögensbeschädigung. Auch auf anderem Gebiet als dem der Delicte gegen das Eigenthum, z. B. auf dem der Sittlichkeitsdelicte, lassen wir unter Umständen durchaus strafbare und criminalistisch unrechte Handlungen ungestraft, wenn wir von der Strafe mehr schädliche Aufregung als Correctur der Sittlichkeitsbegriffe erwarten. Der Bruch civilrechtlicher Verträge muß jedenfalls nur dann gestraft werden, wenn wir vor einem weitverbreiteten, die öffentliche Sicherheit gefährdenden Nothstand stehn, der sich nicht anders und nicht besser heben läßt. Ich bin nicht der Ansicht, daß der Contractbruch nur gestraft werden könne, wenn er, wie bei Seeleuten, Gasarbeitern ꝛc., Gefahr für Leib und Leben Anderer bringt, aber die Nothwendigkeit seiner Bestrafung kann ich nur anerkennen, wenn sie als das einzige wirksamste Mittel zur Wiederherstellung geschwächten Rechtssinnes erscheint.

Als ein solches wirksamstes Mittel kann ich die Bestrafung des Contractbruchs aber so wenig anerkennen, daß ich sogar umgekehrt ihr eine Anzahl schädlicher Folgen zuschreiben muß.

Vielfach wurde behauptet, die Bestrafung des Contractbruchs würde von den Arbeitern als ein Classengesetz betrachtet werden und daher die Leidenschaftlichkeit des Classenkampfs nur vermehren. Dies wurde nicht nur von socialdemokratischer Seite, sondern auch von anderen Arbeitern und sogar von socialconservativer Seite vorgebracht. Der Vorwurf bezieht sich zunächst auf den in der vorigen Reichstagssession eingebrachten Gesetzentwurf, welcher Geldstrafe oder Haft einzuführen vorschlug. Nimmt man nun, wie berechtigt ist, an, der contractbrüchige Arbeitgeber würde gewöhnlich mit Geld bis 150 Mark, der Arbeiter aber mit Haft bestraft, so ergiebt dies allerdings eine factische Ungleichheit, welche eine aufreizende Wirkung haben muß. Dies ist aber, weil es sich durch Abschaffung der Geldstrafe leicht ändern läßt, kein Grund gegen Contractbruchstrafe überhaupt. Wenn letztere factisch öfter die Arbeiter treffen wird, so kann sich dem der Arbeiter durch Halten des Contracts entziehen. Eine leidenschaftliche Erregung über ein Gesetz, das gleiches Unrecht wirklich gleich bestraft, würde nicht zu achten sein, und namentlich was die Socialdemokraten betrifft, so halte ich muthige Aufrechterhaltung des Rechts ihnen gegenüber für eben so nöthig und nützlich, als gegenüber anderen reichs- und staatsfeindlichen Parteien. Aber es giebt andere schädliche Folgen einer Bestrafung des Contractbruchs.

Der Contractbruch könnte unmöglich etwas Anderes als ein Antragsdelict sein. Denn abgesehen davon, daß die Staatsbehörde unmöglich jeden contractbrüchigen Arbeiter entdecken und verfolgen könnte, ist die Natur der meist nur mündlichen Arbeitscontracte oft so zweifelhaft, daß nur der Strafantrag des Beschädigten klar stellen kann, ob wirklich ein Contractbruch vorliegt, oder die Auflösung des Arbeitsverhältnisses nicht aus gegenseitiger Uebereinstimmung erfolgt ist. Selbst wenn das Gesetz den Contractbruch nicht als Antragsdelict formulirt, so wird derselbe doch immer nur auf eine mit Wissen und Willen des Beschädigten geschehene Anzeige hin verfolgt werden können. Der Antrag auf Strafe wird nun sicher in einer Mehrzahl von Fällen unterbleiben, zunächst in allen denjenigen, in welchen der anderen Partei nichts daran liegt. Contractbrüche werden also sicher nach wie vor gewagt werden, und es bleibt gewissermaßen Zufall, ob die Strafe eintritt oder nicht. Den Arbeitgeber, der auf Strafe anträgt, wird natürlich die Bosheit der Arbeiter verfolgen und es wird ihm schwer werden, neue Arbeiter zu bekommen, auch wenn eine öffentlich erkennbare und daher strafbare Proscription des betreffenden Arbeitgebers nicht eintritt. Eine gewisse Feigheit der Beschädigten wird also den Strafantrag noch seltener machen, wenn nicht umfassende Arbeitgeberverbände die Sache in die Hand nehmen — welch letztere sich aber auch ohne Contractbruchstrafe helfen können. Wir würden mit anderen Worten ein zu selten angewendetes Gesetz haben, gegen das sich überdies leicht ein heimlicher, sittlich besonders verwerflicher Krieg organisiren könnte.

Wenn ferner die gewerblichen Verhältnisse leider einmal derartig sind, daß Arbeiter durch Contractbruch ihre Lage zu verbessern häufig hoffen können, so werden die Arbeiter ganz naturgemäß der Contractbruchstrafe dadurch zu entgehen suchen, daß sie gegen lange Contracte und lange Kündigungsfristen agitiren. In Zeiten starker Nachfrage nach Arbeitern in der Großindustrie — und das sind die Zeiten, in denen Contractbruch von Arbeitern häufig ist — sind Arbeitercoalitionen bekanntlich leicht im Stande, höheren Lohn und andere Vortheile den Arbeitgebern abzudrängen, und die allgemeine Durchsetzung eintägiger Kündigungsfrist würde ihnen gewiß um so leichter gelingen, als viele Arbeitgeber in der Großindustrie nach bisheriger Erfahrung ihnen darin entgegenkommen würden. In der Großindustrie würde dann die gesetzlich erlaubte Freiheit der Bewegung der Arbeiter nur zunehmen, und dies würde den Arbeiterstand noch mehr nach der Großindustrie hindrängen. Die durch Contractbruch vorzugsweise bedrängten Kleinmeister und Landwirthe würden dann schließlich eine Steigerung des Grundübels, an dem sie laboriren, erleben — nämlich des Arbeitermangels, wenigstens des Mangels an tüchtigen Arbeitern. Selbst die gewiß nicht ausbleibende geringere Häufigkeit der langen Contracte überhaupt muß ich als ein Uebel bezeichnen. Der lange Contract ist zwar in vielen Geschäften wirthschaftlich unnöthig oder kann durch factisch wirkende Mittel den Arbeiter an das Geschäft zu binden ersetzt werden, in vielen Geschäften ist er aber doch erwünscht und sein seltenes Vorkommen muß die bewußte Neigung zum Vagabundiren beim Arbeiter steigern.

Weitere bedenkliche Folgen der Bestrafung des Contractbruchs ergeben sich, wenn man erwägt, daß es zwei Arten von Contractbruch giebt, nämlich den Massencontractbruch bei Strikes und den Einzelcontractbruch, um in ein besseres Lohnverhältniß einzutreten. Wenn nun beim Massencontractbruch der Strafantrag gestellt wird, so entsteht die Schwierigkeit, wie und wo man plötzlich Tausende in Haft setzen soll — eine Schwierigkeit, welche das Ansehen des Gesetzes bedenklich schädigen kann und welche man nicht gering anschlagen darf, indem man meint, die Angst vor der Strafe würde den Fall verhüten. Dies ist wegen des Umstandes nicht anzunehmen, daß die Leidenschaft gar oft überlegende Angst überwindet und weil man im Falle des Antragsdelicts auf die Feigheit des Arbeitgebers rechnen wird. Im Falle des Einzelcontractbruchs ist aber in einer großen Anzahl, wenn nicht unbedingt, in der Mehrzahl der Fälle auf gleichzeitige Ortsveränderung des contractbrüchigen Arbeiters zu rechnen. Was soll nun das Recht auf Strafantrag helfen, wenn nicht zugleich Arbeitsbücher die Verfolgung des Contractbrüchigen ermöglichen?

Es ist nun auch von practischer Seite vielfach anerkannt worden, daß die Strafe des Contractbruchs, um wirksam zu sein, mit der Institution der Arbeitsbücher und mit der der Lohnbeschlagnahme verbunden werden solle. Wenn man sich aber dazu entschließt, so entsteht die Frage, ob es nicht gegenüber dem Einzelcontractbruch vollständig genügt, Arbeitsbücher mit solidarischer Haftbarkeit des contractbrüchigen Arbeiters und des neuen Arbeitgebers, und gegenüber dem Massencontractbruch strenge Haftung der Coalitionscasse, resp. solidarische Haftung der

Strikenden einzuführen, was die Strafe nicht nur entbehrlich machen, sondern sehr viel besser als diese sein würde?

Ich gestehe, daß ich dem leider kurz motivirten Gutachten von Brandes, welches die oben erwähnten Arbeitsbücher vorschlägt, die größte practische Bedeutung beimesse. Ich unterlasse ein näheres Eingehen in diese Frage und einen motivirten, dem Brandes'schen Gutachten ähnlichen Antrag nur deshalb weil ich heute eben nur über die Contractbruchsstrafe zu referiren habe und keine neue Frage auf die Tagesordnung bringen will und kann, welche ihrerseits eine einfache Lösung nicht finden kann. Doch möchte ich es, gegenüber dem etwaigen Vorwurf gar keine positive Ansicht zu haben, kurz als meine persönliche Ueberzeugung aussprechen, daß die Sicherung des Arbeitsvertrags durch andere Mittel als Strafe durchgeführt werden kann. Dabei kann ich mich außer auf Brandes auch auf das Gutachten der Cölner Handelskammer im Jahresbericht pro 1873 berufen — ein Gutachten, das ohne jede theoretische Voreingenommenheit lediglich aus practischer Erfahrung Schlüsse zieht und gewiß den Beweis liefert, daß aus der Praxis noch andere Stimmen als einfache Klagen und Hilferufe ertönen. Ich glaube sogar, daß die Sicherung des Arbeitsvertrags gar nicht der einzige Grund ist, der zu den Arbeitsbüchern führt, sondern daß zu einer solchen Institution noch andere Bedürfnisse drängen. Denken wir an das Hilfscassenwesen und denken wir uns, wie ja Viele wollen, den Cassenzwang (nicht die Zwangscasse) durchgeführt, d. h. die Einrichtung getroffen, daß jeder Arbeiter irgend einer der staatlichen Normativbedingungen sich unterwerfenden Alterspensionscassen angehören muß. Es ist klar, daß dann der Arbeiter und namentlich der wandernde Arbeiter Urkunden über seine jederzeit richtig eingezahlten Beträge bei sich führen muß. Diese Urkunden müssen zugleich Auskunft über den Wohnort und die Beschäftigung des Arbeiters zu verschiedenen Zeiten geben. Ist die Casse, welcher der Arbeiter angehört, eine Fabrikscasse oder Gewerkscasse, so geht sein Cassenbuch in ein Arbeitsbuch über, d. h. beide Institutionen ließen sich mindestens auf's leichteste vereinigen. Wenn wir überhaupt Ordnung und Organisation in den Gewerben wollen, so werden wir zu einer Controlle des Arbeiters betreffs Erfüllung seiner Vertragspflicht fast von selbst gelangen — die Contractbruchsstrafe entbehren können. Doch ich habe ja heute nur über die Idee der isolirten Einführung einer solchen Strafe zu reden.

Die angeführten möglichen practischen Folgen der Contractbruchsstrafe, welche nicht theoretische Erfindungen, sondern von Männern der Praxis selbst vielfach anerkannt worden sind, mögen genügen, um meine Bedenken gegen ein dem Entwurfe vom vorigen Februar ähnliches Gesetz zu erklären. Man müßte sich doch, ehe man ein solches Gesetz macht, durch genaue Erkundigung bei allen practisch Betheiligten erst vergewissern, wie diese über die Folgen eines Contractbruchsgesetzes denken.

Dazu kommt noch Eines: Wir wissen, daß in den letzten Jahren Contractbruch häufig vorkam. Aber wir wissen durchaus nicht, wie oft er in ganz Deutschland vorkam und unter welchen Bedingungen er gewöhnlich vorkam. Darüber hat uns auch die Enquête des Handelstags nicht aufgeklärt, da ihre Resultate höchst lückenhaft waren, und da es sich hiebei um eine einseitige Enquête handelt. Darin liegt gar kein Vorwurf, nur die Behauptung, daß Aussagen einer Partei dem Gesetzgeber nicht genügen können. Dies ist im vorliegenden Falle ganz besonders zu beachten, da z. B. Arbeitgeber eine Kündigung durch Delegirte nicht als Kündigung betrachten können, während die Arbeiter dies thun, und da bei Conflicten zwischen Arbeitgebern und Arbeitern, wie ein in der Concordia hervorgehobener Fall beweist, dem berichterstattenden Arbeitgeber sogar die Unterscheidungsgabe für Arbeitseinstellung und Aussperrung verloren gehen kann.

Wir hören zahllose einzelne Klagen über Contractbruch, aber wir haben keine genaue objective Kenntniß über den Umfang und die gewöhnlichen Ursachen des Contractbruchs und keine allseitige, ruhig überlegte Zusammenstellung sachverständiger Ansichten über die möglichen Folgen der Bestrafung desselben. Wir haben auch die vielen Einzelnen, die klagen und nach Strafe verlangen, damit überhaupt Etwas geschehe, nicht gefragt, ob ihnen nicht selbst andere Mittel besser scheinen.

Kurz, wir sind für ein Gesetz zur Sicherung des Arbeitsvertrags und für ein Strafgesetz in dieser Richtung noch nicht genügend vorbereitet. Unsere Gesetzgebung darf aber das Risico nicht laufen, ein Gesetz zu machen, das unwirksam bleiben kann oder bald wieder gründlich modificirt werden muß.

Unser Verein vertritt das Princip, daß eine positive sociale Gesetzgebung nöthig ist. Aber wenn uns so oft „kathedersocialistische Geschwindigkeit" vorgeworfen worden ist, so möchte ich diesen Vorwurf entkräften, indem ich jetzt vor Uebereilung warne. Den socialen Gesetzen in England sind fast immer umfangreiche Enquêten vorangegangen, und leider steht es so, daß wir von den Arbeiterverhältnissen in England und in der Schweiz weit mehr und weit Genaueres wissen als von denen in Deutschland. Ein Contractbruchsgesetz wäre der erste Anfang positiver socialer Gesetzgebung. Dürfen wir diesen Schritt, der nothwendig bald weitere nach sich zieht, sofort thun, nur auf Grund verschiedener Klagen, sowie auf Grund eines gewissen Schreckens über sociale Verwilderung und gerechtfertigter sittlicher Entrüstung über mangelnden Rechtssinn? Es ist dringend nothwendig, daß zuerst sorgfältige Untersuchung der Thatsachen lehre an welchen Punkten die Gesetzgebung gegen sociale Schäden mit der Aussicht auf den größten Erfolg einsetzen könne. Die kleine, aber dankenswerthe Enquête, die das bayerische Ministerium des Innern jüngst über die bayerischen Fabriken veranstaltet hat (S. 48), beweist z. B., daß in allen Fabriken, welche ins Gewicht fallende Wohlfahrtseinrichtungen für ihre Arbeiter haben, nur ein einziger Strike vorgekommen ist, der obendrein sehr unbedeutend war. Ist nicht ein einziges solches Resultat für die Anzeigung der Richtung, in der wir arbeiten müssen, weit erheblicher als tausend Klagen Einzelner? Ich fasse meine Ansicht in folgender dritter Thesis zusammen:

III. Ein gesetzliches Einschreiten zur Sicherung des Arbeitsvertrags als der **Anfang positiver socialer Gesetzgebung** kann nicht empfohlen werden, ehe durch gründliche und unparteiische **Untersuchung** der Umfang und die gewöhnlichen Ursachen des Contractbruchs und durch Befragung von Sachverständigen aller Parteien die wahrscheinlichen Vorzüge und Nachtheile der

Bestrafung gegenüber anderen sehr zu erwägenden Mitteln zur Bekämpfung des Uebels festgestellt sind.

Enquêten erfreuen sich bei uns allerdings nicht des besten Rufs. Unsere bisherigen Enquêten, die darin bestehen, daß die Behörden nach Befragung oder Nichtbefragung von ihnen ausgewählter Auskunftspersonen verwickelte Fragebogen mit wahren oder erfundenen Zahlen ausfüllen, sind allerdings nur eine Last für die Behörden, dem Publikum und der Gesetzgebung weniger werth, als ein Band Eisenacher Gutachten. Die englischen Enquêten mit ihren Kreuzverhören sind unendlich werthvoller, bei uns aber schwer nachahmbar. Man müßte mit der Leitung und Durchführung socialer Enquêten einzelne unparteiische Sachverständige betrauen, die sich selbst ihre Unterorgane wählen und schließlich auf Grundlage von individuell gestellten Fragen bei allen Parteien und von Autopsie nach selbst entworfenem Schema ein lebensvolles Bild der Verhältnisse geben können. Ein solches Verfahren würde mehr Geld und Zeit kosten, aber auch wirkliche Resultate liefern[1]). Solche Enquêten zu wünschen, heißt nicht eine drängende Frage auf die lange Bank schieben oder einer drängenden Entscheidung zur Zeit aus dem Wege gehen — sondern es heißt die Gesetzgebung bei einem hochwichtigen Schritt auf feste Füße stellen wollen.

Und ein hochwichtiger Schritt wäre ein Gesetz über Contractbruch sicherlich. Der Verwilderung im gewerblichen Leben durch ein Contractbruchsgesetz zu steuern, ist noch schwieriger als den Gründungsschwindel durch eine Actiengesetznovelle bekämpfen. Die Frage ist weit verwickelter und greift direct in weit mehr Materien ein, als es auf den ersten Blick erscheint. Da diese Schwierigkeiten der Frage und die mit ihr verbundenen Verwicklungen ein wesentlicher Grund dafür sind, daß ich die vorsichtigste Vorbereitung fordere, so sei es erlaubt, dieselben etwas näher auszuführen.

Zunächst bereitet es juristische Schwierigkeiten, das Delict des Arbeitscontractbruchs richtig zu definiren. Von eifrigen Freunden der Bestrafung wird verlangt, daß zum Thatbestand des Delicts gehören solle: 1) dolus; 2) ein der Gegenpartei zugefügter Schaden oder eine Gefährdung der öffentlichen Sicherheit. Ich will nun nicht einmal behaupten, daß dies Beides *juristisch* nöthig sei, da man die einfache Thatsache des Contractbruchs als eines schädlichen Rechtsbruchs strafen *könnte*. Aber es scheint mir Beides *practisch* nöthig, wenn nicht ganz unbillige Härten entstehen sollen. Solche Härten entstehen, sowie z. B. ein Streit über die Auslegung des (mündlich) geschlossenen Vertrags entsteht und naturgemäß jede Partei, auch die vertragbrechende, sich im Rechte fühlt, also jeder dolus fehlt, oder in dem Falle, daß ein Arbeitgeber über das Fortlaufen eines unbrauchbaren Arbeiters selbst froh ist, sich aber nicht mit ihm verständigt hat, um den mißliebigen Mann noch durch Strafe chikaniren zu können — gewiß kein häufiger, bei vorhandener persönlicher Erbitterung aber immerhin möglicher Fall, der uns veranlaßt, das Requisit eines zugefügten Schadens nicht einfach zu streichen. Nun denken wir uns aber den dolus und den Schaden als nothwendige Bedingungen des strafbaren Contractbruchs, so ergiebt sich von selbst,

---

[1]) S. meine Aufsätze: Zur Beurtheilung der Socialdemokratie in Sachsen. Concordia 1874.

daß vor dem Gericht ein Beweis über die am schwersten zu beweisenden Thatsachen nöthig werden wird, welcher natürlich von dem Strafantrag abermals bedeutend abschrecken muß. Wenn von juristischer Seite dolus und erlittener Schaden als nothwendige Requisiten eines strafbaren Contractbruchs bezeichnet werden, so wird von anderer Seite (z. B. von dem Verein für die bergbaulichen Interessen der rechtsrheinischen Reviere des Oberbergamtsbezirks Bonn) verlangt, daß ein Unterschied zwischen dem einfachen und dem auf Verabredung beruhenden Massencontractbruch gemacht werde. Ersterer soll wie sonstiger Bruch civilrechtlicher Verträge straflos bleiben, letzterer bestraft werden, weil er unter den Gesichtspunkt strafbarer Conspiration fällt. Ich glaube, es läßt sich jedenfalls nicht leugnen, daß die beiden Fälle juristisch verschiedener Beurtheilung unterliegen müssen.

Eine weitere juristische Schwierigkeit liegt in der Behandlung des Arbeitgebers. Derselbe kann durch Entlassung der Arbeiter ohne Kündigung ganz entschieden ebensogut wie der Arbeiter den Contract brechen. Ihm gegenüber ist es aber selbstverständlich, daß man zunächst an einen Zwang zur Lohnzahlung, nicht an Strafe denkt, da der Arbeitgeber in der Regel nicht insolvent und die von ihm übernommene Verpflichtung lediglich auf Lohnzahlung gerichtet ist. Es ist ein ausnahmslos gültiger Rechtssatz, daß der Bruch eines civilrechtlichen Vertrags, d. h. die Nichterfüllung einer Obligation gesühnt wird durch Zahlung des Interesses an die Gegenpartei. Dem Arbeitgeber mehr aufzuerlegen, das erscheint in der That als ein Ausnahmsgesetz, das in keiner anderen Rechtsbestimmung ein Analogon hat. Indessen sträubt sich ein gewisses Gefühl, welches im Einklang mit den Grundlagen unseres gesammten modernen Gesellschaftsrechts f o r m a l u n d r e c h t l i c h g l e i c h e Behandlung von Arbeitern und Arbeitgebern verlangt, dagegen daß ein Contractbruchsstrafgesetz vom Arbeitgeber gänzlich schweige, und es giebt auch allerlei Fälle, wo der Arbeitgeber ebenso sittlich verwerflich handelt und daher moralisch ebenso strafwürdig erscheint, wie der contractbrüchige Arbeiter: z. B. der Fall, daß ein Arbeitgeber durch frivol rechtswidrige Auslegung des Contracts Arbeiter um den verdienten Lohn bringen will, oder der Fall, daß ein Unternehmer, um betrügliche Vorstellungen über seine Creditwürdigkeit zu erwecken, Arbeiter annimmt, die er dann wegen Zahlungsunfähigkeit entlassen muß. Aber in letzterem Falle genügen schon die Bankerottgesetze, im ersteren und ähnlichen Fällen aber muß ich immer behaupten: eine Strafe des contractbrüchigen Arbeitgebers ist ein sociales und moralisches Bedürfniß, aber eine juristische Ueberflüssigkeit — um nicht zu sagen Widersinn, da durch energischen Zwang zur Zahlnng des schuldigen Lohns die Sache erledigt ist. — So kommen wir mit der Contractbruchstrafe des Arbeitgebers in einen Conflict zwischen dem Sittlichkeitsgefühl, das uns dieselbe empfiehlt, und der Jurisprudenz, welche sie formuliren und ausführen soll.

Das dem Contractbruch der Arbeiter eigentlich entsprechende Delict auf Seiten der Arbeitgeber ist das Verleiten der Arbeiter zum Contractbruch, das Abdingen derselben durch höhere Löhne, Vorschüsse u. dergl. und das Annehmen derselben trotz Kenntniß von vorhandenem Contractbruch oder mit geflissentlich herbeigeführter Unkenntniß von Contractbruch. Daß solches Verhalten bei Arbeitgebern vorkommt, ist sicher — wie oft, ist ebensowenig genau bekannt wie die Häufigkeit des Arbeitercontractbruchs. Wir wissen nur im Allgemeinen, daß die

Rücksicht auf die eigenen Standesgenossen und das Zusammenhalten unter sich bei Arbeitgebern leider weniger entwickelt ist, als bei Arbeitern, da es, wie es scheint, schwerer ist, auf Gewinn zu verzichten, als positive Opfer zu bringen, wenn man nichts zu verlieren hat.

Die Ermöglichung des Arbeitercontractbruchs durch Arbeitgeber ist nun moralisch gewiß höchst verwerflich, ebenso wie uns Hehlerei moralisch widerwärtiger ist als Diebstahl. Sie muß, wenn Contractbruch strafbar ist, als Hilfeleistung zu einem strafbaren Delict ebenfalls gestraft werden. Aber wie schwer ist diese Hilfeleistung zum Contractbruch zu beweisen, und wenn wir sie bestrafen, liegt es dann nicht gleich wieder am nächsten, den neuen, Contractbruch fördernden Arbeitgeber dem alten beschädigten gegenüber zu Schadensersatz zu verpflichten, womit wir wieder auf den Brandes'schen Vorschlag statt auf Contractbruchstrafe hinauskämen?

Uebrigens möchte ich diese Schwierigkeiten und Streitfragen der juristischen Definition des Delicts nicht so hoch anschlagen als die Verwicklungen, in die man durch ein Contractbruchsgesetz, mag es so oder so gefaßt sein, ganz nothwendig hineingeräth. Ich will einige solche Verwicklungen punktweise aufzählen, wenn auch der Kürze der Zeit halber nur andeuten:

1) Practisch bildet eine criminelle Contractbruchsstrafe unleugbar eine Concurrenz mit der civilrechtlichen Execution behufs Erzwingung von Leistungen, welch letztere bekanntlich bald neu gesetzlich geregelt werden wird, ein Contractbruchsstrafgesetz greift also factisch der freien Entwicklung des Civilprocesses vor. Ein Zusammenhang mit allgemeiner Reform unseres in vieler Hinsicht zu milden Strafrechts (Vermögensbeschädigung!) ist auch leicht zu erkennnen.

2) Wenn eine Bestrafung des Contractbruchs practisch irgendwie wirksam sein soll, so ist rasche Justiz unbedingt nöthig.

Solche rasche Justiz kann auch das einfachste Verfahren gewöhnlicher Gerichte nicht bieten, weil dieselben immer erst Sachverständige heranziehen müssen. Sie kann nur durch eigentliche Gewerbegerichte, resp. durch mit Executionsbefugniß ausgestattete Schiedsgerichte geboten werden. Nun combinirte ja auch der Gesetzentwurf vom vorigen Jahr die Contractbruchstrafe mit der Einführung neuer Gewerbegerichte, merkwürdiger Weise ohne irgendwo zu sagen, daß diese Gewerbegerichte auch über Contractbruch urtheilen sollen. Es ist aber ganz unabweislich die Frage der Gewerbegerichte erst zu regeln, ehe man eine Contractbruchstrafe durchführen kann: Und diese Frage der Gewerbegerichte läßt sich keineswegs übers Knie brechen. Abgesehen von ihrem unverkennbaren Zusammenhang mit dem gesammten Civil- und Strafproceß steht sie in nothwendigem Zusammenhang mit der Frage der Schiedsgerichte und Einigungsämter. Daß ich persönlich ein großer Freund von Schiedsgerichten bin, die sich zu Einigungsämtern entwickeln und deren vorbeugende Functionen üben, kann hier unberührt bleiben. Es steht aber fest, daß überhaupt eine, wenngleich noch schwache, weil junge Tendenz zur Schaffung freiwilliger Vermittlungsinstanzen zwischen Arbeitern und Arbeitgebern besteht. Zu diesen Vermittlungsinstanzen muß nun jede Gesetzgebung über Gewerbegerichte irgendwie Stellung nehmen. Die Gewerbegerichte müssen entweder an die freien Vermittelungsorgane anknüpfen, d. h. letztere müssen unter Umständen und unter Normativbedingungen obligatorisch gemacht und mit staatlicher Autorität ausgerüstet werden, oder sie müssen ignorirt werden womit man sie ohne Weiteres für unnöthig und werthlos erklärt oder sich unbedingt vermißt, sie durch Besseres zu ersetzen. Jedenfalls muß eine zeitgemäße Gesetzgebung über Gewerbegerichte sich über die Frage der Schiedsgerichte nnd Einigungsämter klar sein; d. h. in weiterer Folge, der Gesetzgeber, der ein Contractbruchsgesetz geben will, muß wissen, welche Stelle er zu den interessantesten Versuchen, aus dem socialen Kriege den socialen Frieden hervorgehen zu lassen, einnehmen will. Diese Klarheit dürfte durch sittliche Entrüstung über häufiges Vorkommen des Contractbruchs nicht ohne Weiteres gewonnen sein.

3) Schiedsgerichte und Einigungsämter, namentlich letztere, hängen ihrerseits wieder mit den Arbeiter- und Arbeitgeberverbänden zusammen, in denen sie bekanntlich ihre Basis finden, und die sie zu umfassenden Organisationen aller Angehörigen desselben Gewerbes umzugestalten die Tendenz haben. Jedes Gesetz, das ein aus Wahlen hervorgehendes Gewerbegericht einführt, schafft auch wohl oder übel Wahlcorporationen von Standesgenossen, die nicht ohne Beziehung zu Interessenvereinen derselben bleiben können. So läßt sich die Contractbruchsgesetzgebung nicht behandeln, ohne indirect wenigstens das der gesetzlichen Regelung harrende Vereinswesen zu berühren. Zwischen beiden Materien findet aber auch noch ein mehr directer Zusammenhang statt. Es muß z. B. die Frage klar gestellt werden, ob eine durch Delegirte einer Coalition erklärte rechtzeitige Kündigung den Contractbruch ausschließt oder nicht. Ferner ist eine civilrechtliche Haftung der Vereine für Contractbruch ihrer Angehörigen als Ersatz der Contractbruchstrafe vorgeschlagen worden. Nun will ich diesen Vorschlag, obwohl ich im Gegensatz zu Anderen von der weiteren Entwicklung der beiderseitigen Vereine große Erwartungen hege, deshalb hier nicht weiter verfolgen, weil in der That zur Zeit diese Vereine bei uns numerisch unerheblich sind. Aber es ist doch klar, daß man 1) diese Vereine im Contractbruchsgesetz berücksichtigen muß, wenn man die Strafe nur im Falle der Unmöglichkeit civilrechtlicher Entschädigung eintreten lassen oder überhaupt die Frage civilrechtlichen Executionszwangs nicht unberührt lassen will, und daß 2) die Normativbedingungen eines Vereinsgesetzes und ein Contractbruchsgesetz sich nothwendig berühren resp. ergänzen müssen, sowie man Arbeitsbücher mit oder statt Contractbruchsstrafe einführen will.

4) Wenn man den Contractbruch der Arbeiter bestrafen will, ohne in reactionäre Tendenzen zu verfallen und ein persönliches Unterwerfungsverhältniß herzustellen, so muß man davon ausgehen, daß das Arbeitsverhältniß durch freien Vertrag begründet werde — ein Grundsatz, der bekanntlich die ganze moderne Gesetzgebung beherrscht. Darin eben liegt ja allein das moralisch so Verwerfliche des Contractbruchs, daß ein Manneswort gebrochen und die in jedem Verkehrsgeschäft unentbehrliche Sicherheit untergraben wird. Das Gesetz, das den Contractbruch strafen will, muß daher auch dafür Sorge tragen, daß die Voraussetzung des freien Vertrags wirklich vorhanden sei.

Diese wird nun im Handwerk, wo Arbeitgeber und Arbeiter sich überhaupt mehr als Gleiche gegenüberstehn, gewöhnlich vorhanden sein, aber das Gesetz müßte sich doch nothwendig auch auf die Fabrikarbeiter beziehen, und hier wird der freie Vertrag zwar gesetzlich fingirt, in vielen Fällen aber liegt die Sache factisch so, daß der Arbeiter sich der ihm kaum genau bekannten Fabrikordnung und der ihr durch den Principal gegebenen Auslegung unterwirft — freilich nicht ohne seinen Willen, aber durch einen Willen, dem die Noth oft keine Wahl läßt. Ich verweise wegen dieses Gegenstandes auf die treffliche Schrift: „Der freie Arbeitsvertrag", von Bitzer, und bemerke hier nur kurz, daß jedenfalls Fabrikordnungen vorkommen, welche den Bruch des Arbeitsvertrags zwar niemals rechtfertigen, aber in einem minder strafwürdigen Lichte erscheinen lassen. Wenn dem Arbeiter eine Kündigungsfrist auferlegt wird, während der Arbeitgeber beliebig entlassen kann, oder wenn der Arbeitgeber sich wenigstens in allerlei Fällen, deren Vorhandensein seine Willkür entscheidet, die sofortige Entlassung vorbehält, so ist eine Ungleichheit vorhanden, welche das Verhalten des contractbrüchigen Arbeiters, namentlich aber desjenigen Arbeiters, der etwa aus Rache gegen die böswillige Entlassung eines Collegen contractwidrig strikt, als moralisch weniger verwerflich, also auch weniger strafwürdig erscheinen läßt. Will das Gesetz mit gleichem Maße messen und nicht Bestrafungen veranlassen, die dann in der That den ganzen Arbeiterstand in verwirrender Weise aufregen müssen, so müßte mit dem Gesetz über Contractbruchsstrafe ein anderes über Fabrikordnungen erlassen werden. Letztere müßten entweder unter Normativbestimmungen gestellt oder ihre Gültigkeit von der Genehmigung der Staatsbehörde oder aber einer selfgovernmentalen aus beiden Parteien gewählten Behörde abhängig gemacht werden: dies wäre nicht aus Arbeiterfreundlichkeit, auch nicht wegen häufig vorkommender Ungerechtigkeit der Arbeitgeber zu fordern, sondern einfach deshalb, damit nicht in einzelnen Fällen das Gesetz moralisch verwirrend wirke.

5) Endlich sei noch ein Punkt erwähnt, den ich bisher absichtlich nur einmal vorübergehend erwähnt habe. Schlimmer als der Contractbruch der Gesellen, Fabrikarbeiter rc. ist der Contractbruch der Lehrlinge, von denen der Entwurf vom vorigen Februar gänzlich schwieg. Er ist deshalb schlimmer, weil er den Geist der Zuchtlosigkeit in jungen Jahren großzieht und weil er jede gründliche gewerbliche Erziehung der Arbeiter verhindert, also ein Aussterben gewerblicher Geschicklichkeit und damit ein Niedergehen des ganzen Gewerbes veranlaßt. Ich brauche die vielen Klagen über Lehrlinge, die, wenn sie zu einigen Functionen abgerichtet sind, ihren Lehrherren entlaufen und anderswo jugendliche Arbeiter werden, nicht zu wiederholen.

Eine Bestrafung des entlaufenden Lehrlings halte ich nun für weit unbedenklicher als die erwachsener Arbeiter, zumal sie mehr eine pädagogische als criminalistische Maßregel und ein wichtiges Correlat der gesetzlichen Beschränkungen in der Benutzung jugendlicher Arbeiter wäre. Ich glaube sogar, daß hiezu eine künftige Gewerbegesetzgebung in irgend einer Weise sich nothwendig wird entschließen müssen. Nun aber läßt sich diese Frage nur regeln, indem die Verhältnisse der jugendlichen Arbeiter und Lehrlinge im Zusammenhang, d. h. die Pflichten derselben (incl. der Prüfungen) und die Pflichten der Lehrherren überhaupt gesetzlich geregelt werden Es handelt sich um einen Theil der Lehrlingsgesetzgebung. Nun frage ich, muß ein Gesetz über den Contractbruch selbstständiger Arbeiter nicht den Eindruck einer unendlich unvollständigen, halben und unsicheren Gesetzgebung machen, wenn der practisch weit wichtigere Contractbruch der Lehrlinge unbestraft bleibt? Diesen aber kann man nur innerhalb einer sehr gründlich vorbereiteten größeren Gesetzgebung strafen.

Die angeführten 5 Punkte mögen beweisen, daß die Einführung einer Contractbruchsstrafe kein einfacher Schritt wäre und vor Allem kein Schritt, bei dem man sich zunächst beruhigen könnte. Es wäre ein Schritt, der zur gesetzlichen Lösung anderer und wichtigerer Theile der socialen Frage in kurzer Zeit drängen, theilweise sofort zwingen würde. Es entspricht meines Erachtens der Würde der Gesetzgebung, daß sie an die sociale Frage nur mit souverainem Ueberblick über die factischen Verhältnisse und mit voller Klarheit über ihre letzten Ziele herantritt. Die sociale Gesetzgebung hat neben der directen Wirkung jedes einzelnen Gesetzes zugleich eine wichtige allgemeine, wenngleich indirecte Wirkung. Sie soll und muß bei dem ganzen Volke, insbesondere aber bei den jetzt so vielfach in staatsfeindlichem Sinne aufgeregten arbeitenden Classen den Eindruck hervorbringen, daß der Staat vollständig erhaben über die momentanen Interessen einzelner Stände, jederzeit diejenige zeitgemäße Ordnung herstellt und aufrecht erhält, welche Alle bindet und zugleich schützt, der sich mit Begeisterung, nicht nur mit Zwang zu unterwerfen, sowohl die heilige Pflicht als auch das wahre dauernde Interesse Aller gebietet. Nur so können wir jenen vielgepriesenen gesetzlichen und practisch vorwärts schreitenden Sinne der Mehrzahl des englischen Arbeiterstandes auch bei unseren Arbeitern allmälig einzubürgern hoffen. Nicht aber werden wir dieses höhere und wichtigste Ziel erreichen, wenn wir ein Gelegenheitsgesetz machen, dessen Wirkung sich nicht überschauen läßt, das einen relativ kleinen, weil nur seit Kurzem beobachteten Mißstand ungenügend bekämpft, das an sich lückenhaft sein muß, und indem es allen wichtigeren zu Grunde liegenden Fragen aus dem Wege geht, dem Volke zeigt, daß die gesetzgebenden Factoren sich über die Principien, nach denen die wichtigsten Theile der socialen Frage: Vereinswesen, Lehrlingswesen 2c. 2c. zu regeln seien, noch völlig unklar sind.

Ein kurzes isolirtes Contractbruchsstrafgesetz wäre ein Schuß ins Blaue, künftige Reformen mehr erschwerend als fördernd und dem Ansehen der Gesetzgebung nicht förderlich. Ich erlaube mir daher das Gesagte zu einer vierten und letzten Thesis folgendermaßen zu resumiren:

IV. Ein solches gesetzliches Einschreiten in Form eines **isolirten** Contractbruchsgesetzes ist auch als inopportun zu bezeichnen, solange die Gesetzgebung nicht entschlossen ist, andere wichtigere sociale Fragen gleichzeitig zu regeln, und solange dieselbe sich über die dabei zu befolgenden Principien nicht völlig klar ist. Denn der unverkennbare Zusammenhang der Contractbruchsfrage mit anderen socialen Fragen bewirkt, daß ein **isolirtes** Contractbruchsgesetz nothwendig ein sehr lückenhaftes Gesetz bleiben muß. Ein lückenhaftes Gesetz aber kann seine beabsichtigten Wirkungen nicht erreichen und wird leicht geradezu falsch wirken.

Wer Contractbruchsstrafe will, muß sich meines Erachtens zu weitergehender socialer Gesetzgebung entschließen. Man könnte sagen: Gut! machen wir eben hier einen Anfang, weil es Viele wollen, das Weitere wird dann von selbst kommen. Aber wenn man Größeres will, ist es dann nicht nöthig, zuerst sehr genau zu untersuchen, wo man am besten anfängt? Und da glaube ich, die Regelung des Hilfskassenwesens ist weit dringlicher, die Regelung des Vereins- und Lehrlingswesens, die weitere Ausbildung der Fabrikgesetzgebung muß wenigstens gleichzeitig mit der Contractbruchsfrage in die Hand genommen werden. Es kommt wahrlich in der Contractbruchsfrage nicht darauf an, daß überhaupt Etwas, sondern daß das Rechte geschehe.

Und nun frage ich, können wir unserer Gesetzgebung zumuthen, all' die genannten Fragen mit derselben Schnelligkeit zu erledigen, die von mancher Seite für die Einführung der Contractbruchsstrafe verlangt wird? Ich will nicht von der unleugbaren Thatsache sprechen, daß eine große Anzahl politisch hervorragender Männer zur Zeit absolut keine Lust hat, sich mit socialen Fragen zu compromittiren und dadurch die Parteibildungen zu alteriren. Ich will nur davon reden, daß unsere Gesetzgebung zur Zeit andere für das nationale Leben hochwichtige Fragen, vor Allem die Kirchenfrage zu entscheiden hat, in Folge dessen viele politische Größen einfach keine Zeit haben, sich der socialen Fragen gründlich anzunehmen, denen sie nach ihrer ganzen Vergangenheit fern stehen.

Damit ist nicht gesagt, daß die socialen Fragen bei der Gesetzgebung vorläufig ganz ruhen sollen. Es ist nur Vorsicht und Ueberlegung im Anfang, und richtige Wahl des Anfangspunktes, die ich empfehlen möchte.

Die gesetzliche Regelung der socialen Frage und der Kampf gegen die Socialdemokratie wird in einer nicht näher zu bezeichnenden Zukunft die wichtigste und drängendste Aufgabe der Gesetzgebung werden. Es handelt sich darum, daß wir, ehe dieser Moment kommt, durch übereilte Gesetze Nichts verderben und daß wir uns rüsten und vorbereiten, indem wir vor Allem uns genaue Kenntniß und leidenschaftsloses Urtheil über die socialen Verhältnisse im ganzen Reiche aneignen, so daß wir bei Anfängen socialer Gesetzgebung, mögen diese das Hilfscassen- oder Vereinswesen 2c. betreffen, uns wenigstens über die zu befolgenden Principien ganz klar sind. Wenn wir Nichts thun, als den Contractbruch bestrafen, so fügen wir der bestehenden Gesetzgebung, welche Freiheit im negativen Sinne des Worts, d. h. im Sinne der Befreiung von alten Schranken einführt, Etwas zu, das zu dem ganzen Princip der bestehenden Gesetzgebung nicht recht paßt und doch nicht der Anfang einer neuen organischen Ordnung ist. Wenn man sieht, wie sich die Dinge in den von den modernen Zuständen am meisten betroffenen und am meisten vorgeschrittenen Gewerben jetzt entwickeln, wenn man z. B. sieht, wie im Buchdruckergewerbe und in den Baugewerken bei allem Interessengegensatz zwischen Arbeitern und Arbeitgebern doch von Seiten der Letzteren ganz Aehnliches angestrebt und verlangt wird wie von den besseren Gewerkvereinen, wenn man hier überall die Keime einer positiven gewerblichen Ordnung entdeckt, so kommt man zu der Ueberzeugung, daß mit der Contractbruchsstrafe nicht mehr erreicht wäre als ein Aufschub in der Erfüllung derjenigen größeren Aufgaben, zu deren Lösung wir demnächst berufen sein werden. [1])

---

[1]) Als ein Zeichen, worauf es eigentlich ankommt, lasse ich den Schluß eines Vor-

So komme ich, wenn die Bestrafung des Contractbruchs für sich allein zur Frage gestellt wird, zu dem Resultate:

Möge der Entwurf einer Gewerbegesetznovelle, der der vorigen Reichstagssession vorgelegt wurde, vorläufig in der Commission begraben bleiben. Möge aber der ganze Vorgang schleunige Veranlassung werden, daß wir zu gründlichen, wirklich aufklärenden Erhebungen über unsere socialen Verhältnisse gelangen und möge sich bei solchen Bestrebungen zunächst zeigen, daß unsere besitzenden Classen die Zwecke des Staats verstehen und ihm freudig dienen! So viel Mittel wie für die Durchforschung von Afrika oder für die Beobachtung des Venus-Durchgangs werden sich doch auch für den Dienst der socialen Wissenschaft und Gesetzgebung flüssig machen lassen — eine Ansicht, in der man, wie L. Bamberger beweist, der Zustimmung aller Parteien sicher sein kann!

---

trags folgen, den jüngst der Vorsitzende des Thüringer Baugewerkenvereins (Arbeitgeber) in Hannover hielt:

Zweck und Ziel des Vereins sind jetzt namentlich:

1) Herstellung einer festen Vereinigung der Fachgenossen, Statuten, Disciplin, Schiedsgericht, Caution.
2) Einführung der Meisterprüfung, einheitlicher Lehrcontract, Lehrbrief, Legitimationskarten der Gesellen.
3) Wahrung und Förderung gemeinsamer Geschäftsinteressen.
4) Den Baugewerken entsprechende Stellung und Einfluß im Staatsorganismus zu verschaffen.
5) Kranken-, Unfall- und Unterstützungs-Cassen.
6) Schaffen eines ausreichenden tüchtigen Gesellenstandes durch zweckentsprechende Lehrlingsverhältnisse.
7) Organisation gegen die Strikes und das Verlassen der Arbeit ohne Kündigung, und vereintes Entgegentreten gegenüber den Ausschreitungen des Socialismus,
8) Allgemeine Einführung der Stundenlöhnung nach Markpfennigen und Markberechnung vom 1. Januar 1875 an.
9) Allgemeine Löhnung 2—3 Tage nach Ablauf der Lohnwoche.
10) Allgemeine Einführung der gewerblichen Schiedsgerichte.
11) Allgemeine Einführung der Gesellen-Controllisten 2c.

Correferat

des Redacteurs J. F. H. Dannenberg (Hamburg) über die

Bestrafung des Arbeitscontractbruchs.

Meine Herren!

Meine Aufgabe als Correferent ist mir durch die erste These des Herrn Referenten wesentlich erleichtert worden. Wenn derselbe den Contractbruch nicht nur als ein wirthschaftliches Uebel, sondern auch als ein schweres Unrecht bezeichnet, das vom moralischen Standpunkte aus durchaus verdammt werden müsse, so hat er damit vollständig meiner Anschauung Ausdruck gegeben, und wenn er in derselben These die Bestrafung des Contractbruches als solchen vom rechtlichen Standpunkte aus ausdrücklich für zulässig erklärt, so hat er damit und durch die soeben gegebene Motivirung seines Ausspruches mich der Mühe überhoben, Sie mit einer Wiederholung des bekanntlich zum Theil ziemlich spitzfindigen juristischen Streites über die formelle Zulässigkeit einer solchen Bestrafung nach dem bestehenden juristischen Systeme zu behelligen. Ich bin ihm dafür um so dankbarer, als es mir als juristischem Laien gar nicht einmal besonders angestanden hätte, in diesen besonderen Streit mich zu mischen, und als ich über die Aufnahme keineswegs sicher bin, welche meine vielleicht recht laienhafte Ansicht, daß die Jurisprudenz und die juristische Systematik sich nach den lebendigen Anforderungen des Verkehrs und des Bedürfnisses zu richten, und nicht zu beanspruchen haben, daß das Leben sich nach den hergebrachten Formen richten solle, gefunden haben würde. Ich habe deshalb auch die erste These des Herrn Referenten pure acceptirt, und bitte Sie, meine Herren, ihr gleichfalls zuzustimmen.

Wenn bei dieser Uebereinstimmung in Bezug auf den Ausgangspunkt wir dennoch zu ganz verschiedenen Schlußfolgerungen kommen, so wird das Hauptgewicht unserer beiderseitigen Ausführungen darin liegen, daß der Herr Referent auseinander zu setzen hatte, aus welchen Gründen er auf die von ihm ausdrücklich als zulässig erklärte Bestrafung des Contractbruches, dieses wirthschaftlichen Uebels und schweren Unrechts, verzichten will, während meine Aufgabe in der Widerlegung dieser von dem Herrn Referenten wie von anderer Seite vorgebrachten Gründe zu bestehen haben wird. Gelingt mir diese Widerlegung, so werde ich Sie bitten dürfen, durch Annahme meiner Thesen 2—4 mit mir die, meiner Ansicht nach allein richtige Consequenz der beiderseitigen These 1 dahin zu ziehen, daß die für zulässig erklärte Bestrafung eines Verfahrens, welches zugleich ein das Gemeinwohl schwer schädigendes wirthschaftliches Uebel und ein grobes Unrecht enthält, auch wirklich ausgesprochen werde.

Durch meine These 2 wende ich mich gegen denjenigen Einwand, der nach dem bestehenden Rechte eigentlich am ersten erwartet werden sollte, daß nämlich das bestehende Recht ausreiche, dem Contractbruche die gebührende Bestrafung zu sichern. Wenn dieser so nahe liegende, und eigentlich für Diejenigen, welche vom juristischen Standpunkte aus einer anderweitigen Bestrafung des Contractbruches opponiren, allein angebrachte Einwand fast gar nicht mehr erhoben wird, so erkläre ich dies aus dem Umstande, daß die Wahrheit des in meiner These 2 Ausgesprochenen von allen Seiten factisch anerkannt wird. Es ist eine Thatsache, die sich nicht bestreiten läßt, daß die civilrechtliche Schadensersatzklage fast gänzlich unwirksam zur Verhütung und Bestrafung des Contractbruches sich gezeigt hat. Dies ist für mich gerade der Ausgangspunkt, von dem aus ich die Nothwendigkeit einer strafrechtlichen Verfolgung des Contractbruches motivire, und Sie sehen aus meiner dritten These, daß ich die besondere Bestrafung des Contractbruches lediglich auf diejenigen Fälle beschränkt wissen will, wo auf civilrechtlichem Wege kein Ersatz des durch den Contractbruch angerichteten Schadens zu erlangen ist. Damit verliert auch der in dem Gutachten des Herrn Dr. Max Hirsch (S. 189) und in den demselben zu Grunde liegenden Aeußerungen verschiedener Gewerkvereine mehrfach vorkommende Einwand sein Gewicht, daß es sehr viele seßhafte Arbeiter gebe, die wenigstens im Besitz einer bescheidenen Einrichtung, und also auf dem Civilwege zu belangen seien. Solchen Arbeitern gegenüber wird man allerdings auf eine besondere strafrechtliche Verfolgung des Contractbruches verzichten können, wie das denn auch in meiner These 3 geschieht. Dagegen ist es notorisch, daß im Handwerk die bei Weitem größte Zahl der Arbeiter ein förmlich nomadisirendes Leben führt, während auch in der Fabrikindustrie einem sehr großen Theile der Arbeiter gegenüber ein Versuch zur Erlangung von Schadensersatz gänzlich nutzlos ist, nicht nur wegen Mangels an Können, sondern meistens auch wegen Mangels an Wollen. Es ist eine der schlimmsten Erscheinungen in den gegenwärtigen gewerblichen Zuständen, daß sehr viele Arbeiter die jetzige lahme Rechtspflege dazu benutzen, sich der Erfüllung von Verpflichtungen zu entziehen, die vollständig in ihren Kräften läge. Auch Diejenigen, welche mehr als genügende Mittel besitzen, etwa verursachten Schaden zu ersetzen, werden durch die zahlreichen Beispiele factischer Straflosigkeit dazu verleitet, selbst die rechtmäßigsten Forderungen unerfüllt zu lassen. Wer aber einmal auf diese Weise die Bahn der Unreellität und Unehrenhaftigkeit betreten hat, wer einmal die Erfahrung gemacht hat, daß er ohne Nachtheil einen Arbeitgeber betrügen kann, bei dem hat das Ehrgefühl einen unheilbaren Schaden erlitten; er wird in Zukunft nur zu leicht suchen, auf ähnliche unreelle Weise sich einen Vortheil zu verschaffen auf Kosten Anderer, und er wird sehr bald nicht nur im Verhältniß zwischen

Arbeiter und Arbeitgeber, sondern auch anderen Verpflichtungen gegenüber die Gebote der strengen Rechtlichkeit außer Acht lassen, sobald sie mit seinem Vortheil in Widerspruch kommen.

Angesichts der Bedeutung übrigens, welche ich dem in meiner These 2 ausgesprochenen Sachbestande beilege, habe ich mich nicht darauf beschränkt, die Thatsache als allgemein bekannt hinzustellen, sondern mich auch nach anderweitigem Zeugniß umgesehen. Ich habe hier eine Aufmachung über die Thätigkeit der Hamburgischen Vergleichsbehörde, einer Behörde, die in Ausführung des §. 108 der Gewerbeordnung im Jahre 1869 zur Schlichtung gewerblicher Streitigkeiten errichtet ist, zur Hand, und erlaube mir Ihnen Einiges daraus anzuführen. Die Bedeutung dieser Behörde werden Sie daraus erkennen, daß dieselbe in den 4 Jahren 1870—73 incl., über welche die Aufmachung sich erstreckt, 7483 Streitsachen zu erledigen hatte. Von diesen Streitsachen ist bei Weitem die größere Hälfte von Arbeitern gegen Arbeitgeber anhängig gemacht. Die vorerwähnte Aufmachung — die, wie ich sofort erwähnen will, von einem Juristen herrührt, so daß in Nachfolgendem nicht etwa die Stimme eines unzufriedenen Gewerbsmeisters zu hören ist, — bemerkt hierzu: „Dieser auffallende „Umstand wird jedenfalls größtentheils dadurch erklärt, daß in den meisten „Fällen eine Klage gegen den Gehülfen dem Arbeitgeber wohl formell, aber „nicht materiell zu seinem Rechte verhelfen kann, denn wenn die Entscheidung „gegen den Gehülfen ausfällt, so wird derselbe sehr leicht durch Fortgehen von „hier die Vollstreckung des Erkenntnisses unmöglich machen. Wenn er aber auch „hier bleibt, so wird eine auf eine Geldleistung, z. B. Entschädigung, lautende „Entscheidung in *fast allen Fällen* durch die Unpfandbarkeit des Gehülfen „illusorisch. Lautet dagegen das Erkenntniß auf Rückkehr in die Arbeit, so „*wird demselben einfach nicht Folge geleistet*, und es giebt bei dem „gegenwärtigen Stande der Gesetzgebung keine legalen Mittel, um die Folgeleistung zu erzwingen, oder die Nichtfolge zu bestrafen. Daß unter solchen „Umständen die Arbeitgeber wenig Lust haben, gegen widerspenstige und contractbrüchige Gehülfen vorzugehen, ist wohl erklärlich.“ Meine Herren! das ist das Ergebniß einer fünfjährigen Erfahrung der Hamburgischen Vergleichsbehörde. Ich darf demnach wohl annehmen, daß sich gegen die Behauptung meiner These 2 von der Nutzlosigkeit der civilrechtlichen Schadensersatzklage kein ernstlicher Widerspruch zeigen wird.

Es bleibt deshalb, wenn man nicht die völlige Straflosigkeit des Contractbruches statuiren will, nichts Anderes übrig, als die strafrechtliche Verfolgung eintreten zu lassen, und ich wende mich deshalb jetzt gegen diejenigen Argumente, welche die Anwendbarkeit derselben von verschiedenen Standpunkten her in Frage gestellt haben. Wenn ich dabei hauptsächlich diejenigen Einwendungen ins Auge fasse, welche von Seiten der Gewerkvereine kommen, so wird das bei der beachtenswerthen Stellung derselben motivirt erscheinen.

Diese Argumente bestehen nun zunächst in einer Beschönigung des Contractbruches selbst. Es ist das auch nicht weiter verwunderlich, wenn z. B. die Mitglieder der Gewerkvereine in dem Gutachten ihres Anwalts (S. 175) die Worte lesen: „Die jederzeit freie Lösbarkeit auch der Arbeitsverträge ist eine „nothwendige Consequenz der ganzen modernen Wirthschafts- und Rechtsgestaltung, deren leitendes Princip die gleiche individuelle Freiheit Aller ist“, und etwas weiterhin bezeichnet derselbe Herr Gutachter es als einen inneren Widerspruch, „allein den Vertrag zwischen Arbeitgeber und Arbeitnehmer zu „dem „„Dauernden im Wechsel der Ereignisse"" machen zu wollen." Es ist anzunehmen, daß der Herr Verfasser diese Sätze lediglich gegen Verträge auf längere Zeit hat richten wollen, man wird aber nicht verkennen können, daß sie ihrem Wortlaut nach gegen die Innehaltung all' und jeder Arbeitsverträge angewandt werden können, und es würde durchaus nichts Ueberraschendes haben, wenn die den Worten des Herrn Gutachters folgenden Arbeiter darauf hin handeln würden. Es wird denn auch an mehreren Stellen (S. 169 ff.) zur Entschuldigung des Contractbruches der Arbeiter darauf hingewiesen, daß viele Contracte mit Verschiedenheit der Kündigungsfrist für Arbeitgeber und Arbeitnehmer existiren, so wie auf einseitig aufgestellte drückende Fabrik- und Arbeits-Ordnungen. Es braucht aber wohl kaum betont zu werden, daß derartige Uebelstände mit der Frage, ob der Contractbruch im Allgemeinen bestraft werden solle, gar nichts zu thun haben. Es ist Sache der Gewerkvereine, und dazu sind sie geschaffen, den Arbeitern die Macht zu geben, bei Abschluß des Arbeitscontractes ungebührliche Zumuthungen in Betreff der Kündigungsfristen oder der Arbeitsordnungen zurückweisen zu können. Die Gültigkeit eines einmal abgeschlossenen Contractes kann aber nicht davon abhängen, ob dieser Inhalt später dem einen Theile nicht gefällt. Der Staatsangehörige hat mancherlei Verordnungen sich zu fügen, bei deren Erlaß er nicht gefragt ist, und deren Inhalt ihm häufig sehr wenig zusagt.

Uebrigens will ich die Gelegenheit benutzen, hier einige Bemerkungen in Bezug auf die dritte, der Enquête, betreffend die Contractbruchfrage, zu Grunde gelegte Frage hier einfließen zu lassen, die Frage nämlich, ob Verträge, welche Arbeiter und Arbeitgeber auf längere Zeit verpflichten, im Allgemeinen wünschenswerth seien.

Ich meine, die Frage läßt sich, so allgemein gestellt, überhaupt nicht beantworten. Die Dauer des Arbeitscontractes muß sich je nach den Umständen des einzelnen Falles richten, und es ist ebensowohl möglich, daß die Abwesenheit jeglichen Contractes den Verhältnissen am Besten entspricht, wie umgekehrt eine längere Dauer desselben im Interesse sowohl der Arbeit, wie der Arbeitgeber und Arbeitnehmer liegt. Am nächsten liegt ja dabei der Hinweis auf ländliche Verhältnisse, auf die Erntearbeiten u. dgl. Aber auch die Industrie kennt derartige Verhältnisse, z. B. den Ziegeleibetrieb, die Zuckerraffinerien und andere Arbeiten, welche saisonweise betrieben werden müssen. Hierbei kann es ganz direct im Interesse des Arbeiters liegen, für die ganze Dauer der Arbeit Beschäftigung gesichert zu haben, und nicht etwa der Möglichkeit ausgesetzt zu sein, einen Theil der nicht wieder einzuholenden Arbeitszeit auf der Suche nach neuer Arbeit verbringen zu müssen. Daneben giebt es manche andere Fälle, in welchen längere Abschlüsse zwischen Arbeitgeber und Arbeitnehmer sehr wünschenswerth, ja vielleicht nothwendig werden können, der Bau von Schiffen und Häusern, größere Erdarbeiten u. dgl. Auch braucht es sich dabei nicht immer um das gewöhnliche Verhältniß zwischen Arbeitgeber und Arbeitnehmer zu handeln, sondern auch die Uebernahme größerer Gruppenaccorde und die genossenschaftliche Arbeit kann längere Contracte nothwendig machen. Die Antheilhaber an einem Gruppenaccorde oder an genossenschaftlicher Arbeit müssen

Sicherheit unter einander haben und können deshalb in die Lage kommen, sowohl mit Arbeitgebern wie unter sich längere Contracte zu schließen. In Hamburg haben z. B. bei Gelegenheit des letzten großen Bauhandwerkerstrikes die Gesellen versucht, mit genossenschaftlicher Uebernahme von Bauten vorzugehen, und den Zimmergesellen ist auch in dieser Weise ein Bau übertragen; die Sache hat aber keinen Fortgang gehabt und wieder aufgegeben werden müssen. Die Gesellen sagen natürlich wegen des Widerstandes der Bourgeoisie, in Wirklichkeit aber, weil nach vielen Vorgängen das Publikum kein Vertrauen in die Zuverlässigkeit der Gesellen hatte. Niemand wollte riskiren, mit Leuten, die in ihrem Verhältniß zu den Meistern sich sehr wenig an contractliche Verpflichtungen kehrten, einen Baucontract abzuschließen, auf die Gefahr hin, die Bedingungen desselben nicht erfüllt und den Bau in der Mitte liegen gelassen zu sehen, sobald der Contract etwa den Leuten oder einem Theil derselben leid würde. Kurz, längere Contracte müssen ebenso gut gehalten werden, wie kürzere, und es kann auf die Straffälligkeit des Contractbruches durchaus nicht einwirken, daß der gebrochene Contract auf längere Zeitdauer abgeschlossen war. Dafür, daß die Contracte zu den gehörigen Bedingungen und auf gehörige Dauer abgeschlossen werden, hat der Arbeiter, resp. der Arbeiterverein zu sorgen, die einmal übernommenen Verpflichtungen aber müssen gehalten werden.

Die ganze auf die Dauer der Contracte und die Verschiedenartigkeit der Contractbedingungen gebaute Argumentation zu Gunsten der Straflosigkeit des Contractbruches wird übrigens in Bezug auf die Verhältnisse im Handwerk hinfällig gemacht durch das Zugeständniß des Verfassers (S. 172), daß im Handwerk von einseitiger Abhängigkeit wenig mehr die Rede sei. Gerade im Handwerk aber grassirt der Contractbruch am stärksten, viel mehr als in der Großindustrie.

Auf Seite der Arbeiter, und wie die dem Gutachten des Herrn Dr. Hirsch angehängten Aeußerungen der Gewerkvereine zeigen, vielfach auch von letzteren, wird der Arbeitscontract als ein Ding angesehen, das eigentlich den A r b e i t e r gar nicht binden dürfe, und ein Versuch, aus dem Contracte eine Verpflichtung des Arbeiters geltend zu machen, als etwas mit Tyrannei ziemlich Gleichstehendes bezeichnet. In naiver Weise tritt diese Anschauung in dem Gutachten der Maurer und Steinhauer zu Thorn (S. 203) zu Tage, in welchem es dem Arbeitgeber als schweres Unrecht ausgelegt wird, wenn er einen bei ihm contractlich in Arbeit Stehenden nicht ohne Weiteres entlassen will, falls ein anderer Arbeitgeber dem Arbeiter $2^1/_2$ Sgr. pro Tag mehr Lohn zahlen will, und dieselbe Auffassung kehrt auf S. 206 am Fuße nochmals wieder: Ja, der Ortsverein der Maschinenbau- und Metallarbeiter in Landsberg a. W. erklärt sogar (S. 223) den Contractbruch für ein Mittel, d a s s i t t l i c h e G e f ü h l d e s A r b e i t e r s z u h e b e n, wenn er nämlich durch den Contractbruch sich solche Vortheile hat verschaffen können, daß er seinen Verpflichtungen gegen Familie, Staat und Commune besser nachkommen konnte! Nach dieser Auffassung ist also j e d e r Contractbruch eine sittliche That, da schwerlich jemals ein Arbeiter seinen Contract gebrochen hat, um seine Stellung zu verschlechtern. Mir scheint, daß es solchen Ansichten gegenüber an der Zeit ist, eingegangenen Verpflichtungen wieder Beachtung zu schaffen, und daß man nicht, wie derselbe Verein (S. 223) will, die Bestrafung des Contractbruches auf solche Fälle beschränke, wo ein „sachlich ungerechtfertigter Contractbruch" vorliegt, oder wie a. a. O. dies näher erläutert wird, wo derselbe nur geschieht, um überhaupt einen Bruch herbeizuführen. Alle Contractbrüche aber, die für den Arbeiter Vortheil bringen, sind nach Ansicht des gedachten Vereins „sachlich gerechtfertigt" und somit straffrei zu lassen.

Ueberhaupt zieht sich durch alle Gutachten der Gewerkvereine wie ein rother Faden der Gedanke hin, daß ein Contract einen Arbeiter nur so lange binden dürfe, als er nicht mit seinem Vortheil in Conflict komme, und das sind die Arbeiter, die sich selbst für die Besonnensten und Rechtschaffensten, für die Elite des deutschen Arbeiterstandes halten. Danach mag man abnehmen, wie es in den anderen Arbeiterkreisen aussieht, und ob es nicht Zeit ist, dem Rechte und Gesetze wieder Achtung zu verschaffen. Ich schließe natürlich hierbei nicht auf Böswilligkeit, sondern auf Begriffsverwirrung, die aber niemals so weit hätte gediehen sein können, wenn nicht die factische Straflosigkeit, welche durch die gegenwärtige Gesetzgebung dem Contractbruche gesichert ist, selbst die Leute auf den Glauben gebracht hätte, daß doch auch in den Augen den Staates der Bruch des Arbeitscontractes eigentlich eine recht gleichgültige Sache sei.

Außer denen aber, welche solchergestalt den Contractbruch beschönigen, giebt es noch eine ganze Anzahl, welche die Verwerflichkeit desselben anerkennen, aber trotzdem von einer Bestrafung nichts wissen wollen. Theils bestreiten sie, daß die Sache so schlimm sei, theils möchten sie den Contractbruch selbst lediglich als Folge unserer ganzen industriellen Zustände darstellen, sodaß also nur von einer Aenderung dieser Zustände selbst ein Verschwinden oder eine Verminderung des Contractbruches zu erwarten sei, theils setzen sie ihre Hoffnung auf ein noch erst zu findendes ganz neues vollständiges System socialer Gesetzgebung, bis zu dessen Einführung die Frage vertagt werden müsse, theils endlich schlagen sie zur Bekämpfung des Contractbruches andere Mittel vor, welche eine strafrechtliche Verfolgung desselben überflüssig machen sollen. Ich wende mich zunächst zu Letzteren.

Da kommen zuerst Diejenigen, welche den Contractbruch beseitigen wollen durch Abschaffung des Arbeitscontractes selbst, indem sie an Stelle jeder Kündigungsfrist die jederzeitige sofortige Entlassung der Arbeiter, resp. das jederzeitige sofortige Verlassen der Arbeit, setzen wollen. Ich fürchte, das Heilmittel wäre schlimmer als die Krankheit. Unser ganzes Verkehrsleben ist auf den gegenseitigen Contract und die Sicherheit desselben gegenüber dem bösen Willen einer Partei zugeschnitten; unsere Industrie kann den Contract nicht entbehren. Es ist unmöglich, das beiderseitige Verhältniß dauernd lediglich auf den guten Willen zu basiren, der natürlich sofort aufhört, wenn die Arbeitsbedingungen dem einen oder anderen Theile nicht mehr vortheilhaft erscheinen. Es wäre ein ganz enormer Schaden für unser Wirthschaftsleben, wenn es auf die Möglichkeit, im Voraus über später erforderlich werdende Leistungen zu contrahiren und für die Deckung zukünftiger Bedürfnisse im Voraus zu sorgen, verzichten sollte. Und das würde die nothgedrungene Folge sein, falls das jetzt hin und wieder ergriffene Auskunftsmittel, jegliche gegenseitige über den Tag hinausgehende Verpflichtung aufzuheben, — ein Mittel, das ich immer nur als ein verzweifeltes habe ansehen können — allgemein werden sollte. Daß es bis jetzt in vereinzelten Etablissements ohne Nachtheil, oder selbst mit Erfolg fungirt hat, besagt nichts. Es kann das in der Person der Leiter begründet sein, oder in besonderen Verhältnissen; vorzugsweise hat das Experiment aber deshalb gelingen können, weil es bis dahin ein vereinzeltes war. Ebenso wenig besagt es, wenn in neuerer Zeit in einzelnen Gewerbszweigen gleichfalls das gegenseitige Verhältniß ohne Kündigung allgemein geworden ist. Zum guten Theile ist es geschehen, weil die Arbeitgeber dadurch dem für sie unleidlichen Zustande entgehen wollten, daß §. 110 der Gewerbe-Ordnung mit seiner Vorschrift über die 14tägige Kündigungsfrist einseitig gegen sie geltend gemacht wurde. Die Arbeiter aber sind in ihrer großen Masse mit dieser Wendung keineswegs einverstanden. Sie wollen wohl selbst die Freiheit haben, jederzeit aus einem contractlichen Arbeitsverhältnisse zurückzutreten, wenn ihnen dies vortheilhaft ist, oder wenn sie gerade Lust dazu verspüren: aber sie sind im höchsten Grade aufgebracht, wenn umgekehrt auch die Arbeitgeber das gleiche Recht in Anspruch nehmen, um die Arbeiter jeden Tag zu entlassen, oder, wie die Arbeiter es ausdrücken: auf die Straße werfen zu können. Belege hierfür finden Sie in den Gutachten der Gewerkvereine in Hülle und Fülle; namentlich ist dabei wiederum auf das bereits oben angeführte Gutachten aus Thorn zu verweisen. Ein Beispiel ähnlicher Inconsequenz erleben wir augenblicklich in Hamburg bei Gelegenheit eines Strikes der Küper (Böttcher). Diese fordern gleichzeitig Abschaffung und Einführung der Accordarbeit. Bei den kleinen Meistern, die selbst mit in der Werkstatt arbeiten, und darauf achten, daß die Gesellen wirklich thätig sind, soll die Wochenlöhnung abgeschafft und dafür das System der Accordarbeit eingeführt werden; in den größeren Geschäften und Fabriken soll umgekehrt die Accordarbeit beseitigt und an deren Stelle die gleichmäßige Löhnung nach dem Durchschnittsverdienste des guten Arbeiters bei Accordarbeit eingeführt werden. Beides also, je nachdem es den Gesellen am vortheilhaftesten und den Arbeitgebern am nachtheiligsten ist. So geht es durch das ganze Arbeitsverhältniß hindurch; die Gehülfen verlangen nicht Recht, sondern Vorrecht; sie wollen, nachdem früher auf ihre Rechte zu wenig Rücksicht genommen, jetzt ausschließlich ihren Vortheil zur Geltung bringen.

Einen ferneren Beweis davon liefert die Praxis der Hamburgischen Vergleichsbehörde; die Arbeiter nehmen in jedem Falle die Gunst des §. 110 der G.-O. (14tägige Kündigungsfrist) für sich in Anspruch, und weigern sich, auf Verabredung, tägliche Kündigung zu acceptiren. Selbst wenn der Meister von vorneherein erklärt hat, daß er auf keine Kündigungsfrist sich einlassen wolle, wird jedesmal geklagt, falls er ohne 14tägige Kündigung entläßt, und dadurch erklärt sich die starke Zunahme der Klagen auf Entschädigung wegen Entlassung ohne Kündigung, die im Jahre 1871 520, 1872 588, im vorigen Jahre aber 810 betragen haben. Die Arbeiter wollen nichts von einer täglichen Kündigung wissen, und wer da meint durch Beseitigung der Arbeitscontracte, also Einführung täglicher Annahme und täglicher Entlassung der Arbeiter, womit die Möglichkeit des Contractbruches, also auch die Frage wegen Bestrafung desselben wegfiele, den Frieden in den Beziehungen zwischen Arbeitgeber und Arbeitnehmer wiederherzustellen, der irrt. Ich berufe mich diesbezüglich auf das Zeugniß der hier anwesenden Arbeiter.

Sodann wende ich mich zu Denen, welche vorschlagen, die Frage wegen Bestrafung des Contractbruches auf andere Weise aus der Welt zu schaffen,

z. B. durch genossenschaftliches Eintreten der Arbeiter für einander, wodurch also die Möglichkeit der civilrechtlichen Geltendmachung von Schadensersatzforderungen gegeben werden und die Nothwendigkeit anderweitiger Verfolgung wegfallen soll; ferner durch allgemeine Einführung von Einigungsämtern und Schiedsgerichten, endlich durch Erhöhung des Bildungsstandes der Arbeiter überhaupt.

Ich will einmal, des Argumentes wegen, annehmen, daß z. B. die Gewerkvereine, wenn es damit Ernst würde, wirklich bereit wären, die civilrechtliche Haftbarkeit für ihre einzelnen Mitglieder zu übernehmen. Ich halte es für zweifelhaft, daß sie wirklich dauernd bereit sein würden, derartige Verpflichtungen, deren Umfang sich im Voraus gar nicht übersehen läßt, auf sich zu nehmen, aber ich will, wie gesagt, des Arguments wegen, einmal die Möglichkeit eines solchen Vorschlages annehmen: Was soll dann geschehen in Bezug auf Diejenigen, welche solchen Vereinen nicht angehören, — und das ist bis jetzt doch noch die große Mehrheit, — sowie auf Diejenigen, welche, vielleicht gerade im Hinblick auf die aus Uebernahme einer solchen Solidarhaft möglicherweise erwachsenden Lasten, gar nicht beitreten wollen, oder wieder austreten, oder endlich in Bezug auf Diejenigen, welche die Gewerkvereine auszustoßen sich gedrungen fühlen, nachdem und weil sie ihnen durch Contractbruch u. dgl. bereits zu große Lasten auferlegt haben. Alle diese Kategorien: Nichtmitglieder, ausgetretene oder ausgestoßene Mitglieder, wird es stets in großer Zahl geben; was soll in Bezug auf diese geschehen? Sollen diese — möglicherweise die große Mehrzahl — straffrei contractbrüchig werden können, weil die Gewerkvereine für eine Minorität die Haftpflicht übernehmen? Und liegt nicht die größte Wahrscheinlichkeit vor, daß die Mitglieder der Gewerkvereine es sehr bald satt haben würden, Schadensersatz zu leisten, wenn sie sehen, daß die übrigen Arbeiter bei Allem, was sie thun, frei ausgehen?

Ich sehe deshalb in der Uebernahme der Ersatzpflicht durch genossenschaftliche Vertretung nicht das Heilmittel, und bleibe dabei, daß, selbst den Fall des denkbar größten Erfolges der Gewerkvereine angenommen, die Nothwendigkeit wirksame Mittel zur Bestrafung des Contractbruches bereit zu halten, immer bestehen bleiben wird. Denn niemals wird man doch den Gewerkvereinen die Verpflichtung auferlegen können, für jeden Arbeiter einzutreten, also jeden Bummler ohne Weiteres in ihre Reihen aufzunehmen und für ihn, falls er sich vergeht, die Haftpflicht zu übernehmen.

Nicht viel besser steht es mit dem Hinweise auf die Schiedsgerichte und Einigungsämter. Zunächst ist doch für die Zeit und für diejenigen Fälle Vorsorge zu treffen, bis und insoweit solche Gerichte noch nicht existiren. Dann aber, wenn Schiedsgerichte existiren, fragt es sich, was soll für diese Rechtens sein, was sollen sie z. B. in Contractbruchfällen erkennen? Wenn sie keine Strafe verhängen dürfen, so bleibt auch ihnen nichts Anderes, als der jetzige Zustand, wo die gewöhnlichen Gerichte, resp. Gewerbegerichte Schadensersatz oder Wiederaufnahme der Arbeit u. dgl. decretiren, aber kein Verurtheilter sich darum kümmert. Ob dann ein solcher wirkungsloser Urtheilsspruch von einem gewöhnlichen Gerichte oder einem Schiedsgerichte gesprochen wird, ist für den Geschädigten wohl ziemlich gleichgültig. Etwas Anderes wäre es vielleicht, wenn die Fürsprecher der Schiedsgerichte diesen etwa eine solche Strafgewalt, die sie den ordentlichen Gerichten versagen, zutheilen wollen; davon habe ich aber bis jetzt noch keine Spur entdeckt. So lange einem Gerichte, welcher Art es auch sein und welchen Namen es auch tragen mag, die Möglichkeit fehlt, seinen Aussprüchen Beachtung nöthigenfalls zu erzwingen, bleibt ihm die demüthigende Rolle „unmaßgebliche Rathschläge" zu ertheilen, und damit selbst die Achtung vor dem Rechte und den Gerichten untergraben zu helfen.

Was endlich den Hinweis auf Hebung der Bildung im Arbeiterstande anbetrifft, so bin ich gewiß der Letzte, der irgend einem dahin zielenden Versuche widersprechen würde. Ich bin vielmehr der Ansicht, daß in dieser Hinsicht auch in neuester Zeit noch viel zu wenig geschieht. Aber ich theile die Hoffnungen, welche an die zukünftige bessere Bildung des Arbeiterstandes geknüpft werden, nicht. Zuvörderst muß ich die Frage wiederholen: Was soll werden in der Zeit, bis die erstrebte höhere Bildung den Arbeiterstand durchdrungen hat? Wir können mit Abstellung gegenwärtiger Uebelstände doch unmöglich warten bis in eine ganz unbestimmte und unbestimmbare Zukunft. Außerdem aber glaube ich gar nicht, daß derjenige Zuwachs an Bildung, auf welchen wir in absehbarer Zeit bei der Masse des Arbeiterstandes rechnen können, und der wohl kaum weiter als bis zu der sog. Halbbildung führen wird, wirklich eine so große Stärkung der sittlichen Bildung mit sich führen wird, daß damit dem Eigennutz und der Frivolität, denen der jetzige Zustand entspringt, und die durch Straflosigkeit so wesentlich gefördert werden, ein kräftiger Damm entgegengesetzt werde. Und wiederum die Frage: Was soll mit denen geschehen, welche nicht gebildeter geworden sind, oder die durch höhere Bildung keine Stärkung der Sittlichkeit, sondern vielleicht umgekehrt der Neigung und der Mittel zur Befriedigung unsittlicher Gelüste erfahren haben? Und dabei muß ich noch einen der bedenklichsten Punkte berühren. Die unsittliche Neigung zur Mißachtung eingegangener Verpflichtungen wird jetzt gerade in dem jüngsten Nachwuchse, dem gegenüber die Zügel der Autorität fast ganz verloren gegangen sind, am häufigsten gefunden. Ich verweise in Bezug darauf auf einen sehr beachtenswerthen Ausspruch des Ortsvereins der Buchbinder ꝛc. in Berlin (S. 214 der Gutachten). Es heißt dort mit dürren Worten, daß „kein Meister dieses Gewerbes überhaupt noch hoffen darf, einen Lehrling die contractlich bedungene Zeit zu behalten", und wenige Zeilen weiter wird dann daraus die Schlußfolgerung gezogen: „Daß „Menschen, die sich schon in der Jugend an Wortbruch gewöhnten, auch als „Arbeiter Contractbrüche begehen werden, ist unzweifelhaft."

Meine Herren! Da liegt die Hauptgefahr der jetzigen Zustände. Die jetzige Straflosigkeit muß nothgedrungen zur stetigen Verschlimmerung führen, und wie wollen Sie der Art vorbereitetes Material überhaupt zur höheren sittlichen Bildung führen? Gerade diese Erwägung hat ja denn auch einen der entschiedensten Gegner der Bestrafung des Contractbruches unter den gehörten Gutachtern, Prof. Dr. Schmoller, dazu geführt, für die minderjährigen Arbeiter der Bestrafung des Contractbruches zuzustimmen. Ich werde auf die darin liegende Inconsequenz noch zurückkommen.

Der Hinweis auf das Dazwischentreten der Gewerkvereine, auf Einführung von Schiedsgerichten und Einigungsämtern und auf eine zukünftige höhere Bildung des Arbeiterstandes kann mich deshalb auch durchaus nicht in der Ansicht schwankend machen, daß die Einführung eines wirksamen Strafmittels gegen den Contractbruch absolut nothwendig geworden ist.

Ebenso wenig aber auch der vom Herrn Referenten gemachte Vorschlag, durch Einführung von Arbeitsbüchern dem Contractbruche ein Ende zu machen. Ich bin der Meinung, daß ein solcher Versuch bei den Arbeitern auf noch viel heftigeren Widerstand stoßen würde, als die von mir befürwortete Bestrafung des Contractbruches, denn die Arbeitsbücher sind, wenn sie allgemein und obligatorisch durchgeführt werden sollen, nichts Anderes als die früheren Wanderbücher. Ohne eine fortwährende genaue Controle sind solche Arbeitsbücher werthlos, die Controle aber führt zu der, von dem einen der Herren Gutachter, der namentlich für die Controlebücher plädirt (Brandes, S. 129 der Gutachten) so lebhaft perhorrescirten Einmischung der Polizei, und damit haben wir die polizeilich zu visirenden Wanderbücher aufs Neue. Diesen werden aber die Arbeiter mit einer Heftigkeit sich widersetzen, gegen welche die jetzige Bekämpfung eines Contractbruchgesetzes nur Spaß ist. Ich kann den Hinweis auf Einführung von Controlebüchern also unmöglich als einen genügenden Einwand gegen meine Forderung, daß der Contractbruch bestraft werden müsse, ansehen.

Es bleibt mir jetzt noch übrig, denjenigen Einwendungen zu begegnen, welche darauf hinausgehen, daß die Sache gar nicht so schlimm sei, wie sie gemacht werde, Einwendungen, welche sich hauptsächlich darauf stützen, daß nicht genügende Statistiken vorliegen, und welche deshalb eine Hinausschiebung jeder Entscheidung verlangen, bis gründliche Untersuchungen den Umfang und die gewöhnliche Ursache des Contractbruches festgestellt haben; kurz die These 3 des Herrn Referenten. Meine Herren! Ich sollte meinen, wenn irgend etwas durch tausendfältiges Zeugniß festgestellt ist, so ist es das Umsichgreifen und die schlimmen Wirkungen des Contractbruches, namentlich im Kleingewerbe, seit Einführung der Gesetzgebung, welche dieses Delict straflos gemacht hat. Einstimmige Beschlüsse in wiederholten Versammlungen, auf welchen viele Tausende von Handwerksmeistern vertreten waren, haben in dieser Beziehung doch wohl deutlich genug gesprochen. Aber auch aus den vorliegenden Gutachten ist Beweismaterial hinreichend zu entnehmen. Herr Dr. Hirsch sagt uns (S. 177), daß die Hälfte der von ihm eingezogenen Gutachten der Gewerkvereine eine Zunahme des Contractbruches auf Seite der Arbeiter zugiebt, ein Zugeständniß, das um so beachtenswerther ist, als die Organe der Gewerkvereine ganz gewiß nicht zu Ungunsten der Arbeiter votiren, und außerdem nach eigener Aussage, den besonneneren Theil der Arbeiter vertreten. Man kann sich also ein Bild davon machen, wie es in den Kreisen derjenigen Arbeiter aussieht, die nicht so besonnen sind, den Gewerkvereinen beizutreten, bekanntlich die große Mehrzahl. — Herr Brandes führt (S. 126 der Gutachten) an, daß im Jahre 1873 bei 634 Tischler-Arbeitsgebern, welche 3500 Gesellen beschäftigten, 2700 Fälle von Contractbruch vorkamen. Der Ortsverein der Berliner Tapezierer &c. giebt zu, wie bereits erwähnt, daß in Berlin die Lehrlinge dieses Gewerbes so ziemlich alle contractbrüchig werden. Nach der mir vorliegenden Zusammenstellung der Hamburgischen Vergleichsbehörde haben bei derselben Arbeitgeber Klagen angestellt auf Wiederaufnahme der Arbeit, Vollendung angefangener Accordarbeiten und Entschädigung wegen Verlassens der Arbeit 1870 in 228 Fällen, 1871 in 171, 1872 in 469, 1873 in 406 Fällen. Dabei ist bezeichnend, wie geringfügig die Zahl der Entschädigungsklagen ist. Von solchen befanden sich unter vorgenannten Zahlen 1870 2, 1871 4 Fälle; 1873 wurde ein Versuch gemacht, dieses Mittel energischer in Anwendung zu bringen, und die Zahl der Klagen stieg auf 55; man fand aber sehr bald die Nutzlosigkeit dieser Versuche heraus, und die Zahl derartiger Klagen fiel 1873 auf 23, während sie in neuester Zeit so gut wie ganz aufgehört haben, und nur noch ausnahmsweise Jemand, der noch keine Erfahrungen gemacht hatte, mit derartigen Klagen die Zeit des Gerichtes überflüssiger Weise in Anspruch nimmt.

Sie sehen aber auch, meine Herren, wie verleitlich eine Statistik ohne Commentar in diesem Falle sein würde. Wer die Zahlen der Hamburgischen Vergleichsbehörde ansieht, der müßte annehmen, daß der Contractbruch abgenommen habe. In Wirklichkeit wird er aber so erfolgreich und so massenhaft betrieben, daß man die nutzlose Mühe der Verfolgung ganz aufgegeben hat. In Etwas können die oben angeführten Zahlen ergänzt werden durch die Aufmachung über die von Hülfsarbeitern angestellten Klagen. Es sind solche Klagen auf Arbeitslohn und Auslieferung von Effecten und Papieren angestellt 1870 902, 1871 724, 1872 797, 1873 878. Alle diese Klagen betreffen fast ausnahmslos Contractbruchsfälle, in welchen jedoch der Meister versucht hat, durch Zurückhalten von Lohn 2c. sich für seinen Schaden ganz oder theilweise zu decken, und es dem Gehülfen überlassen hat, zu klagen. Ich muß aber auch hierbei wiederum darauf hinweisen, wie wenig die nackten Zahlen hinreichen, ein richtiges Bild der wirklichen Verhältnisse zu geben. Die Klagen der Arbeiter gegen die Arbeitgeber betreffen je eine Sache, in der jeder Gehülfe einzeln gegen seinen Arbeitgeber klagt. Dagegen ist eine Klage eines Meisters und Fabrikanten häufig gegen eine ganze Reihe von Beklagten gerichtet, und die bloße Vergleichung der Zahl der Klagfälle giebt somit ein irriges Bild. Eine zuverlässige Statistik über diese Dinge zu geben, ist somit eine recht schwierige Sache, wenn nicht gar unmöglich. Ich glaube aber, daß schon aus dem eben hier Angeführten sich zur Genüge ergeben wird, von welcher Bedeutung die Sache für den gewerblichen Betrieb ist.

Endlich habe ich mich noch gegen Diejenigen zu wenden, welche eine Vertagung gesetzgeberischen Einschreitens bis dahin verlangen, daß eine vollständige gesetzliche Regelung der wichtigeren Theile der socialen Frage gleichzeitig erfolgen kann. Ich darf wohl fragen, wann dieser Zeitpunkt zu erwarten ist. Der Herr Referent deutet in seiner These 4 selbst an, daß man sich noch nicht einmal über die dabei zu befolgenden Principien klar ist. Auch ist eine Einigung darüber notorisch fürs Erste noch nicht zu erwarten, und nach erfolgter Verständigung über die Principien würde die praktische Durchführung derselben wohl noch geraume Zeit in Anspruch nehmen. Die Verweisung einer Regelung der Contractbruchsfrage bis auf den Zeitpunkt, an welchem die gesetzliche Regelung der wichtigsten Theile der socialen Frage gleichzeitig erfolgen kann, kommt also einer Vertagung ad calendas graecas vollständig gleich.

Wenn aber die Sache so liegt, wenn man zugeben muß, daß der Contractbruch, wie er jetzt betrieben wird, eine wesentliche Schädigung der wirthschaftlichen Volkswohlfahrt und ein schweres Unrecht mit sich führt, wenn man ferner zugesteht, daß einer Bestrafung des Contractbruches rechtlich nichts entgegensteht, wenn man, wie ich glaube nachgewiesen zu haben, sich eingestehen muß, daß die anderweitig vorgeschlagenen Mittel zur Abhülfe wirkungslos sein und bleiben werden, wenn eine Zusammenkoppelung der Gesetzgebung über den Contractbruch mit einer socialen Zukunftsgesetzgebung, von der man weder Inhalt noch Zeit gegenwärtig erkennen kann, nur zu einer ganz unbestimmten Hinausschiebung führt: so glaube ich, kann man aus allen diesen Prämissen nur den einen Schluß ziehen: daß man sagt, der Contractbruch muß bestraft werden, um dem wirthschaftlichen Uebel vorzubeugen und das schwere Unrecht zu sühnen.

Namentlich glaube ich darauf rechnen zu dürfen, daß diese Consequenz auch von Denjenigen gezogen werden wird, welche eine Bestrafung des Contractbruches der Minderjährigen zulassen, dasselbe Vergehen aber bei erwachsenen Arbeitern straflos lassen wollen. Die Inconsequenz liegt auf der flachen Hand. Die Argumentation, mit welcher sie unterstützt wird, liegt in dem Gutachten des Herrn Prof. Dr. Schmoller vor. Er unterscheidet zwischen dem Charakter des Contractbruches, je nachdem er von Minderjährigen oder von Erwachsenen vollführt wird, und also auch in dem Charakter der Strafe. Contractbruch eines Minderjährigen ist ihm eine Auflehnung gegen berechtigte Autorität, und Bestrafung deshalb ein erziehliches Zuchtmittel, angewandt an einer Person, die noch unter erziehlicher Zucht steht, oder doch wenigstens stehen sollte. Contractbruch, begangen von einem Erwachsenen, ist ihm dagegen lediglich Bruch einer eingegangenen civilrechtlichen Verabredung und als solche auch nur civilrechtlich zu verfolgen. Praktisch würde diese feine Unterscheidung aber nur dazu führen, daß der Minderjährige, der in den Augen des Gesetzes für seine Handlungen noch nicht zum Vollen verantwortlich ist, bestraft werden soll für Vollführung einer Handlung, die dem Volljährigen, von dem nicht nur das Gesetz, sondern auch die Volksstimme annimmt, daß er im Stande ist, zu beurtheilen und zu begreifen, was er zu thun und zu verantworten hat, ungeahndet hingehen soll. Ich kann unmöglich glauben, daß diese Anschauung hier Anhänger gewinnen könnte, nehme vielmehr an, daß, wenn der Contractbruch bei dem gesetzlich minder verantwortlichen Minderjährigen bestraft werden soll, er auch bei den vollverantwortlichen Erwachsenen bestraft werden muß.

Zum Schluß gestatten Sie mir noch einige persönliche Bemerkungen. Ich stehe hier durchaus nicht als Fanatiker, als Feind der arbeitenden Classen oder als Jemand, dem es besonderes Vergnügen machen würde, eine Anzahl Arbeiter ins Gefängniß zu senden. Ebensowenig möchte ich aus Anlaß einiger vorhin gemachten Bemerkungen als Gegner der Gewerkvereine angesehen werden Im Gegentheil erkennt Niemand williger die Bestrebungen der letzteren um Wiederherstellung des socialen Friedens durch Befriedigung der berechtigten Forderungen der Arbeiter und Aufklärung derselben über ihre Rechte und Pflichten an. Es würde mir nichts lieber sein, als wenn ein Gesetz, wie ich es wünsche, niemals zur Anwendung gebracht zu werden brauchte; ich lege das Hauptgewicht nicht auf die Bestrafung, sondern auf die Verhinderung des Unrechts. Können die Gewerkvereine in dieser Hinsicht wirken, so wird Niemand ihnen bereitwilliger Beifall zollen als ich. Auch wird ja, wenn die Gewerkvereine consequent an der von ihnen ausgesprochenen Absicht, dem Contractbruche bei ihren Mitgliedern vorzubeugen, festhalten, das Strafrecht niemals ihre Mitglieder treffen, und ein solches Verfahren ihnen direct vortheilhaft sein, indem es ihren Einfluß gegenüber den Arbeitgebern und deren Bereitwilligkeit, ihnen entgegen zu kommen, steigern muß. Ich muß aber mit vollster Ruhe und nach eingehendster Erwägung dabei bleiben, daß ein gesetzliches Einschreiten gegen den Bruch des Arbeitscontractes absolut nothwendig geworden ist.

Für das Kleingewerbe ist die Sicherung des Arbeitsverhältnisses geradezu eine Lebensfrage. Die Großindustrie kann zum Theil, wie das auch schon im Reichstage ausgesprochen ist, eines Contractbruchgesetzes entbehren; sie hat noch mancherlei andere Machtmittel gegenüber ihren Arbeitern, deren Anwendung für die Arbeiter aber schwerlich vortheilhafter sein wird, als ein vom Richter zu handhabendes Gesetz. Solcher Machtmittel aber entbehrt das Kleingewerbe ganz, und dieser Zustand wird, je mehr das junge Geschlecht, das von vorneherein an Mißachtung eingegangener Verpflichtungen gewöhnt ist, heranwächst, immer schlimmer. Die Berliner Tapezierer haben das sehr richtig bezeichnet. Während das Kleingewerbe vollauf beschäftigt sein sollte, durch gemeinschaftlichen Erwerb von Arbeitsmaschinen, gemeinschaftliche Beschaffung der Rohstoffe, gemeinschaftliches Aufsuchen von Absatzquellen, kurz durch genossenschaftliches Zusammenwirken, das von der Großindustrie bedrohte Gebiet zu behaupten, und verlorenes wieder zu erobern, ruht diese nothwendige Thätigkeit fast ganz, weil alle Kraft durch den ewigen Kampf mit den Hülfsarbeitern in Anspruch genommen und lahm gelegt wird. Dauert dieser Zustand fort, und wird dem Gewerbe nicht wenigstens der unentbehrliche Rechtsschutz wieder verschafft, so geht das Kleingewerbe seinem Untergange in kurzer Frist entgegen. Was das aber für die Zukunft des Staates bedeuten wird, darüber brauche ich in dieser Versammlung, in der ein Jeder die Entwicklung des socialen Kampfes mit Aufmerksamkeit verfolgt hat, wohl kein Wort zu verlieren. Die Socialdemokratie hat recht wohl erkannt, um was es sich handelt, und darum wird von ihrer Seite der Contractbruch mit Bewußtsein als schärfste Waffe im Classenkampfe angewendet. Sie weiß, wie sehr der Contractbruch zu gegenseitiger Verbitterung beiträgt, und will bei dieser Verbitterung im Trüben fischen. Sie weiß auch sehr wohl, wie groß die Kraft und Bedeutung des Widerstandes ist, den sie bis jetzt noch im kleinen selbständigen Gewerbebetriebe findet; ein kürzliches freches Wort in einem ihrer Hauptorgane: Der Kleingewerbestand dürfe jetzt nicht länger geschont, sondern er müsse so rasch wie möglich ins Proletariat hinuntergebracht werden, zeigt deutlich, worauf es abgesehen ist. Arbeiten Sie diesen Bestrebungen entgegen, geben Sie dem Gewerbestande eine Stütze, indem Sie sich für die von mir aufgestellten Thesen erklären:

1. Der Bruch des Arbeitscontracts und die directe oder indirecte Verleitung zu demselben erscheint nicht nur als ein namentlich das Kleingewerbe und die Landwirthschaft schwer schädigendes wirthschaftliches Uebel, sondern vor Allem als ein schweres Unrecht, das von moralischem Standpunkt aus durchaus verdammt werden muß und dessen Bestrafung von rechtlichem Standpunkt aus zulässig ist.

2. Die civilrechtliche Schadensersatzklage hat sich in den meisten Fällen als gänzlich unwirksam zur Verhütung und Bestrafung des Arbeitscontractbruchs gezeigt.

3. Eine strafrechtliche Verfolgung des Arbeitscontractbruchs, sowie der Verleitung zu demselben, ist deshalb nothwendig, jedoch hat dieselbe nur dann einzutreten, falls durch den Contractbruch ein Schaden verursacht worden ist, und der Contractbrüchige den Ersatz desselben verweigert oder dazu außer Stande befunden wird.

4. Die strafrechtliche Verfolgung des Arbeitscontractbruchs und der Verleitung findet nur auf Antrag des Geschädigten statt.

Debatte.

Vorf. Dr. Nasse macht die Mittheilung, daß Dr. Max Hirsch die Antworten der Ortsverbände auf die an ihn gerichteten Fragen auf den Büreautisch niedergelegt hat.

Es sind drei Anträge eingegangen. Der Schriftführer Prof. Knapp verliest dieselben:

Dr. Hecht (Mannheim) beantragt: 1) daß in Held's erster These mit dem Worte „Unrecht" geschlossen werde; 2) daß die These 2 mit dem Worte „zweifelhaft" schließe.

Prof. Neumann beantragt folgende Thesen:

1) Der Bruch des Arbeitsvertrags sowie die directe und indirecte Verleitung zu demselben gestaltet sich nicht nur zu einem großen Uebel für das Kleingewerbe und die Landwirthschaft, sondern ist auch ein Unrecht, dessen häufiges Vorkommen auf die sittlichen Vorstellungen der betheiligten Classen sehr nachtheilig wirken muß;
2) indeß liegt hinreichende Veranlassung zu einer einseitigen Ausnahmebestimmung, welche den Arbeitscontractbruch in den gedachten Erwerbszweigen mit Criminalstrafe bedroht, während Contractbrüche im Uebrigen regelmäßig straflos bleiben, nicht vor;
3) in der von dem Kleingewerbe schwer abzugrenzenden Großindustrie wird die Bestrafung des Arbeitscontractbruchs die Interessen der Arbeitnehmer in unverantwortlicher Weise schädigen.

Landrath Tiedemann beantragt zu den Thesen der Correferenten:

ad 2. [Civilrechtliche Schadenersatzklage hat sich in den meisten Fällen als gänzlich unwirksam erwiesen]. Sie würde nur dann von wirklich durchschlagender Wirkung sein, wenn sie auch gegen den Arbeitgeber gerichtet werden könnte, von welchem der contractbrüchige Arbeiter neu engagirt worden ist.

ad 5. Um den Inhalt eines Arbeitercontracts außer allen Zweifel zu stellen, sind die Contrahenten zur schriftlichen Abfassung desselben zu verpflichten. Es sind zu diesem Zwecke Contractsbücher einzuführen, welche hinsichtlich der Dauer des Vertrags, der etwa vorbehaltenen Kündigungsfrist, der Höhe des Lohnes und der Art der Dienstleistung in übersichtlichen Rubriken die vereinbarten Bestimmungen enthalten. Von der Eintragung in ein solches Contractbuch ist die Klagbarkeit des Vertrags abhängig zu machen.

(1/4 Stunde Pause.)

Nach der Pause macht der Präsident Mittheilung über verschiedene, inzwischen eingegangene und zur Vertheilung resp. zum Verkauf bestimmte Schriftstücke, die auf dem Büreau am Eingange des Saales ausliegen, und ersucht zugleich die anwesenden Mitglieder, einem statutenmäßigen Beschlusse zufolge, einen Beitrag zu den Kosten der gegenwärtigen Generalversammlung von 2 Thalern zu entrichten. Hierauf tritt die Versammlung in die

Generaldiscussion.

Vors. Prof. Dr. Nasse: Meine Herren! Die Frage, ob wir auf die Generaldiscussion, in die wir jetzt eintreten, eine Specialdiscussion folgen lassen, können wir wohl späterer Beschlußfassung vorbehalten. Bis jetzt weiß ich mir in keiner Weise eine genaue Eintheilung des vorliegenden Stoffes zu denken, welche einen geeigneten Anhaltspunkt für eine Spezialdiscussion liefern würde. Ich glaube, daß wir wahrscheinlich mit einer Generaldiscussion, die ich hiermit eröffne, auskommen werden.

Was die Reihenfolge der Redner angeht, so ist es in dieser Frage wohl wünschenswerth, daß wir darüber immer einen Redner für und einen Redner gegen die Strafe hören Andernfalls kämen wir in die Lage, drei oder vier Redner hinter einander für oder gegen sprechen zu hören. Sie erlauben mir daher wohl, für diese Frage diese allgemeine parlamentarische Praxis eintreten zu lassen. —

In den früheren Versammlungen ist bestimmt worden, daß kein Redner das Recht hat, in der Generaldiscussion länger als 10 Minuten und in der Specialdiscussion länger als 5 Minuten zu sprechen. Nach dieser Zeit ist es Pflicht des Präsidenten, den Redner zu unterbrechen und die Versammlung zu fragen, ob der Redner weiter gehört werden soll. Wenn kein Widerspruch erfolgt, so nehme ich an, daß diese Zeitbeschränkung auch für unsere ganze heutige Tagesordnung wieder gelten soll. (Es erfolgt kein Widerspruch.)

Wir treten also in die Discussion ein. Der erste Redner ist Herr Janson aus Berlin

Janson (Vertreter des Verbandes der deutschen Gewerkvereine): Geehrte Versammlung! Ich bekenne mich als Gegner der criminellen Bestrafung des

Contractbruchs und werde mich an die Ausführungen des Präsidenten halten, welcher gesagt hat, es sei vor allen Dingen nothwendig, das Uebel zu untersuchen, seinen Ursprung zu ergründen und alle einschlägigen Verhältnisse zu prüfen, ehe man ein Urtheil fällt, das sonst vielleicht sehr einseitig ausfallen könnte. Nun hat aber der Correferent sich meines Dafürhaltens auf einen etwas einseitigen Standpunkt gestellt und die Frage nicht so gründlich behandelt, wie es nothwendig gewesen wäre. — Die Frage des Contractbruchs wird von beiden Referenten dahin erläutert, als sei sie aus der Zunahme der Rohheit entstanden. Diesem muß ich widersprechen; denn auf der anderen Seite wird von der Wissenschaft nachgewiesen, daß Rohheiten und Verbrechen in den letzten Jahrhunderten abgenommen haben, indem man ja an der steigenden und sinkenden Macht des Clerus nachweist, daß in früheren Jahrhunderten Unsittlichkeit und Rohheit in einem höheren Grade geherrscht haben, als jetzt, wo die Menschheit zu höherer Bildung gelangt ist. Damit widerlegt sich meines Erachtens die Behauptung, daß das zunehmende Auftreten des Contractbruchs eine Folge der zunehmenden Rohheit der niederen Volksschichten sei. Meine Herren! Daß erst jetzt das große Geschrei über den Bruch der Arbeitscontracte seitens der Arbeitgeber erhoben wird, hat darin seinen Grund, daß in der vormärzlichen Zeit von einem Contractbruche der Arbeiter insofern nichts bekannt war und bekannt werden konnte als die Arbeitgeber es waren, die ihn geübt haben, und Niemand da war, der einen solchen Rechtsbruch rügte. Ich behaupte, daß der Contractbruch schon zehn Jahre früher, ehe wir Arbeiter die Coalitionsfreiheit erhielten, von den Arbeitgebern in der frivolsten Weise geübt worden ist, ohne geahndet zu werden. Das Gutachten des Herrn Knauer gesteht zu, daß die ländlichen Arbeiter sich von einem inhumanen Arbeitgeber höchstens zu einem etwas humaneren begeben konnten, während es dem gewerblichen Arbeiter möglich war, sich auf dem Wege der Wanderschaft nach anderen Orten zu begeben. Am Schlusse seines Gutachtens aber verwirft Herr Knauer alle diejenigen Bestrebungen von anderer Seite, die ihrer Zeit dazu beigetragen haben, dem Arbeiter sein Recht zukommen zu lassen. Herr Knauer beschuldigt die Großindustrie, den ungeheuren Mangel an Arbeitern auf dem Lande herbeigeführt zu haben; sie habe den Anlaß gegeben, daß die Arbeiter grob und „niederträchtig" gegen die Gutsherren wurden. Ich bin aber der Ansicht, daß die Verhältnisse, besonders auch die von Herrn Knauer zugestandene Inhumanität der ländlichen Arbeitgeber, die Arbeiter derselben vom Lande weggetrieben haben, und daß die Großindustrie sich der ländlichen Arbeiter erst bedient hat, nachdem diese einmal zur Verfügung standen. (Sehr wahr!) Auch der im vorigen Jahre versammelt gewesene „Verein ländlicher Arbeitgeber" hat ja ausgesprochen, „man müsse den Arbeitern die Verhältnisse auf dem Lande angenehm machen". Darin liegt doch das Zugeständniß, daß es ihnen jetzt nicht angenehm ist! (Sehr richtig.) Ich persönlich kenne die Verhältnisse auf dem Lande ganz genau, denn ich bin auf einem Dorfe geboren und erzogen, bin aber natürlich auch bereit, Ausnahmen zuzugestehen. Der Handwerksbursche vom Lande, der das Leben in größeren Städten kennen gelernt hat, bringt nach und nach seine ganze Familie oder Verwandtschaft nach der Stadt. Das ärmlichste Leben in der Stadt ist immer noch ein köstliches zu nennen gegen dasjenige, was in manchen ländlichen Bezirken besteht. Dadurch ist ein Ueberfließen von Arbeitskräften nach den

Städten hin entstanden. Aber Herr Knauer macht sich in seinem Gutachten eines großen Widerspruches schuldig. Mit Recht sagt Herr Dr. Roscher in seinem Gutachten, man solle eine vom Fabrikherrn einseitig eingeführte Fabrikordnung nicht einen Contract nennen, es ist in der That für den Arbeiter, der gezwungen, Arbeit zu suchen, mehr Befehl. Und hierbei komme ich auf Herrn Dannenberg, der da sagte, auch die Einigungsämter könnten gegen den Contractbruch nichts nützen. Ich möchte ihm erwidern, daß er nicht zu wissen scheint, was Einigungsämter sein sollen. Die Einigungsämter sollen erst die Basis herstellen, auf welcher wahrhafte contractliche Verhältnisse geschaffen werden können. Wenn man von mancher Seite glaubt, daß solche Feststellung nicht nützlich und zweckmäßig sei, so kann ich dem nicht zustimmen, denn ich halte dafür, daß jeder abgeschlossene Contract gehalten werden muß. Was den von Herrn Dannenberg so schwer gerügten Ausspruch des Landsberger Gutachtens betrifft, so finde auch ich in dem Aufgeben eines drückenden Arbeitsverhältnisses seitens des Arbeiters unter Umständen eine sittliche Hebung desselben, weil er dadurch die Möglichkeit findet, seinen staatsbürgerlichen Pflichten besser nachzukommen. Es ist doch nichts natürlicher, als wenn Jemand sucht, seine Pflichten gegen den Staat besser erfüllen zu können. Aber daß die Leute als Regel den Contract brechen wollen, das finde ich aus jenem Ausspruche nicht heraus. Und sollte es wirklich ausgesprochen sein, so ist es entschieden nicht die herrschende Ansicht der Gewerkvereine.

Vors. Prof. Dr. Nasse: Ich muß, meiner Pflicht gemäß, den Redner unterbrechen, da 10 Minuten bereits verstrichen sind. Ich frage die Versammlung, ob sie den Redner noch weiter zu hören wünscht? (Zahlreiche Ja! aus der Versammlung.)

Herr Janson (fortfahrend): Herr Dannenberg führt weiter aus: auf dem Wege der Bildung und dem der Gewerkvereine und Schieds- und Einigungsämter würde es zu lange dauern, ehe man andere Arbeiterverhältnisse erlangen könne. Ich bin der Meinung, daß jedenfalls ein Anfang damit gemacht werden müsse, ein Versuch! Wenn aber dieser Versuch von Erfolg begleitet sein soll, so ist nöthig, daß man ihm eine gesetzliche Executive giebt, denn was nützen z. B. die Schiedsämter, wenn sie ihren Beschlüssen keine gesetzliche Geltung verschaffen können! Ohne gesetzliche Sanction liegt allerdings diese Sache sehr zweifelhaft, denn wir können den Leuten nicht nachlaufen, wenn uns nicht das Gesetz zur Seite steht. — Daß Arbeitnehmer wie Arbeitgeber eine Menge Ungerechtigkeiten begehen, ist ja nicht zu leugnen; aber da stellt Herr Dannenberg wieder Hamburg voran. Für mich sind gerade die Hamburger Verhältnisse gar nicht maßgebend, denn es ist ja bekannt, daß Hamburg so recht ein Herd socialistischer Umtriebe ist Auch Herr Brandes findet eine Menge von Fällen heraus, die wir nicht bezweifeln, da er vermöge seiner Stellung in der Arbeiteragitation die reichste Kenntniß davon erhalten hat. Aber es ist eben nicht richtig, aus diesen einzelnen vorgekommenen Fällen Schlüsse zu ziehen für die Zukunft und für die Allgemeinheit. Ich stelle in den Vordergrund, daß es nöthig ist, ein wirkliches contractliches Verhältniß zwischen Arbeitgebern und Arbeitnehmern herzustellen. Wenn das Verhältniß aber ein richtiges werden soll, so muß man die Herstellung desselben den Betheiligten überlassen. Und es wird auch trotz aller Schwierigkeiten durchführbar sein; denn wenn ein Theil der Arbeitgeber und Arbeitnehmer durch ein Einigungsamt Contracte vereinbaren, und die nicht Betheiligten sehen, daß sie dadurch im Nachtheile sind, so werden sie sich dem wohl anschließen. Die außerhalb eines contractlichen Verhältnisses stehenden werden sich gewiß nicht lange mit ihren Arbeitgebern herumschlagen, sondern den Andern nachfolgen und auf fester, selbstgeschaffener Basis operiren.

Für die criminelle Bestrafung des Contractbruches wird von einzelnen Begutachtern angeführt, daß die Arbeitgeber auf dem Civilwege nicht zu ihrem Rechte gelangten. Wenn Letzteres behauptet wird, so erkennt man damit an, daß die Arbeiter trotz ihrer physischen Anstrengung eben nichts besitzen; man müßte sie also besser stellen. Wenn man aber davon ausgeht, daß der Arbeitgeber den ledigen Arbeiter, der sich hinbegeben kann, wo er will, nicht belangen könne, — ja, meine Herren! wo verfolgt denn der Arbeiter seine rechtlichen Ansprüche auf dem Civilwege, wenn er sich in dem betreffenden Orte nicht ernähren kann; er kann sich doch nicht arbeitslos am Orte aufhalten, nur um seine Klage zu führen? Wovon lebt er denn derweil? Da wäre es also wohl am Platze, daß ebenfalls auf die Bestrafung der Arbeitgeber Bedacht genommen würde! Meiner Auffassung nach können in dieser Frage nur die betheiligten Arbeitgeber und Arbeitnehmer selbst dafür sorgen, daß etwas Richtiges geschaffen wird. Werden Sie durch das neue Strafgesetz das Beabsichtigte erreichen? Gewiß nicht! Diejenigen Arbeiter, die überhaupt kein Rechtsgefühl besitzen, werden Sie durch criminelle Bestrafung nicht vermögen, den Contract zu halten, weil sie die Bedeutung einer criminalen Bestrafung gar nicht erkennen; und der andere, gebildete Arbeiter bricht den Contract nicht. Ich glaube, daß man auf dem Wege des Einigungsamtes, wenn er von allen Seiten ohne Sonderinteressen betreten wird, 'mal dahin kommen wird, wohin man mit einer criminellen Bestrafung nicht gelangen kann. Ich begreife überhaupt nicht, wie man einerseits den deutschen Arbeiterstand und seine Bildung so hoch erhebt; wie man sagen kann, daß die Erfolge Deutschlands vor nicht allzulanger Zeit nur der Intelligenz und Bildung seiner Bevölkerung zuzuschreiben seien, wo doch der Arbeiter die Majoriät bildet, und wie man ihn jetzt auf eine so niedrige Stufe der moralischen und sittlichen Bildung stellen will. Ich bin der Ueberzeugung, daß sich hier in diesem Saale keine Majorität finden wird für die Ansicht, daß der deutsche Arbeiter zur Erfüllung seiner Pflichten nur zu bewegen ist durch einen Strafparagraphen, den man bisher nur gegen kleine Spitzbuben angewendet hat. Der Arbeiter ist nicht so sittlich verwahrlost, wie viele Nichtarbeiter meinen. In Berlin wären z. B. in meinem Gewerbe die Arbeiter nicht so mitgerissen worden, wenn die Behörde uns Gewerkvereinlern zur Seite gestanden hätte. Aber die Socialdemocratie hat unsere Ideen zu unterdrücken gesucht, dadurch, daß sie unsere Versammlungen sprengte, und der polizeiliche Schutz, um den wir zum Schutze des Versammlungsrechts baten, ist nicht erfolgt. So kam es, daß die Massen nicht aufgeklärt werden konnten. Heute, hoffe ich, wird es uns gelingen, das Interesse der Arbeitermassen mehr mit den Interessen der Arbeitgeber zu vereinbaren und zu zeigen, daß die ersteren noch nicht so tief gesunken sind, um lediglich criminelle Strafen gegen sie anwenden zu müssen. Wenn ein Einzelner sich einmal von seinen früheren Neigungen zuweit hinreißen läßt, so kann das unmöglich ein Grund sein, jeden Arbeiter gleich einem Spitzbuben zu behandeln. (Großer Beifall.)

Landrath Tiedemann (Mettmann) für: Zunächst habe ich einige Bemerkungen des Vorredners zu widerlegen. Er hat mit einiger Emphase hervorgehoben, daß die Bestrafung des Contractbruchs kein Mittel sein würde, die Rohheit unter den Massen zu vermindern, und daß es überhaupt unrecht sei, zu behaupten, in der Jetztzeit hätten die Rohheiten und Brutalitäten im Arbeiterstande zugenommen. Meine Herren! Gestatten Sie mir, der ich an der Spitze eines rheinischen Kreises stehe, darauf einfach zu erwidern, daß es auf mich kaum einen Eindruck mehr macht, wenn ich höre oder lese, es habe in meiner Gegend diese Nacht wieder Einer den Andern todtgestochen oder doch lebensgefährlich verletzt! (Hört! Hört!) Es ist in den industriellen Kreisen des Niederrheins ein solcher Zustand hereingebrochen — ich will gerne zugeben, daß die wildesten Gesellen dort Fremde sind, heißblütigere Arbeiter, wie die unsrigen —, aber es ist jedenfalls eine so große Zuchtlosigkeit in diesen Kreisen zu Tage getreten, daß der alte Friedrich Harkort allwöchentlich eine „Brutalitätsstatistik" herausgeben kann, in welcher er regelmäßig eine erschreckende Menge von Messeraffairen constatirt. Und wenn Sie mich fragen: was ist der Grund davon? so muß ich sagen: „weil dem Arbeiter der Begriff von Recht und Gesetz vollständig abhanden gekommen ist!" (Sehr richtig!) Der Arbeiter betrachtet den heutigen Zustand nur als einen Kampf der Gewalt mit der Gewalt. (Sehr wahr!) Er beugt sich vor keiner sittlichen Idee mehr. Er hat den Respect vor der Souveränität des Staates verloren, weil er diesen in allen socialen Fragen für machtlos hält. Hier müssen wir deswegen eingreifen und auch dem Arbeiter fühlbar machen, daß der Staat doch noch mächtiger ist, als er, und daß Derjenige, welcher sich dem Rechtsbewußtsein seines Volkes widersetzt, dies nicht ungestraft thun kann. (Sehr wahr!) — Ich stehe im Wesentlichen auf dem Standpunkte des Herrn Correferenten Dannenberg, gehe aber in manchen Punkten weiter. Es heißt in der zweiten These des Herrn Dannenberg: „Die civilrechtliche Schadensersatzklage hat sich in den meisten Fällen als gänzlich unwirksam zur Verhütung und Bestrafung des Arbeitscontractbruchs gezeigt." Hier wünsche ich den Zusatz gemacht zu sehen: „Sie würde nur dann von wirklich durchschlagender Wirkung sein, wenn sie auch gegen den Arbeitgeber gerichtet werden könnte, von welchem der contractbrüchige Arbeiter neu engagirt worden." Ich glaube nämlich, daß man durchaus fehl geht, wenn man die vielen Fälle des Contractbruchs ausschließlich auf die Arbeiter zurückführt. Es hat sich leider in den Kreisen unserer Großfabrikanten und sonstigen Arbeitgeber noch nicht ein Grundsatz herausgebildet, wie ihn der Adel in den besseren Zeiten festzuhalten pflegte: „Noblesse oblige!" Der Fabrikant sagt heute noch keineswegs überall: „Richesse oblige!" er benutzt noch vielfach Mittel, um seinen Concurrenten zu schaden, und sich Vortheile zuzufügen, die man nicht scharf genug brandmarken kann. Ich weiß positiv, daß eine ganze Reihe von Contractbrüchen dadurch entstehen, daß die Arbeitgeber unter einander sich die Arbeiter abspenstig machen; daß der eine Arbeitgeber die Arbeiter frägt: „Wie viel Vorschuß habt Ihr bei Dem und Dem?“ und wenn die Arbeiter antworten: „50 Thaler!“ ihnen zuruft: „ich gebe Euch 75 Thaler, laßt Eure Arbeit im Stich und kommt zu mir!“ Ich weiß, daß in Remscheidt die strikenden Feilenarbeiter subventionirt worden sind von einem linksrheinischen Fabrikanten, der ein Interesse daran hatte, daß der ausgebrochene Strike recht lange daure, damit er dann allein die Feilen anfertigen könne. (Hört! Hört!) Solchen von den Arbeitgebern selbst geschaffenen Zuständen würde durch mein erstes Amendement ein Ende gemacht. — Ich komme jetzt zu meinem zweiten Amendement, zu der Zusatz-These 5. Ich glaube, daß, so nothwendig eine Bestrafung des Contractbruchs auch ist, diese dennoch in der Praxis keinen sofort durchschlagenden Erfolg haben wird, wenn man nicht noch etwas Weiteres thut. Lassen Sie mich hier, um Mißverständnisse zu vermeiden, eine allgemeine Bemerkung vorausschicken. Ich bin ganz entschieden der Meinung, daß wir an dem Satze festhalten müssen: eine Bevormundung durch den Staat hinsichtlich des Inhalts der Arbeitscontracte darf in keiner Weise stattfinden. Es muß durchaus dem freien Ermessen des Arbeitgebers und Arbeitnehmers überlassen bleiben, welche Bestimmungen sie in den Contract aufnehmen wollen. Etwas Anderes ist es aber mit der Form der Contracte; diese kann und muß durch Gesetz geregelt werden. Ich stimme mit dem Herrn Vorredner darin überein, daß besonders die ländlichen Arbeiterverhältnisse Vieles zu wünschen übrig lassen; daß das Hauptübel in dem Umstande liegt, daß die Arbeitscontracte durchweg mündlich abgeschlossen werden; daß hiedurch dem schwächeren Theile in vielen Fällen die Möglichkeit entzogen wird, wegen Brechung des Contractes, dessen einzelne Bestimmungen nicht zu constatiren sind, gegen den stärkeren Gegner klagbar zu werden, und daß es daher immer nothwendiger wird, eine präcisere Form für die Schließung der Arbeitscontracte zu finden. Der Herr Vorredner wird, wie ich hoffe, wiederum mit mir übereinstimmen, wenn ich vorschlage, für Einführung von Contractsbüchern zu wirken. Hiedurch finden wir in der That die gewünschte präcisere Form. Ich denke mir die Sache folgendermaßen: Jeder Arbeitgeber ist zu verpflichten, ein Contractsprotocoll einzurichten und zu führen, welches in bestimmten, genau vorgeschriebenen Rubriken die Namen der Arbeiter, die Dauer des Vertrags, die Höhe des vereinbarten Lohnes, die Art der Dienstleistung, die etwa vorbehaltene Kündigungsfrist und die Unterschriften beider Contrahenten enthält. Ebenso ist jeder Arbeiter zu verpflichten, ein dem Contractsprotocoll des Arbeitgebers analoges Contractsbuch zu führen. Kein Arbeitscontract soll ferner klagbar sein, wenn er nicht sowohl in das Contractsprotocoll des Arbeitgebers, wie in das Contractsbuch des Arbeiters vorgeschriebenermaßen eingetragen ist.

(Vorsitzender Prof. Dr. Nasse unterbricht den Redner, da bereits 10 Minuten verflossen; doch spricht derselbe auf Wunsch der Versammlung weiter.)

Diese Contractsbücher bitte ich nicht zu verwechseln mit den früheren Wanderbüchern und Pässen; auch nicht mit den Arbeitsbüchern der Gewerbe-

Ordnung. Meine Contractsbücher sollen nur dem Zwecke dienen, ein sicheres Beweismittel für den Inhalt des Contracts und, wenn es sein muß, eine sichere Grundlage für die Bestrafung des Contractbruchs zu schaffen. Diese Bücher liegen meines Erachtens eben so sehr im Interesse der Arbeiter, als der Arbeitgeber. Sie bilden aber auch eine Waffe gegen den Arbeitgeber, der doloser Weise seinen Concurrenten die Arbeiter abspenstig macht, vorausgesetzt, daß man jenen für Schadensersatz haftbar machen will. Endlich dienen diese Bücher noch zu einem Nebenzwecke, der freilich auf einem entfernteren Gebiete liegt, mit der vorliegenden Frage aber doch auf's Engste zusammenhängt. Ein Beispiel aus der Praxis wird illustriren, was ich meine. Im vorigen Jahre wurde im Kreise Bochum ein Mann ins Zuchthaus geschickt, der überführt war, in gewerbsmäßiger Weise auf verschiedenen Kirchhöfen die Leichen der Haare beraubt zu haben — zum Verkauf an Friseure. — Dieser Mann entsprang bald darauf aus dem Zuchthause und wurde lange Zeit vergeblich steckbrieflich verfolgt. Plötzlich erhalte ich einen anonymen Brief des Inhalts, daß sich der betreffende Züchtling bereits seit vier Wochen bei einem Hofbesitzer in der Nähe als Erndtearbeiter aufhalte. Ich lasse denselben durch einen Gensdarmen arretiren, und er gesteht auch sofort, der Gesuchte zu sein. Jetzt frage ich den Hofbesitzer, dem vor Schreck die Haare zu Berge standen, wie er einen solchen Mann vier Wochen unter seinem Dache habe beherbergen und der Gerechtigkeit habe entziehen können. Ja, antwortet Jener, ich bin in der Erndtezeit so in der Verlegenheit, daß ich Jeden nehme, der zu mir kommt; Papiere hat Niemand und von Außen kann ich Keinem ansehen, ob er ein reeller Arbeiter oder ein Taugenichts ist. Nun wohl, meine Herren! Der Landstreicher wird allerdings zurückschrecken vor der Forderung des Contractbuches; der gute, solide, fleißige Arbeiter wird es mit Freuden begrüßen, denn er wird sich damit unterscheiden können von den Nichtsnutzigen, und die öffentliche Sicherheit wird wesentlich gewinnen.

Was wir, die wir für criminelle Bestrafung des Contractbruchs plädiren, erreichen wollen, ist durchaus nichts Neues, Unerhörtes in der Jurisprudenz. Das Römische Recht bietet einen vollständig analogen Fall. Es gab Demjenigen, welcher durch die dolose Handlung eines Andern eine Vermögensbeschädigung erlitten, neben der civilrechtlichen actio doli auf Schadensersatz die criminelle persecutio stellionatus auf Bestrafung. Mehr wollen auch wir nicht.

Gestatten Sie mir zum Schlusse, noch auf eine Bemerkung des Herrn Referenten zurückzukommen. Prof. Held hat gesagt: Die Frage wegen Bestrafung des Contractbruchs ließe sich nicht herausreißen aus der großen allgemeinen Frage, wie wir unsere socialen Zustände im Allgemeinen regeln sollen. Er hat sie, wenn ich nicht irre, bezeichnet als „ein kleines Gesetz". Ich glaube, meine Herren, das ist durchaus unrichtig; ich glaube, ein Gesetz über die Bestrafung des Contractbruchs ist im Gegentheil von fundamentaler Bedeutung; es ist der richtige Ausgangspunkt für unsere weitere sociale Gesetzgebung. Denn ein solches Gesetz stellt einen Grundsatz auf, der werth ist, Tag für Tag wiederholt zu werden: Im preußischen Staate und im deutschen Reiche gilt auch in socialen Fragen nicht die individuelle Willkür, es gelten Recht und Ordnung und Sitte! Wer diesen ins Gesicht schlägt, muß die Folgen auf sein Haupt nehmen. Nicht er wird das Recht brechen, das Recht wird ihn brechen! (Großer Beifall!)

Dr. Max Hirsch (Berlin): Meine Herren! Es war überhaupt nicht meine Absicht, das Wort zu ergreifen, da ich durch mein Halsleiden verhindert bin, so laut zu sprechen, wie es in einer solchen Versammlung erforderlich wäre. Aber der Herr Correferent hat mich geradezu gezwungen, zur Vertheidigung der Corporationen, die ich vertrete, das Wort zu nehmen. Ich werde mich auf das Nothwendigste beschränken. — Ich müßte eigentlich Herrn Dannenberg äußerst dankbar sein für die Ehre, die er mir und den deutschen Gewerkvereinen erwiesen hat, indem er that, als wenn Niemand weiter als wir gegen die Contractbruchsbestrafung wären. Daß auch andere Männer, wie z. B. Herr Dr Lasker, Herr Dr. Schulze=Delitzsch, Herr Prof. Schmoller und andere bedeutende Gelehrte, ja selbst eine große Anzahl Arbeitgeber Gegner der Bestrafung des Contractbruchs sind, davon hat man in dem Correferate wenig oder nichts gehört. Meine Herren! Noch dankbarer würde ich jedoch Herrn Dannenberg sein, wenn er sich die Mühe genommen hätte, mein Gutachten und die Antwortschreiben der Vereine nicht nur flüchtig durchzusehen, sondern zu studiren; wenn er sich nicht begnügt hätte, wie eine Biene nur das herauszuziehen, was ihm nützte. Es wäre besser gewesen, daß er, der sich so beklagt über die Mißverständnisse innerhalb der Arbeiterkreise, sich nicht selbst der größten Mißverständnisse schuldig gemacht hätte. Er hat mir vorgeworfen, daß ich in meiner Schrift wenigstens anscheinend dem Contractbrechen das Wort geredet hätte. Die von ihm citirten Worte finden sich aber keineswegs in der Besprechung der Rechtsfrage, sondern nur bei Erörterung der Frage: Ist es zweckmäßig, daß der Arbeiter resp. der Arbeitgeber sich auf längere Zeit, auf Jahre hinaus binde? Dasselbe gilt von dem angeführten Ausspruche des Ortsvereins der Maurer zu Thorn. — Meine Herren! Wer auch nur mit einiger Unbefangenheit mein Gutachten sich angesehen hat, besonders auch die Gutachten der 15 Vereine, die angedruckt sind, der muß doch den Eindruck bekommen haben, daß diese Männer sammt und sonders tief durchdrungen sind von der Heiligkeit des geschlossenen Vertrages; daß sie es verdammen, wenn derselbe gebrochen wird; daß die Differenz nur darin besteht, ob das richtige Mittel zur Aufrechthaltung der Arbeitscontracte die criminelle Bestrafung oder etwas anderes ist. Wenn nun dem gegenüber Herr Dannenberg sich anklammert an ganz vereinzelte Aussprüche unstudirter Arbeiter, die nicht jedes Wort auf die Goldwage legen, und dadurch die Gewerkvereine und die ganze sittliche Stellung der Arbeiter herabzieht, so muß ich sagen, das ist nicht fair! Ich behaupte gerade auch auf Grund unserer Gutachten, daß noch ein ganz Theil sittlicher Kraft in den Arbeiterkreisen vorhanden ist; und andererseits, wenn dieselbe vielfach geschwunden ist, so frage ich, ob nicht die Arbeiter die Mißachtung des Rechts und der Sittlichkeit von den höheren Kreisen gelernt haben!? Ich frage, ob nicht zu derselben Zeit, wo die Contractbrüche der Arbeiter zahlreicher wurden, in weit schlimmerer Weise an Intelligenz und Einfluß hochstehende Personen gegen Recht und Sittlichkeit gefrevelt haben, so daß man es nur begreiflich finden kann, wenn nach solchen Beispielen von Oben der Rechts=

begriff im Arbeiter erschüttert ist! Meine Herren! Wenn beispielsweise Prinzen und Fürsten ihre Unterschrift, die rumänischen Coupons einzulösen, verleugnen und dadurch Hunderte von Familien zu Grunde richten, und wenn wir sehen, wie es bei dem ganzen Gründungsschwindel zugegangen, so ist die Wortbrüchigkeit der Arbeiter kein Wunder, und Sie haben kein Recht zu sagen: Es ist bei dem Arbeiter auf sittlichen Halt nicht mehr zu rechnen; wir müssen sie criminell bestrafen. Das ist nicht recht: man muß die Gesammtlage ins Auge fassen! Ich kann dies hier nicht näher ausführen; meine Stimme erlaubt es mir nicht. Aber darum möchte ich bitten: Greifen Sie nicht da hinein in die große Bedrängniß unserer Zeit, wo wahrscheinlich das geringste Unrecht vorhanden ist; geben Sie nicht Denen recht, welche schon lange die Arbeiter für die schlimmsten Umsturzpläne werben mit der Rede: „Es ist ein Classenkampf und eine Classengesetzgebung im Deutschen Reiche!“ (Sehr richtig.)

Meine Herren! Es ist gesagt worden, der Arbeiter müsse die Kraft des Staates fühlen. Ja, meine Herren, der Ansicht bin ich auch, und infolge dessen muß ich gerade daran denken, was noch kürzlich die Zeitungen über die Ausbeutung der Frauen und jungen Kinder in den deutschen Fabriken berichteten. Meine Herren! Hiergegen besteht ein Gesetz, und gerade Herr Landrath Tiedemann hat bei unserer ersten Zusammenkunft darauf hingewiesen, in welch' schmählicher Weise von Seiten der Arbeitgeber gegen diese bestehenden Gesetze gefehlt wird! Meine Herren! Alles das: der Mißbrauch der Frauen und Kinder, auf deren Schonung doch das ganze Familienglück beruht, zur übermäßigen Arbeit in den Fabriken, — die Bezahlung der Arbeiter in schlechtem Gelde und schlechten Coupons und so vieles Andere — ich kann es hier nicht aufzählen — ist denn das nicht vorhanden?! — Fangen Sie erst einmal damit an, die Gesetze durchzuführen, die wir haben, und dann kommen Sie zu den Arbeitern und sagen denen: Jetzt, da wir Euch Recht verschafft haben, verlangen wir auch von Euch, daß Ihr Eure Pflicht erfüllt! — Sollte es sich dann herausstellen, wie Herr Dannenberg behauptet, daß es unmöglich ist, auf dem Wege der Genossenschaft und der sich mehrenden Bildung die häufigen Arbeitscontractbrüche, die übrigens nur aus einer Uebergangszeit herrühren, zu beseitigen, so wird dann wohl noch Zeit sein, mit dem Criminalrecht vorzugehen. Augenblicklich ist noch kein Anlaß da. Wenn aber überhaupt von Bestrafung die Rede sein kann, so wäre es meines Erachtens noch viel nöthiger, gegen den jetzt weit überwiegenden Contractbruch der Arbeitgeber criminell vorzugehen. Aber das will ja Herr Dannenberg nicht. Er hat nach § 3 seiner Thesen die Auffassung, daß der Contractbruch ein Ding von ganz amphibienhafter Natur ist. So lange der Uebelthäter im Stande ist, eine Entschädigung zu leisten, so lange ist der Contractbruch nur ein civiles Unrecht; sobald er aber das nicht kann, so wird das Ding plötzlich criminell. Meine Herren! ich verstehe diese Logik nicht. — Noch einmal möchte ich Sie dringend ersuchen, sich nicht durch jene scheinbaren Gründe, durch jene vielfach, wenn auch gewiß ohne Absicht, falsch gedeuteten Thatsachen hinreißen zu lassen; jetzt, wo die ruhigere Ueberlegung doch schon auf beiden Seiten eingetreten ist, noch einem derartigen Verlangen ihre Zustimmung zu geben, das nur dazu führen kann, dem Arbeitgeber alle Rechte in die Hände zu liefern! — Es ist gesagt worden, die Socialdemokratie sei nicht allein schuld an diesen traurigen Verhältnissen. Das ist auch meine Meinung; aber einen größeren Theil der Schuld tragen Diejenigen, die zu einer Zeit, wo noch kein innerer Impuls vorhanden war, die Socialdemokratie künstlich groß gezogen haben! (Sehr richtig.) Meine Herren, damals ist als reactionäres Parteimanöver gegen die liberale Bourgeoisie diese Bewegung in den preußischen Arbeiterkreisen förmlich angeblasen und genährt worden, und, merkwürdig! wie durch eine Ironie des Schicksals war es dann dieselbe feudale Partei, die zuerst mit dem Verlangen nach Bestrafung des Contractbruchs hervortrat. Als die Wogen so hoch gingen, daß sie auch ihren Hals bedrohten, da war es mit der Liebe für den Socialismus vorbei; da wurde der Strafrichter, da wurde die Polizei zu Hülfe gerufen! (Lebhafter Beifall.)

Prof. Dr. v. Sybel (Bonn) (für): Meine Herren, erlauben Sie, daß ich an die letzten Worte des Vorredners anknüpfe und historischer Weise meine Meinung ausspreche gegen den Satz, daß gewisse Bestrebungen erst die Socialdemokratie groß gezogen hätten. Wer sich etwas umgesehen hat in der eurpäischen Geschichte, der wird wissen, woraus diese Bewegung ihr Wachsthum gezogen hat. Die socialdemokratische Bewegung ist eine solche, die keine Coterie hat machen können. Wäre sie von diesem Schlage, so zählte sie heute ihre Anhänger nicht nach Millionen! Durch Coteriekünste und Partei-Intriguen kann man momentane Zänkereien hervorrufen, aber nicht die Bildung einer Partei, die heute in Europa in Bezug auf Macht und Gefährlichkeit in erster Linie steht. Solche Parteien entstehen nur aus tiefer liegenden Ursachen, und ich sollte denken, wer die allgemeine Entwickelung der liberalen Partei in Europa mit sehenden Augen verfolgt hat, wird sich vielleicht sagen können, aus welchem Mißverständniß der liberalen und egalitären Gedanken nun diese auf Gewalt und Umsturz sinnende Partei hervorgegangen ist. Eben deshalb, weil ich diese socialdemokratische Partei für eine äußerst mächtige und gefährliche halte, kann ich mich auch keineswegs durch die Bestrebungen der Hirsch-Duncker'schen Gewerkvereine beruhigt finden. Herr Dannenberg hat schon gesagt: wenn wir die Anträge des Herrn Prof. Held annehmen, wie soll es dann aber mit den 92 oder 95 andern Procenten unserer Arbeiter stehen? Wenn man sagt, daß diese 5 bis 8 Procent der deutschen Arbeiter umfassen, so glaube ich, sagt man sehr viel. Wenn man weiter annehmen will, — was ich gern zugebe — daß die Gewerkvereine aus 8 oder 5 Procent sittlich geraden, gesunden, wort- und ehrtreuen Menschen bestehen, so glaube ich, sagt man in Bezug auf die allgemeine Frage der Moralität unseres Arbeiterstandes herzlich wenig! Meine Herren, ich glaube aber weiter, daß man sogar damit zuviel sagen würde und bin überzeugt, daß Herr Dr. Hirsch dies nicht bestreiten wird. Will man jedoch sämmtliche Mitglieder der Gewerkvereine für solche ideale Männer von Treue, Ehre und Sittlichkeit halten, so kann ich um so mehr auf die Berichte dieser Gewerkvereine Bezug nehmen. Als ihnen ihr Anwalt die Frage vorlegte: Ist der Krebsschaden der Wortbrüchigkeit in den letzten Jahren im Zunehmen begriffen gewesen? so haben diese Vereine für ihre Mitglieder mit einer sehr geringen Majorität die Frage mit Nein beantwortet, eine sehr starke Minorität aber hat die Frage bejaht, und es ist, wenn ich nicht irre, aus allen Kreisen berichtet worden, daß die Socialdemokraten in jedem Augenblicke höchst bereit gewesen seien, die Contracte zu brechen! Bei einer solchen Lage der Sache kann ich nicht begreifen, wie man sich in rosigen Zukunftshoffnungen ergehen und glauben kann, die Dinge würden sich von selbst machen. Ja, meine Herren, wenn wir wirklich nach allen bisherigen Erfahrungen hoffen könnten, daß nicht das eigennützige Interesse, sondern Rechtschaffenheit und Menschenliebe die Dinge dictirte, dann würde es sich nicht erst von selbst machen, sondern dann hätte es sich von selbst schon gemacht! Ist Einer unter Ihnen, meine Herren, der aussprechen würde: Wenn ich irgend eine Arbeit bei einem Arbeiter bestelle, fühle ich mich sicher, daß er sie auch liefert?! (Sehr gut.) Ist nicht ein Jeder unter uns Tag für Tag in der Lage, bei jeder Bestellung zu wissen, daß es eine reine Frage des Zufalls ist, ob die Waare auch abgeliefert wird?! Können irgend welche Arbeitgeber sich noch verpflichten, zur richtigen Zeit ihre Arbeit zu liefern?! Und was mehr ist: vorhin hat Herr Landrath Tiedemann auf die Harkort'sche „Brutalitätsstatistik" hingewiesen. Nun, meine Herren, auch in den nichtindustriellen Städten des niederrheinischen Landes, dem ich angehöre, steht es so, daß z. B. in Cöln nach begonnenem Abenddunkel nicht leicht ein Mensch ohne Waffen oder Gefährten sich vor die Thore und die Festungswerke begiebt. In meinem Wohnorte Bonn steht es so, daß ein Freund von mir aus seinem Dorfe zu den Abendsitzungen in der Stadt nicht mehr hereinkommt, weil er fürchtet, durch die Arbeiter in den Ziegeleien ausgeplündert und durchgeprügelt zu werden; er geht nach eingetretener Dunkelheit überhaupt nicht mehr aus. Barmen und Elberfeld besitzt eine höchst anmuthige Umgegend, aber es wagt keine Dame mehr ihren Fuß ohne robuste Begleitung in der Dämmerung dort hinaus zu setzen, und mir ist ein Fall bekannt, daß ein Arbeiter, nachdem er ein paar Damen in grober Weise insultirt hatte und abgefaßt worden war, dem Richter in aller Freundlichkeit sagte: „Ja, Herr Justizrath, was kann ich denn für meine Gefühle?!" Bei diesem Zustande kann ich die Hoffnung auf eine schrittweise sich weiter entwickelnde Cultur der niederen Klassen nicht theilen, muß vielmehr zugestehen, daß mir selbst die Hoffnungen auf die löblichen Anstrengungen der Gewerkvereine schlechterdings nicht mehr ausreichen, zumal wenn ich sehe, daß die große Masse unserer Arbeiter mit einstimmigem Jubel jene Reichstagsrede des Abgeordneten Hasselmann begrüßt hat, worin dieser erklärte: „Meine Herren, wenn Sie die Verpflichtung, einen Contract zu halten, erzwingen, so machen Sie unsere Arbeiter zu Kulis!" und als dabei eine gewisse Aufwallung durch die Reihen ging, sagte er: „Nun, wenn Sie sich auch wundern mögen, ich spreche für meine Wähler in Barmen-Elberfeld, die freuen sich an meiner derben Rede!" Und in der That, sie haben sich gefreut! (Präsident unterbricht; doch wünscht die Versammlung den Redner weiter zu hören.) In Bezug auf die Ausführungen des Referenten, der da meint, man dürfe mit der Contractbruchsstrafe nicht so plump hineinfallen, sondern sie nur im Zusammenhange mit der ganzen Kette der Bestrafungen einbringen, muß ich doch sagen: das scheint mir ein Wechsel auf lange Sicht und von nichtigem Werthe. Ich räume Herrn Dr. Hirsch ein, daß es ganz wahr ist, es werde intra et extra muros gesündigt, daß die Arbeiter nicht durchgängig, nicht allein schuldig sind; der Schaden entspringt aus einer Reihe allgemeiner Momente. Mit gutem Grund konnte er fragen: Wollen Sie auf die Arbeiter einen Stein werfen, die nur Andere zum Vorbild hatten? Ich bin gewiß der Letzte, der einen Stein auf die Arbeiter wirft, und will nicht den sittlichen Werth eines Arbeiters wegen irgend eines Contractbruchs sofort verdammen. Aber wenn ich auch dem Arbeiter gern einräume, daß er aus verzeihlichen Motiven gehandelt hat, — Recht und

Gesetz bleibt immer dasselbe. Wenn eine hungernde Mutter Brot stiehlt, um ihr Kind von dem Tode zu retten, — kein Mensch wirft einen Stein auf sie. Der Diebstahl aber bleibt Diebstahl und als solcher muß er geahndet werden, wenn nicht die Welt aus den Fugen gehen soll! — Wenn Herr Dr. Hirsch sagt, daß auch Großfabrikanten und Fürsten Aehnliches gethan haben, so kann ich nur antworten: Ich wünsche von Herzen, daß auch für diese das Gesetz geschaffen werde, aber ich kann nicht, weil noch viele große Diebe herumlaufen, die so scharf erkennbaren kleinen straffrei lassen. Und auch den Großen hat ja die Nemesis, bald auf dem Civil-, bald auf dem Criminalwege den Stempel des Unrechts sehr scharf aufgedrückt! — Ich bin aber keineswegs der Meinung, daß erst ein ganzer socialer Codex mit einem Male aus Jupiters Haupt hervorspringen müsse; — nein, meine Herren, mit einem solchen Verfahren würde jede Bewegung zur absoluten Stagnation verurtheilt werden. Wir haben hier über einen ganz bestimmten Punkt zu befinden; wir würden überhaupt über gar nichts beschließen können, wollten wir dann erst zum Schlusse kommen, wenn alle Seiten der socialen Frage spruchreif wären.

Mit Bedauern habe ich von mehreren Gegnern gehört, daß die Strafe des Contractbruchs dem ehrenhaften Arbeiter zur Unehre gereichen würde. Wenn so viele Stimmen laut werden: „Haltet uns die Criminalstrafe fern! Wir protestiren gegen Criminalstrafe!“ oder, wie Herr Janson sagte: „Die Arbeiter wollen nicht behandelt werden wie Spitzbuben!“ so kann ich meinerseits nur schließen, daß manchem deutschen Arbeiter die Unterscheidung des ehrlichen Arbeiters und des Spitzbuben abhanden gekommen ist! Wer nichts von Contractbruch an sich hat, der findet sich nicht verunehrt durch eine Bestrafung des Contractbruchs! (Bravo).

Also, meine Herren, darüber sind wir, denke ich, einig! Wenn überhaupt von einem Strafgesetze die Rede ist, so soll das dolose Verhalten sowohl der Arbeiter als der Arbeitgeber geahndet werden. Die Einrede aber des Herrn Prof. Neumann, daß man den Arbeitsvertrag nicht mit Strafen schützen solle, weil alle anderen Verträge nicht mit Strafen geschützt seien, scheint mir absolut hinfällig zu sein. Eine ganze Reihe von Verträgen sind aus Gründen des öffentlichen Rechts mit Strafandrohungen umgeben, z. B. der fahrlässige Bankerott, und zwar beim Kaufmann, und beim Kaufmann allein, bei keinem andern Privatmann. Es ist in unserer Gewerbe-Ordnung heute schon das Truck-System, es ist in England die übermäßige Frauen- und Kinderarbeit mit Strafe bedroht. Ueberall hat man in diesen Fällen die Existenz eines öffentlichen Interesses anerkannt. Man hat anerkannt, daß diese Verhältnisse nach der heutigen Natur nicht mehr ausschließlich privatrechtlichen, sondern staatsrechtlichen Charakters sind und hat die Ausschreitungen deshalb mit Strafe bedroht. Daß wir ein großes Interesse haben, die schwankend gewordene unsichere Moralität der gewerblichen Welt wieder zu festigen und zu klären, daran kann ich nicht im Mindesten zweifeln. Aber es hat, wiederhole ich, Groß und Klein, Arbeitgeber und Arbeitnehmer, Fabrikant, Lieferant und Handarbeiter — alle haben Theil an diesem Verderben; und so wenig, wie ich deshalb den Einzelnen anklagen und sittlich verurtheilen will, so bestimmt scheint mir die Forderung, im Namen der Selbsterhaltung und der Nothwehr an uns zu ergehen: in diesem Chaos durch einzelne greifbare, unverkennbare Marksteine Recht und Gesetz wieder zur

Herrschaft zu bringen: es scheint mir unabweislich, daß in diese trüben Wirren wieder Licht und Klarheit kommen muß, mögen die Sünder darüber zürnen, drohen und zanken wie sie wollen; daß es nothwendig ist, aus diesem Drangsal herauszukommen, welches die Ehre und Reputation des deutschen Namens bis in den fernen ostasiatischen Handel heruntergebracht hat, das uns in allen häuslichen Verhältnissen mit Aerger und Verlusten überhäuft; und, was die Hauptsache ist, daß der sittliche Werth des deutschen Volkes, den wir seit 1870 mit einer gewissen Liebe dem verkommenen gallischen Wesen entgegen zu stellen pflegen, nun noch bleibe, was er sein soll, und daß er nicht in raschem Sinken noch heruntergehe unter das Niveau des französischen. Und daß dies geschehe, das ist eine Forderung, für die ich gern an das Criminalrecht appellire, wenn es sein muß! (Beifall.)

Herr Dr. Perrot beantragt: Die Versammlung beschließt, die Fassung einer Resolution aufzuschieben, bis durch eine Enquete größerere Klarheit über Gründe des Uebels gewonnen ist.

Prof. Constantin Rößler (Berlin) (gegen): Meine Herren! Ich habe zu meiner Verwunderung bemerkt, daß alle Vertheidiger der strafrechtlichen Ahndung des Contractbruchs, die hier aufgetreten, unterlassen haben, die ausgezeichnete Beweisführung des Herrn Referenten irgendwie auch nur zu beleuchten, geschweige denn zu widerlegen. Die Beweisführung gipfelte in dem Schlusse, daß jene Maßregel eine ohnmächtige Repressalie sein würde, bald unausführbar, bald wirkungslos, bald überflüssig; daß sie, anstatt das Bewußtsein der Majestät des Rechts, die man hier anrief, zu stärken, dasselbe auf das Empfindlichste schädigen würde. Ich glaube, der Referent wird an die nicht widerlegten, aber seither verdunkelten Gründe selbst erinnern in seinem Schlußworte. Ich will aber Einiges zur Unterstützung seiner Ansichten, die ich vollkommen theile, anführen.

Wenn ich die Vertheidigungen der strafrechtlichen Ahndung des Contractbruchs höre — auch des letzten verehrten Herrn Redners, den Sie mit so vielem verdienten Beifall ausgezeichnet haben, — so scheint es, als wollten die Redner uns in die Zeit des Gesetzgebers Drako versetzen, wo die Feststellung des äußeren Thatbestandes einer verbotenen Handlung genügte, um die Strafe zu verhängen. Nun, die Elemente der Criminalwissenschaft lehren, daß eine That, um als strafbar qualificirt zu werden, erwogen werden muß nach allen inneren und äußeren Umständen, die sie begleitet haben. In unserm neuen Strafgesetzbuche sehen wir das System der mildernden Umstände in reichlicher Anwendung. Wenn nun der Strafantrag wegen Contractbruch gestellt wird, so wird doch der Verklagte jedesmal sagen: ich bin vom Arbeitgeber schlecht behandelt und an der Ausführung der übernommenen Arbeit gehindert worden. Das wird oftmals ein Vorwand, in manchen Fällen aber auch richtig sein. Es ist doch unmöglich, diesen Einwand des contractbrüchigen Arbeiters bei einer criminellen Behandlung der Sache unberücksichtigt zu lassen. Man wird dem Angeklagten wie in jedem Strafprozeß einen Rechtsbeistand geben müssen, und dieser wird nicht verfehlen, die Einwände seines Clienten in das wirksamste Licht zu stellen.

Das Resultat vieler solcher Prozesse, auch wo der Contractbruch constatirt ist, wird eine ganz geringe Strafe oder auch die Freisprechung und vielleicht die Schädigung des Klägers in seinem persönlichen und geschäftlichen Rufe sein. Die Kräfte der Gerichte würden gar nicht hinreichen, diese Fluth von Prozessen auf dem umständlichen Wege des Strafverfahrens zu bewältigen, wenn man nicht vielmehr annehmen müßte, daß nach einer kurzen Erfahrung die Anstrengung solcher Prozesse zu den Seltenheiten gehört. Was ist aber dann aus der Majestät des Rechtes geworden?

Ich komme auf einen andern Punkt in den Vertheidigungen der criminellen Bestrafung des Contractbruchs. Man hat zum Theil von dem Anerbieten der Gewerkvereine, für die Vertragstreue ihrer Mitglieder zu haften und solidarisch für den etwaigen Schaden einzutreten, mit Geringschätzung gesprochen. Namentlich ist dies Seitens des Herrn Correferenten und zu meinem Bedauern auch von dem letzten Vorredner geschehen. Der Herr Correferent hat sogar gesagt, es sei ihm fraglich, ob die Gewerkvereine, wenn man sie beim Wort nähme, dasselbe nicht zurückziehen würden. Dann fragte er, was im besten Falle die Zuverlässigkeit der Gewerkvereinsmitglieder bei der geringen Gesammtzahl derselben erheblich nützen könne, wenn die große Masse der Arbeiter nach wie vor den Arbeitsvertrag straflos zu brechen im Stande bleibe. Nun, ich glaube, die Mitglieder der Gewerkvereine werden bald die gesuchtesten Arbeiter sein, wenn die Haftung der Vereine für ihre Mitglieder sich bewährt, und in Folge dessen werden sich die Reihen der Gewerkvereine bald vermehren. Es ist wahr, eine Gesammthaft für den ganzen Arbeiterstand wird sich nie herstellen lassen, aber wir würden eine Elite dieses Standes bekommen, welche einen veredelnden Einfluß auf den ganzen Stand üben und andererseits die geschäftliche Behandlung desselben durch die Arbeitnehmer auf die richtigen Wege leiten würde. Das wäre doch der hoffnungsvollste und wirkungsreichste Anfang zur Lösung der socialen Frage, den man machen könnte. Ueber ein solches aus der Mitte des Arbeiterstandes kommendes Anerbieten zur Selbstdisciplin sollte man unter keinen Umständen geringschätzig reden.

Ich habe in den heute gehörten Vertheidigungen der Contractbruchstrafe auch sehr ein Eingehen auf das Gutachten des Herrn Brandes vermißt. Welcher Theil der Arbeitgeber hat denn am meisten vom Contractbruch zu leiden? Nach allgemeinem Zugeständniß: der Handwerksmeister. Nun, Herr Brandes, der diesem Arbeitszweige angehört, spricht mit drastischer Ironie von der Ohnmacht der Criminalstrafe zur Verhütung des Contractbruchs. Die Umständlichkeit und Erfolglosigkeit des ordentlichen Gerichtsverfahrens auf diesem Felde liegt in dem Wesen des Rechts und der unabänderlichen Natur der ordentlichen Gerichte. Was Herr Brandes seinerseits vorschlägt, sind daher Gewerbegerichte mit außerordentlichen executivischen Befugnissen und Aehnliches. Wie man nach allen diesen Ausführungen von der criminellen Bestrafung des Contractbruchs noch so zuversichtlich die gewünschte Wirkung erwarten kann, das verstehe ich nicht. Und wenn ich einerseits alles unterschreiben möchte, was die Vertheidiger der Anwendung der Criminalstrafe in diesem Falle über die nothwendige Sicherung des Arbeitsvertrages gesagt haben, so halte ich doch für dringend geboten, daß die Versammlung auf das Genaueste erwägt, ob sie im Stande ist, die Criminalstrafe hier als das richtige Mittel zu empfehlen.

Herr Dr. **Julius Schulze** (Mainz) (**für**): Meine Herren! Es ist darauf hingewiesen worden, daß in Bezug auf die Menge der Fälle, in denen eine Arbeitseinstellung mit Contractbruch zu Tage trat, sehr Wenige Etwas darüber wissen, und es ist bemerkt worden, daß bei der Enquête des deutschen Handelstages den Arbeitseinstellungen sehr wenig Bedeutung zugesprochen worden sei. Die betreffenden Zahlen liegen mir nicht vor; aber gestatten Sie mir, wenn hier gesagt worden, es kämen danach auf 204 Arbeitseinstellungen nur 60 Contractbrüche, zu sagen, daß das nicht wahr sei. In Mainz sind viele Arbeitseinstellnngen, alle aber mit Contractbruch, vorgekommen und ich glaube nicht, daß andere Orte sich so sehr von Mainz unterscheiden werden. Es ist in den betreffenden Berichten der Presse u. a. von einem bestimmten Gewerbe die Rede, in welchem gar kein Contractbruch vorgekommen sein soll. Das ist falsch, denn gerade in diesem Gewerbe sind auch in Mainz solche vorgekommen. Folglich kann ich mit gutem Rechte behaupten, daß die Zusammenstellungen, auf welche man sich hier berufen hat, entweder von Haus aus ungenau oder falsch citirt sind. — Man hat darauf hingewiesen, daß nicht sowohl die Groß=industrie, sondern das Kleingewerbe ein Interesse an der Contractbruchbestrafung habe. Ja, das ist richtig, die Großindustrie kann sich eher helfen; aber nur durch Mittel, die jedenfalls noch schlimmer sind, als die gesetzliche Bestrafung des Contractbruchs, als ein allgemeines rechtliches Verhältniß. Sie kann sich nur helfen durch Aufstellung und Umhersendung förmlicher Proscriptionslisten, wie es ja auch in manchen Gewerben geschehen ist. Meine Herren, wenn man das für etwas hält. dem man entgegen streben sollte, dann hat man mit dieser Annahme Recht. Man hat auch gesagt, die Großindustrie kann billiger Weise von Contrgctbruch nicht sprechen, weil man bei ihren Fabrikordnungen von einem Contract nicht sprechen kann; es sind das wesentlich einseitig octroyirte Verordnungen. Ich bestreite nicht, daß von den Großindustriellen mit einseitigen Fabrikordnungen grauenhafter Mißbrauch getrieben worden ist. Aber ich möchte Sie denn doch darauf aufmerksam machen, daß es gewisse innere Bedingungen der Industrie giebt, über die eben nicht hinauszukommen ist. Die Fabrikindustrie ist nun einmal, der Natur der Verhältnisse gemäß, nicht ohne Fabrikordnung zu betreiben. Dann, werden Sie sagen, sollten diese Fabrikordnungen nicht einseitig aufgestellt werden. Ich stimme dem bei; aber ich muß auch sagen, daß man in denjenigen Gewerben, wo man viel Leute hat, die viel Geld verdienen und die eine gewisse gewerbliche Selbständigkeit haben, auch schon mehr und mehr zu solchen Vereinbarungen übergeht, oder daß die Fabrikordnungen nicht stricte gehandhabt werden und daß man schon eine sehr milde Praxis diesen Leuten gegenüber walten läßt. Sie werden sagen: das ist kein geordneter Zustand. Aber Sie werden zugestehen, daß aus solcher milden Praxis sich mit der Zeit ein Rechtsverhältniß herausbilden kann.

Man hat gesagt: „ja, der Großindustrielle ist dem Arbeiter gegenüber immer im Vortheil. Er hat viele Mittel, den Arbeiter zu nöthigen, seine Stellung aufzugeben, ihn zu drangsaliren auf alle mögliche Weise, und darum schon muß Alles vermieden werden, was die Gewalt des Arbeitgebers noch verstärkt.“ Meine Herren, diese Dinge scheinen mir lediglich Ausflüsse eines beiderseitigen Verhältnisses zu sein. Man kann mit demselben Recht sagen: „der Arbeiter kann fortwährend eine Masse Material unnütz verbrauchen! — der Arbeiter ist im

Stande, den Arbeitgeber fortdauernd auf das Empfindlichste zu schädigen." Darum handelt es sich aber nicht, sondern darum, ob man Zuständen abhelfen kann und will, die auf die Dauer nicht bestehen können. Es liegt in der Natur der Sache, daß der Arbeitgeber gegenüber dem Arbeiter auch gewisse Vortheile hat. Dahin erledigt sich auch der Punkt des Referates, daß in der Bestrafung insofern eine Unbilligkeit liegen soll, als der Arbeitgeber unter allen Umständen mit einer Geldleistung fortkomme; der Arbeitgeber kann ja in der That höchstens gezwungen werden, dem Arbeiter das demselben gehörige Geld zu erstatten. Der bloße Umstand, daß er gerade Geld hat, kann doch nicht zu Ungunsten des Arbeitgebers ausgebeutet werden! Aber es kommt vor, daß eben auch der Arbeitgeber nicht im Stande ist, seine Verbindlichkeiten dem Arbeiter gegenüber zu erfüllen, daß er ihm den Lohn nicht zahlen kann, und da wird dann ihn wie den Arbeiter die Haftstrafe treffen. Hier kann also von einer Ungleichheit nicht gesprochen werden.

Man hat, um den Anschein einer Ausnahmegesetzgebung zu vermeiden, den Begriff eines „Arbeitsvertragsbruchs" zu construiren gesucht, und in der That, man muß dies Wort durchaus acceptiren. Das Wort Arbeitsvertrag enthält einen so allgemeinen Begriff, daß man denselben loslösen kann und sagen: zur Sicherung des Arbeitsvertrages muß hier etwas besonderes geschehen. Nun ist aber der Arbeitsvertrag nicht eine Sache, die sich lediglich auf gewerbliche Verhältnisse bezieht; man kann ihn nicht ohne Weiteres unter die Materie der Gewerbeordnung subsumiren. Hier berühre ich mich mit dem Abgeordneten Lasker, der verlangt, man solle diese Materie auf die neue Strafrechtsordnung übertragen. Indessen läßt sich dadurch eher über diese Schwierigkeit hinauskommen, daß man die Bestrafung des gewerblichen Arbeitsvertragsbruchs durchaus nur den gewerblichen Schiedsgerichten anheimgibt. Die bei diesem Anlasse wieder aufgeworfene Frage „ob Schiedsgerichte, ob Einigungsämter" hat mit dem vorliegenden Gegenstande gar nichts zu thun. Die Einigungsämter beschäftigen sich nur mit den Fragen, wo es auf freie Vereinbarungen ankömmt; die Gewerbegerichte aber befassen sich mit den Rechtsfragen. Man sagt, es habe seine Schwierigkeit, sie zu bilden, schon wegen der Wahlkörperschaften. Ich glaube, es ist nicht so schwer, sie zu constituiren, wenn man einfach die Gesammtheit der Arbeiter als Wahlkörperschaft auffaßt. Dazu wird es natürlich nothwendig sein, unter den Arbeitern eine gewisse Ausscheidung zu treffen, und als Maßstab dieser Ausscheidung wird die Commission unseres Vereins, des Mittelrheinischen Fabrikantenvereins, vorschlagen, daß nur diejenigen Arbeiter das Wahlrecht zu den zu schaffenden Gewerbegerichten erhalten sollen, die den gesetzlichen Unterstützungswohnsitz haben, also wenigstens 2 Jahre am Orte sind. (Der Vors. unterbricht, da 10 Minuten verstrichen, auf Wunsch der Versammlung spricht Redner weiter.) Man wird am Ende den Termin auch noch weiter erstrecken können. Man wird sagen können, wie es in den hessischen Gemeinden der Fall ist: es muß Einer den gesetzlichen Unterstützungswohnsitz zwei Jahre lang haben; kurzum, ich glaube, daß sich Wahlkörperschaften bilden lassen, mittelst deren man ganz zweckmäßige Gewerbegerichte einsetzen und dann den letzteren auch die Bestrafung der Contractbrüche anheim geben kann. — Eine andere Frage ist die, ob man dabei auf die Gewerkvereine zurückzugreifen hätte. Ich würde dafür sein, daß man nur für den Fall, daß keine Gewerkvereine vorhanden sind, subsidiär auf die richterliche Bestrafung zurückgreifen solle, während es andererseits für zulässig erklärt würde, wenn ein Gewerkverein die Haftung übernehmen will. Aber als Wahlkörperschaften dürften die Gewerkvereine schon aus mancherlei technischen Gründen kaum zu benutzen sein.

Aus allen diesen Gründen halte ich, obwohl ein warmer Freund der Arbeitersache, die Contractbruchbestrafung für etwas durchaus Nothwendiges. Was die Arbeiter betrifft, so haben mehrere meiner Vorredner das auf's Energischste dargethan. Erlauben Sie mir noch ein Wort über die Nothwendigkeit der Bestrafung der Arbeitgeber der öffentlichen Meinung gegenüber. Meine Herren, der Arbeitgeber ist in vielen Fällen ein humaner, einsichtsvoller Mann (Bewegung); in vielen Fällen auch nicht (Gelächter). Ich habe häufig gehört, daß Arbeitgeber sagten: „ja, heute, wo der Arbeitgeber gar kein Recht mehr hat, kann man uns nicht zumuthen, daß wir auch noch human gegen die Arbeiter sein sollen!" — Diesen Vorwand möchte ich ihnen benehmen. Ich muß andererseits betonen, daß es sehr viele Arbeitgeber giebt, die durch das Benehmen der Arbeiter in den letzten Jahren abgeschreckt worden sind. Ich möchte also diesen Grund oder Vorwand, in der socialen Angelegenheit nichts zu thun, die Sachen laufen zu lassen, wie sie laufen, für den Arbeitgeber aus dem Wege räumen. Aber ich möchte auch für die öffentliche Meinung einen Markstein gewinnen; ich möchte diesen Markstein auch für die Rechtsprechung gewinnen! Ich kann nicht umhin, meine Ueberzeugung zu äußern, daß in unserer neuesten Rechtsprechung in Betreff der Presse und in manchen anderen Dingen eine kaum glaubliche Begriffsverwirrung eingerissen ist, und daß ich nicht verstehe, warum eine Menge von Auslassungen der socialen Presse nicht verfolgt werden. Ich scheue mich nicht, es offen auszusprechen: es muß ein Punkt geschaffen werden, wo das Gesetz sagt: „schon das ist strafbar," — und wenn das schon strafbar ist, so muß Weitergehendes doch ganz gewiß strafbar sein!! (Mehrfache Rufe: Schluß! Schluß!)

Noch ein kurzes Wort, meine Herren! Unsere neuen gesellschaftlichen Verhältnisse haben uns fast daran gewöhnt, als den Normalarbeiter den zu betrachten, der keinen festen Wohnsitz hat und Recht und Gesetz nicht achtet! Ich meine, es muß einmal wieder erklärt werden, daß das der normale Arbeiter nicht ist, und hierzu halte ich die Bestrafung für gut und nothwendig!

Vors. Prof. Dr. Nasse: Ein Amendement von Herrn Prof. Brentano (Breslau) ist eingegangen, in der dritten These des Correferenten Dannenberg die Worte: — „jedoch hat dieselbe nur dann einzutreten, falls durch den „Contractbruch ein Schaden verursacht worden ist und der Contractbrüchige den „Ersatz desselben weigert oder dazu außer Stande be unden wird," zu streichen und statt dessen zu setzen: „Gleichzeitig soll jedoch ein Gesetz erlassen werden, „welches Vereinen, die für Contractbruch ihrer Mitglieder haften, Corporations„rechte ertheilt."

Es sind noch 13 Redner eingeschrieben.

Infolge eines inzwischen eingebrachten Antrags wird nunmehr, wie bei einer Specialdebatte die Redezeit auf 5 Minuten beschränkt. Das Wort erhält

Bankdirector Dr. Hecht (Mannheim): Ich habe nur einen Satz anzugreifen, der sich in beiden Thesen gleichmäßig findet. Ich behaupte nämlich, daß die Bestrafung des Contractbruchs nicht zulässig sei. Die Frage liegt keineswegs so einfach, wenn sie von Juristen discutirt wird, und ich bin überzeugt, daß, wenn Sie diese Frage auf einem Juristen-Congreß zur Discussion stellen, sie zu der allerlebhaftesten Debatte Anlaß giebt. Lassen Sie doch diesen Satz, ob die Bestrafung des Contractbruchs juristisch zulässig ist, und beschränken Sie sich darauf, zu untersuchen, ob sie volkswirthschaftlich nothwendig ist; sonst veranlassen Sie andere Corporationen, Ihre Competenz in Zweifel zu ziehen. Ich habe deshalb den Antrag gestellt, daß man den Schlußsatz der These 1 von Herrn Prof. Held wie von Herrn Dannenberg weglasse, und meine, man würde besser mit dem Worte „Unrecht" schließen. Was Unrecht ist, wird man ja moralisch verdammen und unterlassen müssen.

Handelskammersecretär Dr. Eras (Breslau): Bei der beschränkten Zeit will ich nur ein paar Einzelheiten mittheilen. Ich möchte gern darauf hinweisen, daß es bei dieser Frage durchaus nicht heißen darf, nur Landwirthschaft und Kleinhandwerk habe ein großes Interesse daran, den Contractbruch bestraft zu sehen. Es handelt sich bei den Arbeitseinstellungen hauptsächlich um solche, wo man nicht anderswo Arbeit suchen, sondern den Arbeitgebern einen Streich spielen und ihnen Verlegenheit bereiten will, um sie zu Lohnzulagen zu zwingen. Die Wiederkehr solcher Strikes macht ganz besonders der Großindustrie zu schaffen und ist in einzelnen Fällen von solcher Wirkung, daß den Arbeitgebern gar nichts übrig bleibt, als nachzugeben. Es kommt dies besonders vor bei Waggonfabriken, bei Bergwerken, bei Verlagsgeschäften, wo Zeitungen zur Stunde fertig werden sollen. Durch Contracte mit längerer Kündigungsfrist wird nichts erreicht. Viele der Gewerkvereine geben ja ihren Leuten gar nicht frei, sich auf eine längere Zeit contractlich zu binden; ja manche erlauben ihnen gar nicht, sich auf irgend welche Zeit zu verpflichten. Meines Erachtens ist auch die Großindustrie sehr lebhaft betheiligt bei dieser Frage, und ich möchte dies erhärten in Bezug auf das Gutachten des Herrn Prof. Brentano. Derselbe sagt, unsere Kammer behaupte mit Unrecht, der Strike der Breslauer Buchdrucker sei nur möglich gewesen durch den Contractbruch; im Gegentheile durch Anwendung der Executionsordnung von 1834 hätte man es möglich gemacht, gegen die Strikenden vorzugehen. Darauf erlaube ich mir zu bemerken: Die Arbeitseinstellung in Breslau erfolgte kurz vor dem Anfang des neuen Quartals. Die Leute wußten alle recht gut, daß sie den Verlegern große Verlegenheit bereiteten und ihnen so zu sagen die Pistole auf die Brust setzten. In den Comitésitzungen, denen ich beiwohnte, ist mit keinem Worte davon gesprochen worden, daß man die Arbeiter auf Grund des Gesetzes von 1834 zwingen wollte, zur Arbeit wieder zurückzukehren. Man schloß ein Compromiß und nachdem dies geschehen, sagte der Stadtrath Korn, der Besitzer der „Schlesischen Zeitung": „Nun, meine Herren, jetzt, nachdem wir wieder friedlich beisammen sind, will ich Ihnen nur sagen, daß, wenn wir wollten, wir wohl in der Lage gewesen wären, Sie durch die Executionsordnung von 1834 zu zwingen!" und da erwiederten uns die Delegirten, — sehr anständige Leute: „Wir wissen wohl, daß Sie an uns nicht herankönnen, mit einer Schadenersatzklage werden Sie nichts erreichen und mit einer Berufung auf die Executionsordnung von 1834 werden Sie auch kein Glück haben! —" Nun, meine Herren, so darf es doch nicht fortgehen, daß die Arbeiter ruhig sagen: „Wir haben Euch zwar das Wort gegeben, vierzehn Tage zu arbeiten; aber es paßt uns nicht und wir hören auf!" Dies eine Factum zeigt recht deutlich, daß das Rechtsbewußtsein des Volkes erschüttert ist, besonders wenn wir sehen, daß selbst wohlgesittete Arbeiter, die das Vertrauen ihrer Collegen und der Arbeitgeber besitzten, so reden können.

Es folgen persönliche Bemerkungen.

Prof. Brentano (Breslau): Herr Dr. Eras ist soeben auf mein Gutachten zurückgegangen. Er hat auf meine Bemerkung, daß die Breslauer Buchdrucker mit Rücksicht auf die angedrohte executio ad faciendum die Arbeit wieder aufgenommen hätten, eingewendet, daß dies unrichtig sei. Die Buchdruckergehülfen sind aber zu mir gekommen, haben mir von der Drohung mit der Executionsverordnung von 1834 Mittheilung gemacht und mich gefragt, ob ihnen damit etwas angehabt werden könnte. Ich bejahete ihnen dies, und da bei Anwendung der executio ad faciendum nur wenige Gehülfen Stand gehalten hätten, erklärten sich Alle zur Wiederaufnahme der Arbeit bereit.

Dr. Eras (Breslau): Ich gehörte dem engeren Comité an, welches die Verhandlungen mit den Gehülfen geführt hat. Von dem weiteren habe ich keine Kenntniß und weiß nur, daß das Comité den Buchdruckern gegenüber die Drohung mit der executio ad faciendum nicht angewendet hat.

Prof. Brentano (Breslau): Herr Stadtrath Korn ist der bedeutendste Druckereibesitzer in Breslau und auch er hat mir gesagt, daß er den strikenden Buchdruckern mit der Executionsverordnung von 1834 gedroht hat.

Tischlermeister Brandes (Berlin): Meine Herren! Vorher bei der Debatte bemerkte Herr Janson, meine Zahlen seien zu einer Zeit aufgenommen, wo Strikes besonders im Gange waren. Ich bemerke, daß sie im Jahre 1873 aufgenommen worden sind, wo in der Tischlerei kein Strike vorhanden war; daß Hamburg als Stadt hierbei gar nicht mit aufgeführt ist, sondern daß die Zahlen aus 12 anderen Städten herrühren, jedoch nicht aus der Strikezeit, sondern aus einer ruhigen Arbeitszeit, wo bereits mehr Arbeiter als Beschäftigung vorhanden waren. Aber dessenungeachtet bin ich doch gegen die criminelle Bestrafung des Contractbruchs, weil wir die Innehaltung des Arbeitsvertrages auf anderem Wege erzielen können.

Zu einem Schlußwort erhält das Wort der

Correferent Dannenberg (Hamburg): Ich wende mich zunächst gegen den Vertreter der Gewerkvereine, Herrn Janson, welcher es tadelte, daß ich mich speciell auf die Hamburger Verhältnisse bezog. Nun, ich bin aus Hamburg, und man zieht ja doch zunächst die Verhältnisse an, die man am besten kennt, was mir also hoffentlich nicht zum Vorwurfe angerechnet werden wird. — Wenn Herr Dr. Hirsch sagt, mein Verfahren sei nicht fair gewesen, so muß ich ausdrücklich constatiren, daß ich wörtlich citirt habe.

Es ist nun von einigen Seiten wieder darauf hingewiesen worden, es gäbe ja andere Mittel, um den Contractbrüchen zu entgehen, namentlich die Arbeitsbücher. Es ist mir aufgefallen, daß von den Vertretern der Gewerkvereine Niemand sich über diesen Punkt geäußert hat. Ich bin überzeugt, daß Sie einen Widerstand gegen die Arbeitsbücher finden werden, der noch stärker ist, als der gegen die Bestrafung des Contractbruchs. Und wenn Herr Tiedemann meint, die Arbeiter würden sich freuen, wenn sie dadurch wieder von den unordentlichen Arbeitern unterschieden sein würden, so weise ich dagegen auf die mehrfach von Vertretern der Arbeiter gefallene Aeußerung hin: die Arbeiter wollten nicht mit den Spitzbuben gleichmäßig mit Legitimationspapieren herumlaufen. Sie werden sich dem auch widersetzen. — Ebenso ist die Frage noch nicht beantwortet, ob man dem Schiedsgericht eine Bestrafung des Contractbruchs überlassen will oder nicht.

Von Herrn Dr. Hirsch hat mich überrascht, eine Bekämpfung meiner dritten These zu hören. Sie ist gerade zugeschnitten auf den Fall der Gewerkvereine. Ich will den Contractbruch nur bestraft wissen, wenn eben Schaden dadurch angerichtet worden ist. Zahlen die Mitglieder des Gewerkvereins den Schaden, so soll keine Bestrafung erfolgen. Ebensowenig verstehe ich seinen Vorwurf der Ungerechtigkeit und Parteilichkeit, weil mein Vorschlag den Arbeitgeber, der Geld habe, ohne Strafe ausgehen lasse, dagegen den Arbeiter, der kein Geld habe, mit Strafe treffe. Wenn der Arbeitgeber dem Arbeiter vollen Ersatz für die dem letzteren aus dem Contractbruch erwachsenen Nachtheile leistet, so ist der Arbeiter überhaupt nicht geschädigt, und also gar kein Anlaß vorhanden, den Arbeitgeber zu strafen. Dasselbe gilt von dem Arbeiter. Ersetzt der letztere den Schaden, so soll der Arbeitgeber damit nach meinem Vorschlage abgefunden sein. Ich will eben nicht, daß der Arbeiter für Contractbruch auch dann bestraft wird, wenn er keinen Schaden damit angerichtet hat, etwa blos um ihm zu zeigen, „was eine Harke ist". Im Uebrigen will ich mich in diesem vorgerückten Stadium der Debatte des Rückgreifens auf das bereits früher Gesagte enthalten und nur noch bemerken, daß ich den Antrag Brentano als Zusatz zu meiner dritten These acceptire.

Ref. Prof. Dr. Held (Bonn): Ich kann viele Argumente aus der Debatte als weniger wesentlich übergehen und muß mich, da die für die Sitzung anberaumte Zeit schon erschöpft ist, kurz fassen. Ich will mich nur kurz verwahren gegen Mißverständnisse und mein Hauptargument noch einmal wiederholen. —

Was die Mißverständnisse betrifft, so ist mir nie eingefallen, auf die Gewerkvereine zu vertrösten, um durch sie allein der Verwilderung der Arbeiterverhältnisse entgegen zu treten. Wenn ich ferner von der Nothwendigkeit statistischer Erhebungen gesprochen habe, so bezog sich dies hauptsächlich auf den Punkt, daß man Sachverständige fragen solle, ob denn die Bestrafung wirklich das beste Mittel gegen den Contractbruch sei, oder ob es nicht bessere Mittel gebe. — Endlich wollte ich bemerken: wenn ich von dem Zusammenhange der Contractbruchsbestrafung mit anderen Aufgaben der Gesetzgebung gesprochen habe, so ist es mir nicht eingefallen, einen ganzen „Codex socialer Gesetzgebungen" auf einmal zu wollen; aber ich habe allerdings gesagt: Wenn ein Contractbruchsgesetz mit anderen socialen Fragen in nothwendigem Zusammenhang steht, so ergiebt sich die Frage, ob das Contractbruchsgesetz der richtige Anfang für eine positive sociale Gesetzgebung ist oder nicht. Alle die Herren, die für die Bestrafung des Contractbruchs gesprochen haben, haben als Hauptargument die große Verwilderung und das Abhandenkommen der Rechtsbegriffe unter den Arbeitern angeführt, wogegen eine Reaction stattfinden solle und müsse. Diese Verwilderung aber, dieses Argument habe ich ja im vollsten Maße zugestanden und die ewige Wiederholung dieses Arguments ist also gar kein Gegengrnnd gegen meine Behauptungen. Ich habe gegen die Strafe nur eingewandt, daß man etwas Gründliches und nichts Unwirksames gegen Contractbruch unternehmen solle. Es hat mich mit Verwunderung erfüllt, daß dieses mein Hauptargument, d. h. meine Einwendung gegen die an und für sich zulässige Strafe, in der Debatte so wenig besprochen worden ist. Wenn mein verehrter Herr Correferent sagt: „ja, wenn Sie Arbeitsbücher vorschlagen statt der Contractbruchsstrafe, so erreichen Sie erstere noch viel schwerer als letztere!" so muß ich darauf erwidern: nennen Sie mir doch eine Art der Ausführbarkeit der Contractbruchsstrafe ohne Arbeitsbücher! Wenn Sie die Strafe wollen, müssen Sie auch die Bücher mit zugestehen und dann komme ich dahin, zu sagen: Lassen Sie es uns doch erst einmal mit diesen Büchern selbst versuchen, und lassen Sie uns die solidarische Haft aller am Contractbruch Betheiligten einführen. Dies habe ich vorgeschlagen, und es ist von keiner Seite widerlegt worden. Ich habe allerdings den Vorschlag der Arbeitsbücher nicht in die Thesen aufgenommen, weil ich nicht glaubte, daß das Bedürfniß, durchaus einen positiven Beschluß zu fassen, so groß sein würde. Nach dem Verlauf der Verhandlungen sehe ich aber, daß ein solches Bedürfniß enschieden vorhanden ist. Deßhalb und aus dem weiteren Grunde, daß die Thesen zur Abstimmung zu lang sind, auch um den Mitgliedern ganz genau zu sagen, was ich Positives will — aus diesen Gründen möchte ich Ihnen andere Thesen zur Abstimmung vorschlagen, und ziehe die ersten zurück, indem ich Ihnen folgende Verkürzung empfehle:

1) Der Bruch des Arbeitscontracts und die directe oder indirecte Verleitung zu demselben erscheint nicht nur als ein namentlich das Kleingewerbe und die Landwirthschaft schwer schädigendes wirthschaftliches Uebel, sondern vor Allem als ein schweres Unrecht.
2) Es erscheint nichtsdestoweniger als nicht opportun, die positive sociale Gesetzgebung mit einem isolirten Contractbruchsstrafgesetz zu beginnen, da ein solches unwirksam und ungenügend sein würde.

3) Selbst eine die Sicherung des Arbeitscontracts bezweckende Spezialgesetzgebung müßte zuerst Contractbücher mit solidarischer Haftung aller an einem Contractbruch Betheiligten versuchen, nach deren Einführung criminelle Strafe als unnöthig erscheint. Die Contractbücher dürften weder Wanderpässe noch Zeugnißbücher werden.

Prof. v. Sybel: Für den Fall, daß diese neuen Thesen zur Abstimmung kommen, erlaube ich mir die erste These in der ursprünglichen Gestalt wieder aufzunehmen.

Gutsbesitzer Knauer (Gröbers): Ich nehme an, daß wir über die neuen Thesen nicht abstimmen können, da sie erst nach Schluß der Debatte eingebracht sind.

Prof. Neumann (Freiburg): Ich beantrage Specialdebatte über die einzelnen Artikel. Ich weiß wohl, daß man gesagt hat, es soll nur eine Generaldebatte stattfinden, aber das war nur eine Vermuthung des Präsidenten. Abgestimmt ist darüber nicht. Diese Thesen greifen so tief ins Leben ein, daß wir sie speciell formuliren und discutiren müssen, ehe wir sie annehmen.

Vors. Prof. Dr. Nasse: Ich würde dem Antrage des Herrn Knauer Folge geben müssen und ohne Discussion nicht über die neuen Thesen abstimmen lassen können. Jedoch woran sollte sich die Specialdiscussion knüpfen, — an die neuen oder an die alten Thesen? Ich glaube auch nicht, daß wir durch eine Specialdiscussion viel gewinnen würden.

Prof. Neumann: Ich halte sie doch für wichtig. Wir haben die verschiedensten Ansichten gehört, und man sieht daraus, daß die Leute noch gar nicht klar über den Gegenstand der Debatten sind. Auch haben viele Redner ihre Meinung noch gar nicht aussprechen können. Ich würde daher lieber für die Vertagung der Debatte sein. Schwierig mag die Specialdebatte sein; aber es ist wichtiger, daß die Sache hier noch weiter discutirt wird. — Mein Antrag lautet:

> Die Einleitung einer Specialdebatte über die Thesen unseres Herrn Referenten.

Prof. v. Sybel (Bonn): Ich bitte, es dabei zu lassen, daß wir nur eine Generaldiscussion und eine Specialabstimmung haben, damit wir morgen die verwandten Themata vornehmen können.

Prof. Dr. Held (Bonn): Es ist bereits vom Präsidenten entschieden, daß die von mir vorgeschlagene veränderte Fassung meiner Thesen eine solche ist, über die nicht abgestimmt werden kann. Das ist formell ganz richtig. Aber ich möchte darauf hinweisen, daß wir in früheren Jahren auch nicht immer über die ersten Anträge abgestimmt haben, sondern daß immer im Laufe und auch nach Schluß der Debatte Vermittlungsanträge kamen. Da dies aber heute die Sache noch mehr zu verwickeln scheint, so will ich meinen Antrag zurückziehen.

Oberbürgermeister Hache (Essen): Ich habe den Zweck der heutigen Versammlung dahin aufgefaßt, daß dieselbe sich für oder gegen die Contractbruchsstrafe entscheiden soll. Das kann meines Erachtens durch eine Abstimmung über die seitens der Herren Referenten und Correferenten vorgeschlagenen Thesen nicht vollständig erfolgen. Allerdings könnte die Ablehnung der Bestrafung zum Ausdruck gelangen durch en bloc-Annahme der Thesen des Referenten. Ich bin deshalb für eine Abstimmung, in der die Versammlung votirt, ob sie für oder gegen Bestrafung ist.

Vors. Prof. Dr. Nasse stellt fest, daß zunächst über den Antrag Perrot, dann über die Thesen von Dannenberg, demnächst event. über die Thesen des Prof. Held und endlich event. über den Antrag Hecht abzustimmen sei.

Verlagsbuchhändler Franz Duncker (Berlin): Ich wollte den Antrag Neumann unterstützen; es kommt hier mehr darauf an, daß die Beschlüsse, die hier gefaßt werden sollen, gründlich gefaßt sind, und daß lieber das Invaliden- und Alterscassenwesen ganz von der Tagesordnung abgesetzt werde. Ich selbst bekenne mich, da ich mit keiner der Thesen übereinstimme, für nicht in der Lage, darüber abstimmen zu können. Es wird besser sein, daß wir morgen mit der Abstimmung über die Contractbruchsbestrafung beginnen. Das wird besser sein, als wenn man sagt: Unser Verein hat über eine so wichtige Frage in übereilter Weise Beschluß gefaßt.

Frhr. von Oertzen (Horn bei Hamburg): Ich schließe mich Herrn Duncker darin an, daß die Frage noch der Klärung bedarf, und wünsche die Vertagung derselben auf morgen. Es ist viel besser, wir behandeln eine Sache gründlich, als daß wir auseinander gehen und in keiner Sache zu einem richtigen Meinungsausdruck gekommen sind.

Vors. Prof. Dr. Nasse läßt über die vorliegenden Anträge, Thesen und Amendements abstimmen. Zunächst wird der Antrag Neumann:

„Am nächsten Morgen in die Specialberathung dieser Frage einzutreten";

und der Antrag Perrot:

„Die Fassung einer Resolution in der Frage des Contractbruchs aufzuschieben, bis die Ursachen des neuerdings massenhaft auftretenden Contractbruchs untersucht sind; und mit der Untersuchung eine ad hoc zu ernennende Commission zu beauftragen", in allen Theilen abgelehnt. Darauf wird über die gleichlautende These Nr. 1 des Referenten und Correferenten abgestimmt. Dieselbe wird angenommen; ebenso die These Nr. 2 des Correferenten Dannenberg. Der Zusatz des Landrath Tiedemann wird abgelehnt. Der erste Satz der Dannenberg'schen These Nr. 3. (bis „nothwendig") wird mit 31 gegen 27 Stimmen, der Schluß mit großer Majorität, und sodann die ganze Nr. 3 mit 33 gegen 30 Stimmen angenommen.

Auch Nr. 4 der Dannenberg'schen Thesen wird angenommen, und schließlich die Nr. 5 des Landraths Tiedemann, so daß die in der Frage der Bestrafung des Arbeitsvertragsbruches angenommene Resolution wie folgt lautet:

1. Der Bruch des Arbeitscontracts und die directe oder indirecte Verleitung zu demselben erscheint nicht nur als ein namentlich das Kleingewerbe und die Landwirthschaft schwer schädigendes wirthschaftliches Uebel, sondern vor Allem als ein schweres Unrecht, das vom moralischen Standpunkte aus durchaus verdammt werden muß und dessen Bestrafung vom rechtlichen Standpunkte aus zulässig ist.

2. Die civilrechtliche Schadenersatzklage hat sich in den meisten Fällen als gänzlich unwirksam zur Verhütung und Bestrafung des Arbeitscontractbruchs gezeigt.

3. Eine strafrechtliche Verfolgnug des Arbeitscontractbruchs, sowie der Verleitung zu demselben, ist deshalb nothwendig; jedoch hat dieselbe nur dann einzutreten, falls durch den Contractbruch ein Schaden verursacht worden ist, und der Contractbrüchige den Ersatz verweigert oder dazu außer Stande befunden wird. Gleichzeitig soll jedoch ein Gesetz erlassen werden, welches Vereinen, die für Contractbrüche ihrer Mitglieder haften, Corporationsrechte verleiht.

4. Die strafrechtliche Verfolgung des Arbeitscontractbruchs und der Verleitung findet nur auf Antrag des Geschädigten statt.

5. Um den Inhalt eines Arbeitscontractes außer Zweifel zu stellen, sind die Contrahenten zur schriftlichen Abfassung desselben zu verpflichten. Es sind zu diesem Zwecke Contractsbücher einzuführen, welche hinsichtlich der Dauer des Vertrages, der etwa vorbehaltenen Kündigungsfrist, der Höhe des Lohnes und der Art der Dienstleistung in übersichtlichen Rubriken die vereinbarten Bestimmungen enthalten. Von der Eintragung in ein solches Contractbuch ist die Klagbarkeit des Vertrages abhängig zu machen.

Damit sind die übrigen Anträge erledigt. (Schluß $3^3/_4$ Uhr.)

Zweite Sitzung.

Montag, den 12. October früh 9½ Uhr

Vors. Prof. Dr. Nasse (Bonn): Erlauben Sie mir, Ihnen wieder einige geschäftliche Mittheilungen zu machen.

Es sind zwei Entschuldigungsschreiben eingegangen, von dem Herrn Landtagsabgeordneten Rickert und Herrn Behm, der außerdem anzeigt, daß er eine Nummer der „Versicherungs-Zeitung", in welcher er die Frage der Invalidencassen noch einmal behandelt habe, uns einschicken und Exemplare zur Vertheilung geben werde. Bis jetzt sind sie aber noch nicht eingegangen.

Dagegen erlaube ich mir, Sie auf das Gutachten hinzuweisen, welches Herr Dr. Max Hirsch ebenfalls in sehr dankenswerther Freundlichkeit nicht nur verfaßt hat, sondern selbst hat drucken lassen, so daß es am Eingange zur Vertheilung kommen kann. —

Wir gehen über zu dem Gegenstande unserer heutigen Verhandlungen und zwar hat der Ausschuß vorgeschlagen, an erster Stelle heute vorzunehmen die „Invaliden- und Alterscassen". Wenn sich gegen diesen Vorschlag kein Widerspruch erhebt, werde ich dem Referenten das Wort ertheilen.

Referat

des Herrn Fabrikbesitzers Kalle (Biebrich) über die

Invaliden- und Alterscassen.

Referent Kalle: Von den vier Thesen, deren Annahme ich Ihnen vorzuschlagen mir erlauben wollte, werden die beiden ersten dem Inhalte nach wenigstens, wohl von keiner Seite angefochten werden, sie besagen ja nur, aber noch allgemeiner gehalten, dasselbe, was die beinahe einstimmig vom volkswirthschaftlichen Congreß in Crefeld, bezüglich der Pensionscassen gutgeheißene erste Resolution will. Ich kann mich daher in Bezug hierauf kurz fassen. Schon die Gewerbeordnung für den Norddeutschen Bund vom Jahre 1869 erkannte die Nothwendigkeit der gesetzlichen Regelung des Arbeitercassenwesens im Allgemeinen an; indem sie in § 141 auf den bevorstehenden Erlaß eines besonderen Bundesgesetzes hinweist. Diese Nothwendigkeit ist seitdem wiederholt betont worden, so durch die volkswirthschaftlichen Congresse zu Danzig und Crefeld, und die Agitation speciell für gesetzliche Regelung des Pensionscassenwesens, (wobei natürlich eine gleichzeitige Regelung des Krankencassenwesens vorausgesetzt wird) wurde in der letzten Zeit eine so intensive, daß der preußische Handelsminister sich voriges Jahr veranlaßt sah, eine Enquête zu veranstalten. Die erste der von ihm gestellten Fragen lautete conform der ersten der vom Verein für Socialpolitik gestellten: „Ist die gesetzliche Regelung des Pensionscassenwesens für erforderlich bezw. für wünschenswerth zu erachten?“ Diese Frage wurde bekanntlich fast allgemein bejaht, selbst von denen, welche die Einrichtung von Pensionscassen und den Beitritt zu denselben nicht obligatorisch machen wollten. Herr Geheimsecretär Behm sagt zwar in seinem Gutachten, daß, falls kein Cassenzwang eingeführt werde, die gesetzliche Regelung nicht absolut nöthig sei, da die bestehenden Gesetze die Gründung solcher Cassen und die Ausstattung derselben mit den nöthigen Rechten möglich machen; für wünschenswerth hält aber auch er die Regelung, und wenn der geehrte Herr die Möglichkeit ins Auge gefaßt hätte, daß Bezirke von Pensionscassen, auch über Preußens Grenze hinausgehend, das ganze Deutsche Reich umfassen können, was die Cassen der Gewerkvereine ja thatsächlich thun, so würde auch er wohl zu dem Schlusse gekommen sein, daß die gesetzliche Regelung, auch volle Freiwilligkeit der Cassen vorausgesetzt, nicht nur wünschenswerth, sondern nothwendig ist. In dem Erlaß des Haftpflichtgesetzes dürfte ein neuer Grund für die baldige Regelung liegen.

Meine zweite These spricht ganz einfach aus, daß die staatliche Anerkennung von Pensionscassen und die Ertheilung von Corporationsrechten an dieselben abhängig zu machen ist von der Einhaltung der gesetzlichen Vorschriften über Bildung und Verwaltung derselben, ohne darauf einzugehen, welcher Art diese gesetzlichen Vorschriften sein sollen; sie ist also annehmbar nicht nur für die Vertreter des Cassenzwangs, sondern auch für die verschiedenen Parteien der Freunde der Cassenfreiheit, wie sie auf dem Crefelder Congresse durch die beiden Referenten Dr. Eras und Rickert vertreten waren, von denen ersterer ursprünglich verlangte, daß auch die Sicherheit der mathematischen Grundlage der Cassen von einer Staatsbehörde geprüft würde, während der Abgeordnete Rickert ganz entschieden dagegen ist, wobei er sich auf die in England gemachten Erfahrungen stützt.

Auf diesen Streit, wie überhaupt auf die Natur der zu erlassenden gesetzlichen Vorschriften für den Fall der Freiwilligkeit aller Cassen näher einzugehen, halte ich nicht für geboten und beschränke mich darauf, zu bemerken, daß hier der Standpunkt des Herrn Dr. Zillmer, welcher das Pensionscassenwesen mit dem Versicherungswesen überhaupt behandelt wissen will, mir ein ganz zweckmäßiger zu sein scheint. — Daß für den Fall, daß Zwangscassen neben den freiwilligen Cassen bestehen, die gesetzlichen Vorschriften für letztere schärfer sein und insbesondere auch Bestimmungen Aufnahme finden müssen über ihr Verhältniß zu den Zwangscassen, versteht sich von selbst. Aber auch darauf gehe ich nicht näher ein, denn es kann nicht unsere Aufgabe sein, einen Entwurf zu einem Pensionscassengesetz festzustellen; dazu würden wir statt weniger Stunden Wochen brauchen, wir können uns hier nur entscheiden über die allgemeinsten Principien, und wenn ich bei der Motivirung meiner zwei letzten Thesen, zu denen ich nunmehr übergehe, mehr in die Einzelheiten eindringe, so geschieht dies durchaus nicht in der Absicht, Ihnen detaillirte Vorschläge für ein Gesetz zu machen, sondern nur, um den Nachweis der Durchführbarkeit der Forderungen meiner Thesen zu liefern. Der erste Einwurf, der gegen den Cassenzwang gemacht zu werden pflegt, ist ja bekanntlich der, daß die Idee undurchführbar sei; diesen Einwand, der, wenn er richtig wäre, jede weitere Besprechung des Gedankens als unsinnig erscheinen läßt, kann man nur entkräften, indem man einen vollständigen Plan für die Durchführung vorlegt, und dies muß ich deshalb auch hier thun, wenn auch in aller Kürze. —

Um allen Mißverständnissen vorzubeugen, bemerke ich, daß ich mir dabei vollkommen bewußt bin, daß meine bezüglichen Ausführungen nicht den Anspruch erheben können, in all ihrem Einzelnen das einzig Gute und Mögliche zu treffen, daß ich gern glaube, daß man in vielen Fällen andere und vielleicht auch zweckmäßigere Einrichtungen wird finden können. Ehe ich jedoch die Durchführbarkeit des Cassenzwangs betrachte, habe ich zunächst zu beweisen, daß die Pensionscassen ein dringendes Bedürfniß sind und daß die Befriedigung dieses Bedürfnisses in seiner Totalität aus freier Initiative der Interessenten nicht zu erwarten ist.

Möge es mir gelingen, diesen Beweis so zu führen, daß Sie von seiner Richtigkeit überzeugt werden! Für leicht halte ich diese Aufgabe nicht, denn wenn ich auch überzeugt bin, daß Derjenige, der sich eingehend mit dem Pensionscassenwesen beschäftigt und dabei practische Erfahrungen und Kenntniß des Charakters der Bevölkerung hat. ipso facto auf dieselben Schlüsse kommen muß, zu denen ich gelangte, ich kann nicht darauf rechnen, daß ein wesentlicher Bruchtheil dieser geehrten Versammlung sich näher mit der vorliegenden Frage befaßt hat, ich muß vielmehr befürchten, daß die Majorität, selbst ohne genaue Sachkenntniß, unter dem Drucke der öffentlichen Meinung von vornherein gegen die Idee ist, der ich in den zwei letzten Thesen Ausdruck gebe. — Daß die öffentliche Meinung dagegen ist, ist eine traurige, für mich aber durchaus erklärliche Thatsache. Die meisten Arbeiter und Arbeitgeber sind dagegen, weil sie die persönliche Mühe und die Ausgaben fürchten, ein Theil Derjenigen, welche freiwillige Cassen gegründet haben, ist dagegen, weil ihre Institute Noth leiden könnten, und da diesen Männern jedenfalls practische Erfahrung zugesprochen werden muß, stützt ihr Votum in willkommener Weise dasjenige des erstgenannten großen Haufens. Diese Gegner mit Gründen mehr subjectiver Natur werden so dann noch verstärkt durch eine Anzahl von Männern der Wissenschaft welche mehr objective Gründe in's Feld führen, und so ist eine sogenannte öffentliche Meinung ent standen, deren Einwirkung sich der Außenstehende um so weniger wird entziehen können, weil sie als Verfechterin der Freiheit gegenüber uns socialpolitischen Reactionären erscheint. Bei so bewandter Sachlage wundert es mich durchaus nicht, daß die meisten Antworten auf die Rundfragen des preußischen Handelsministers ablehneud ausfielen; ich wundere mich eher umgekehrt, daß doch noch eine ganze Reihe von Industriellen auf Seiten der Vertreter des obligatorischen

Cassenwesens steht; es gehört dazu eine ungewöhnliche Dosis Objectivität und, wenigstens für Diejenigen, die Werth darauf legen, zu den Liberalen gezählt zu werden, ein gewisser Muth. Die energischste Vertretung fand die Idee eines allgemeinen Cassenwesens durch den Mittelrheinischen Fabrikantenverein. Bei diesem war die Erkenntniß der Nothwendigkeit der Invaliden-, Wittwen- und Waisenversorgung aus eingehender Beschäftigung mit der Arbeiterfrage überhaupt hervorgegangen. Von dem Wunsche beseelt, der mehr und mehr sich zuspitzenden Gegensätzlichkeit zwischen Arbeitern und Arbeitgebern Einhalt zu thun, untersuchte man zunächst, inwieweit die Klagen der Arbeiter berechtigt seien, und sodann in welcher Weise man den als berechtigt anerkannten Beschwerden abhelfen könne. Mehrere Jahre beschäftigte diese hochwichtige Frage den Verein, eine Reihe von einzelnen Maßregeln zur Besserung der Lage der arbeitenden Classen wurden in den Vereinsversammlungen discutirt, und was die Hauptsache ist, von Vereinsmitgliedern practisch durchgeführt, so z. B. die Gründung von Fortbildungsschulen, Hausbaugenossenschaften, Consumvereinen u. s. w. — eine besondere Commission suchte daneben die Frage in ihrer Totalität zu erfassen und arbeitete einen Bericht aus, der seiner Zeit auch außerhalb des Mittelrheinischen Fabrikantenvereins Anerkennung fand. Alle Untersuchungen, Besprechungen und practischen Versuche führten aber zu der Erkenntniß, daß das vorgesteckte Ziel nur dann in entsprechender Weise erreicht werden könne, wenn es gelänge, die Arbeiter und ihre Familien im Großen und Ganzen zu sichern vor der Gefahr, dem Bettel zu verfallen, sobald die Arbeitskraft des Ernährers dauernd oder auch nur auf längere Zeit gelähmt wird.

Die Grundbedingung zu einer friedlichen Lösung des socialen Conflicts fand man allerdings in der Hebung der Volksbildung, wodurch einerseits die Concurrenzfähigkeit des Arbeiters, und andererseits mit seinem Verständniß für die ihn umgebenden Verhältnisse, seine Achtung vor der Gesellschaft und ihren Institutionen gesteigert wird; man war aber darüber einig, daß auch dies fundamentale Mittel bei der heranwachsenden Generation nur dann den gewünschten Erfolg erreichen werde, wenn die Herangewachsenen in ihrer materiellen Existenz mehr gesichert würden. Was hilft es, dem Kinde in der Schule gute Grundsätze einzupflanzen, wenn es sieht, daß dieselben im practischen Leben nicht geübt, ja oft genug geradezu verhöhnt werden! Dies wird aber so lange der Fall sein, als der Arbeiter das demoralisirende Bewußtsein in sich trägt, daß der erste beste, seine Arbeitskraft schädigende Unfall ihn zum Bettler machen kann. Damit verfällt er dem Materialismus und verliert die Achtung vor sich selbst, die Liebe zu seinen Mitmenschen und zu den Institutionen, unter denen sich eine solche Lage entwickeln konnte.

Herr Bürgermeister Ludwig-Wolf sagt ganz richtig in seinem Gutachten Seite 35:

„Ich gehe von dem Grundsatze aus, daß Nichts den Arbeiter tiefer niederführt, als der Genuß von Almosen, und daß umgekehrt Nichts ihn höher hebt in seinen eigenen Augen und in der Achtung vor sich selbst, als das Bewußtsein, daß er Alles sich und seiner eignen Kraft verdanke, und daß er ein vollberechtigtes Glied sei im Staats- und im Gemeindewesen, da er auf sich und seine Kraft und nicht auf fremde Hilfe seine wirthschaftliche Existenz gegründet hat. Im Hinblick auf diese Erwägung wird, das wird mir jeder einräumen und zugeben, diese Frage für Staat und Gemeinde zu einer eminent wichtigen und bedeutungsvollen nicht blos in moralischer und ethischer, sondern auch in finanzieller Beziehung."

und Herr Assessor Hiltrop schreibt:

„Wie viel Unglück, Verzweiflung und Sittenlosigkeit ist in allen Zweigen des Volkslebens zu finden, weil die Hülfe bei den natürlichen, unverschuldeten Nothständen des Lebens fehlt."

In der Nothwendigkeit, den Arbeiterstand zu heben und den socialen Frieden anzubahnen, erkannte der Mittelrheinische Fabrikantenverein und erkenne auch ich den zwingenden Grund für möglichste Verallgemeinerung der Invaliden-, Wittwen- und Waisenversicherung. Alles, was sich sonst noch dafür anführen läßt, erscheint diesem ersten gegenüber gewissermaßen nebensächlich. Als solche weniger wichtigen Gründe bezeichne ich, daß durch allgemeine Cassen, die durch das Haftpflichtgesetz entstandene, abnorme Lage in der Industrie wieder aufgehoben und die ungerechte Belastung des Armenbudgets der Communen durch die Industrie beseitigt würde. Die meisten Gegner des obligatorischen Cassenwesens ignoriren nun ganz einfach den wichtigsten der dafür sprechenden Gründe und greifen nur die anderen an, — so die Handelskammer Magdeburg, welche wunderbarerweise gerade in der Entlastung der Communen einen Grund gegen Pensionscassen sieht. Dies sei, sagt sie, eine Abwälzung von den Schultern der Verpflichteten auf andere, die gleichwohl ihren Antheil am Armenbudget mitzutragen hätten. Was also beinahe alle Andern als einen Vorzug der Pensionscassen betrachten, das wird ihnen hier gerade zum Vorwurf gemacht.

Auch die Referenten des volkswirthschaftlichen Congresses zu Crefeld behandelten die Pensionscassenfrage wesentlich vom Standpunkte der communalen Armenpflege aus. — Herr Dr. Eras sagt zwar in seinem gedruckten Referate:

„Wenn unter den Arbeitern Unzufriedenheit und Arbeitsunlust herrscht, — wenn bei ihnen über den Mangel eines harmonischen Familienlebens geklagt wird, — so trägt hieran wohl die Hauptschuld das niederdrückende Bewußtsein, daß für die Zukunft nicht gesorgt ist. Die Qualität der Arbeitsleistung wird nachtheilig beeinflußt, wenn der Arbeiter mit Sorge in die Ferne sehen muß und einem zufriedenen Genusse der Gegenwart sich nicht hingeben kann.

Hierin sieht er aber nicht den Hauptgrund für die Regelung des Hülfscassenwesens; diesen findet er vielmehr in dem Verhältniß desselben zur Armenpflege.

Daß allen Denen, die auf solchem Standpunkte stehen, die technischen Schwierigkeiten der Ausführung gegenüber dem ihnen vorschwebenden Zwecke überwältigend groß erscheinen, ist klar; ja ich muß offen gestehen, handelte es sich bloß um Rectification der durch das Haftpflichtgesetz innerhalb der Industrie oder durch die Gewerbefreiheit und Freizügigkeit in den Budgets der Communen entstandenen abnormen Zustände, ich würde selbst mich für Einführung obligatorischer Pensionscassen nicht begeistern. Eine andere Kategorie von Gegnern würdigt zwar die sociale Bedeutung der Pensionscassen, verwirft aber den Cassenzwang und betont statt dessen die sittliche Pflicht des Arbeitgebers wie des Arbeiters, sich selbst zu helfen. Einer der bedeutendsten Repräsentanten dieser Richtung ist Professor Böhmert. Ja, meine Herren, ich erkenne diese sittliche Pflicht der Interessenten auch an, und bin auch mit jenen Herrn der Ansicht, daß eine freiwillig gebildete Casse den Vorzug verdient, aber werden auch die Interessenten in ihrer Gesammtheit diese Pflicht anerkennen und danach handeln? Jeder, der unsere Arbeiter und Arbeitgeber einigermaßen kennt und ihr Verhalten in ähnlichen Fällen beobachtet hat, muß diese Frage unbedingt verneinen, und ich glaube, wenn Herr Böhmert ein Halbdutzend Jahre in Sachsen, wohin er ja, wie ich höre, berufen ist, gelebt hat, wird er auch dieser Ansicht werden. — Bezüglich der Arbeitgeber erinnere ich nur an die Agitation vieler Bergwerksbesitzer, um Befreiung von den Knappschaftsbeiträgen, an die geringe Betheiligung, als es sich darum handelte, die Arbeiter auch gegen die nicht unter das Haftpflichtgesetz fallenden Unfälle zu versichern und schließlich an die Opposition gegen obligatorische Fortbildungsschulen. Bezüglich der Arbeiter brauche ich nur die eine Thatsache anzuführen, daß noch nicht die Hälfte der Mitglieder der Gewerkvereine zu den Pensionscassen derselben gehört und daß regelmäßig eine Reihe von Mitgliedern, nachdem sie eine Zeit lang zur Casse beigesteuert, austritt — nota bene ohne aus dem Gewerkvereine zu scheiden. — Ja, die Kurzsichtigkeit der meisten Arbeiter ist so groß, daß sie sich nicht einmal gegen die viel näher liegende Gefahr der Erwerbsunfähigkeit in Folge von kürzeren Krankheiten versichern, wenn sie nicht von den Werksbesitzern oder der Polizei dazu gezwungen werden. Halte man mir nicht entgegen, das liege an der schlechten Leitung der Cassen! Das ist in einzelnen Fällen so, meist aber wollen die Leute den Cassen nicht beitreten, einfach, weil sie aller Vorsicht bar, für die Sicherstellung ihrer Zukunft nicht das geringste Opfer zu bringen geneigt sind.

Herr Hiltrop meint zwar (S. 59 seines Gutachtens), Cassenzwang für die Arbeiter sei nicht einmal absolut nöthig, man brauche nur den Arbeitgeber zu verpflichten, für jeden von ihm beschäftigten Arbeiter, falls er sich, als Mitglied einer Pensionscasse legitimire, einen gewissen Procentsatz von dessen Lohn an die Casse abzuführen, das heißt, dieser Procentsatz soll nicht etwa vom Lohne gekürzt werden, sondern aus der Tasche des Arbeitgebers zugelegt werden. Würde dies den Erfolg haben, daß alle Arbeiter einer Casse beiträten, wie Herr Hiltrop dies glaubt, so würde der Zweck allerdings ziemlich erreicht, (ganz nicht) wie aber, wenn der Erfolg der wäre, daß die weniger einsichtsvollen Arbeitgeber, Arbeiter, die einer Casse angehören, nicht mehr annähmen, weil ihre Beschäftigung gewissermaßen besteuert ist? Ich glaube, dies Auskunftsmittel wäre gefährlich; und schließlich bliebe es doch ein Zwang, nur daß er mehr auf den Arbeitgeber übertragen wäre.

Ich weiß ja recht gut, daß es rühmliche Ausnahmen giebt, bei Arbeitern, wie bei Arbeitgebern. Ich weiß, daß es eine stattliche Zahl von freien Pensionscassen giebt — in den letzten Tagen gingen mir noch höchst interessante Mittheilungen über die seit 24 Jahren bestehenden Cassen des thüringer Buchdruckervereins zu. — Aber, meine Herren, das Bedürfniß ist allgemein und muß also auch allgemein befriedigt werden.

Herr Geheimsecretär Behm drückt dies in seinem Gutachten S. 141 folgendermaßen aus:

„Wenn die Lösung der Frage des Pensionscassenwesens vom allgemeinen social-politischen Gesichtspunkte aus in Angriff genommen wird, so kann der Zweck des Unternehmens nicht nur darin bestehen, daß Institute in's Leben gerufen werden, welche vielleicht nur von einem verschwindenden Bruchtheile der arbeitenden Bevölkerung zur Pensionsversicherung benutzt werden; vielmehr muß das Bestreben darauf gerichtet sein, die Wohlthaten der Invalidenversorgung möglichst allgemein zu machen, — mit andern Worten, es muß als Ziel die Lösung der socialen Frage, soweit diese es mit den Verhältnissen der in den Zustand der Invalidität getretenen Arbeiter zu thun hat, in's Auge gefaßt werden. Diesem Ziele wird man nicht wesentlich näher kommen, wenn man Cassen errichtet, in der gewissen Voraussetzung, für dieselben keine oder nur sehr wenige Mitglieder zu finden. Nach meinen Erfahrungen muß ich es als höchst zweifelhaft bezeichnen, daß sich eine hinreichende Zahl von Arbeitern freiwillig den Pensionscassen anschließen wird. Selbst für den Fall, daß durch die Mitgliedschaft den Arbeitern nur sehr mäßige Opfer auferlegt werden, kann man eine allgemeine Betheiligung nicht sicher in Aussicht nehmen."

Daß auch durch vom Staate errichtete und verwaltete Pensionscassen mit freiwilligem Beitritt, wie sie in verschiedenen Ländern existiren, nicht viel für die allgemeine Befriedigung des Bedürfnisses gewonnen ist, liegt auf der Hand und wird auch durch die gemachten Erfahrungen bestätigt.

Die relativ zur Bevölkerungszahl vielleicht am meisten Mitglieder zählende sächsische Rentenversicherungsanstalt in Dresden, welche ihre Agenturen außer dem Königreich Sachsen in den sächsischen Fürstenthümern, in den preußischen Provinzen Sachsen und Schlesien und selbst in Berlin und Cöln hat, zählt doch etwa nur 21,000 versicherte Mitglieder, von denen jedenfalls ein beträchtlicher Theil nicht zu den Lohnarbeitern gehört, um die es sich doch vornehmlich handelt. Sparcassen, wie sie so vielfach empfohlen werden, sind ganz vorzügliche Einrichtungen, und ihre Bildung kann nur gewünscht werden, aber nicht statt, sondern neben den Pensionscassen.

Herr Ludwig-Wolf sagt in Bezug hierauf S. 41:

„Für den Arbeiter, wie für Jeden, dessen Existenz auf seiner Arbeitskraft und nicht auf fundirtem Einkommen beruht, handelt es sich meiner Ansicht nach zunächst nicht darum, zu calculiren, wieviel er sich, wenn ihm nichts wiederfährt, vielleicht mit seinem 50. oder 60. Lebensjahre erübrigt haben könnte, oder was er sich mit seinen Ersparnissen erzeugen könnte, sondern dessen Aufgabe muß es in erster Linie sein, wenn er nicht dem Milchmädchen mit dem Milchnapf auf dem Kopfe gleichen will, dessen Zukunftsträume mit dem zerbrochenen Milchnapfe am Boden liegen, sich die Quelle seines Einkommens nach Kräften sicherzustellen gegen etwaige Gefährdungen und Schläge des Schicksals. Dies kann er aber nur dadurch, daß er das Risico nicht auf die Gefahr hin, von demselben gegebenen Falles erdrückt zu werden, auf seinen alleinigen Schultern lasten läßt, sondern daß er es auf andere Schultern mit überträgt. Die Sparcasse nimmt dem Arbeiter die Gefahr nicht ab, daß ein einziger Schicksalsschlag die Frucht jahrelanger Mühen vernichten und ihn in die Reihe der Almosenempfänger hinabschleudern kann, so tief, daß es ihm vielleicht unmöglich wird, sich je wieder empor zu arbeiten. Ich meine, das Streben der Arbeiter müsse darauf abzielen, die ersparte Frucht ihrer Thätigkeit zunächst zu verwenden im Interesse eines gemeinsamen Schutzes gegen die Wechselfälle des Lebens, der Art, daß der Einzelne durch die Anderen gestützt und gehalten wird; ist diesem Zwecke genügt und dadurch der wirthschaftlichen Existenz eine breitere und sicherere Basis gewonnen, dann mag das Absehen des Arbeiters, wie eines Jeden, der seinen Unterhalt aus seiner Arbeitskraft zieht, darauf gerichtet sein, auch mit Annehmlichkeiten das Leben auszustatten und einen Sparpfennig zurückzulegen, um anderen Aufgaben entsprechen, um den Abend des Lebens schöner und behaglicher gestalten zu können."

Nachdem ich so die Gründe angeführt, die für allgemeine Pensionscassen sprechen, sowie die Gründe dafür, daß die Allgemeinheit nur zu erreichen ist, wenn das Gesetz die Bildung der Cassen und den Beitritt zu denselben obligatorisch macht; gehe ich nun dazu über, einen Plan zu entwickeln, nach dem die Idee durchgeführt werden könnte.

Aus meiner dritten These geht hervor, daß ich die Errichtung von Cassen unter staatlicher Mitwirkung erst dann für gerechtfertigt erachte, wenn die für Bildung freiwilliger Cassen durch das Gesetz bewilligte Frist, ungenutzt abgelaufen ist.

Wenn auch unter Zwangscassen nicht etwa Cassen zu verstehen sind, welche von einer Staats- oder sonstigen Behörde verwaltet werden, wenn man auch deren Bildung und Verwaltung der Hauptsache nach in die Hände der betheiligten Arbeiter und Arbeitgeber legt und der Behörde bei der Bildung nur die Initiative, bei der Verwaltung nur eine etwas schärfere Controle einräumt, so haben freiwillig und aus eigener Initiative der Betheiligten geschaffene Institute gewisse Vortheile — zum Theil allerdings mehr moralischer Natur — in deren Berücksichtigung ihrer Bildung in jeder Weise Vorschub zu leisten ist.

Bezüglich des Umfangs nach dem Beruf wird das Gesetz genaue Bestimmungen treffen müssen. Ich persönlich bin für möglichst weite Ausdehnung des Beitrittszwanges, ich wünsche auch die jugendlichen Arbeiter und die Arbeiterinnen herangezogen zu sehen (in Rücksicht auf ihren geringen Lohn mit dem halben Beitrag), ich würde selbst damit einverstanden sein, wenn Jedermann beitragspflichtig würde, denn Jedermann kann einmal verarmen und dabei arbeitsunfähig werden, allein letzteres hat auch wieder seine Bedenken und ich gebe selbst zu, daß man einzelne Categorien von Arbeitern, deren Stellung eine zweifelhafte ist, wird ausscheiden können, ohne daß der practische Effect wesentlich alterirt wird. Man mag jedoch den Kreis der Verpflichteten etwas enger oder weiter ziehen, eins muß man festhalten: Das Gesetz muß sich so präcis ausdrücken, daß keine verschiedenen Auslegungen möglich sind; denn eine verschiedene Behandlung in den verschiedenen Cassenbezirken würde zu den größten Uebelständen führen. Daß die bezügliche Bestimmung nicht ganz leicht richtig zu treffen ist, mag zugegeben werden, denn sie setzt Kenntniß der persönlichen Verhältnisse in den Gewerben im ganzen Reiche voraus, aber eine scharfe Abgrenzung für unmöglich zu halten, wie dies Manche thun, hat man keinen Grund. Wie für alle Arbeiter, so müßte für alle Arbeitgeber der betreffenden Kategorien der Cassenzwang ausgesprochen werden und zwar in der Weise, daß die letzteren einen Beitrag zu leisten haben, der in einem gewissen Verhältniß steht zu der Summe der von ihren Arbeitern geleisteten Beiträge. Sogenannte Zwangscassen würden meiner Ansicht nach zu errichten sein für gewisse geographische Bezirke, für alle Gewerbe gemeinsam und vielleicht ausnahmsweise in Bezirken mit einzelnen besonders stark entwickelten Industriezweigen für diese allein.

Ein Anschluß an die politischen Bezirke wäre zweckmäßig, in Preußen z. B. scheint mir der Kreis ganz geeignet als Cassenbezirk. An der Spitze der Cassenverwaltung würde ein, zu gleichen Theilen aus Arbeitern und Arbeitgebern bestehender Vorstand stehen, mit einem oder auch mehreren besoldeten Beamten zur Erledigung der laufenden Geschäfte. Dieses gemeinsame Wirken von Arbeitern und Arbeitgebern kann nicht hoch genug angeschlagen werden, hier liegt der Keim zu einem friedlichen Hand in Hand Gehen der Parteien. Die staatliche Aufsicht braucht nicht weiter ausgedehnt zu werden, wie bei den Knappschaftscassen. Neben dem Vorstande möchten in jedem Orte oder Stadtbezirke Commissionen aus Vertrauensmännern der Arbeiter und Arbeitgeber gebildet werden, welche hauptsächlich die Aufgabe hätten, die Controle über die Mitglieder, besonders über die empfangenden, die Pensionäre zu führen. Zur Schlichtung der Streitigkeiten zwischen Cassenverwaltung und den beitragenden wie empfangenden Interessenten könnte für den Cassenbezirk eine Recursbehörde gebildet werden, ebenfalls aus Arbeitern und Arbeitgebern, sowie etwa einem rechtsverständigen Beamten und einem Arzte bestehend, natürlich lauter Personen, die nicht gleichzeitig im Vorstand der Casse sind. Oder man könnte auch die Schlichtung dieser Streitigkeiten, wie diejenigen der Bezirkscassenverwaltung unter einander Provinzialinstanzen überweisen. Die Streitigkeiten der Cassen verschiedener Provinzen resp. Staaten, oder auch im Falle keine Provinzialinstanzen bestehen, könnte man durch eine Centralbehörde entscheiden lassen. Letztere, welche in Permanenz tagen müßte, könnte man wohl nur aus besoldeten Beamten zusammensetzen. Ihr würde auch die Sammlung der bezüglichen Statistik, die Ausarbeitung der Ausführungsbestimmungen zu den Gesetzen und die Prüfung der Statuten der durch freiwillige Vereinigungen gebildeten Cassen zufallen.

Assessor Hiltrop empfiehlt die Cassenbildung nach Gewerben in entsprechenden geographischen Unterabtheilungen, Bürgermeister Ludwig-Wolf die Cassenbildung nach Gemeinden, resp. einer Anzahl von Gemeinden gemeinschaftlich. Mir scheint, daß nach dem ersten Vorschlag die Verwaltung erschwert würde (die gerechte Vertheilung der Lasten nach der Gefahr der Industrie läßt sich durch Bildung von Gefahrencassen — erreichen), während nach dem Vorschlag des Herrn Ludwig-Wolf den Gemeindebehörden meiner Ansicht nach zuviel Einwirkung zuerkannt wird. Wo Arbeitgeber sind, wären diese für die Abführung der Beiträge an die Casse verantwortlich zu machen, es ist ihnen also das Recht zu geben, den Beitrag des Arbeiters von dem verdienten Lohn zurückzuhalten und ihnen ferner aufzulegen, daß sie bei neu aufgenommenen Arbeitern, die mit ihren Beiträgen im Rückstande sind (was aus deren Quittungsbuch hervorgeht), bis zum vollen Abtrag des Rückstandes ein gewisses Vielfaches vom gewöhnlichen Beitrag einhalten. Dieselben Verpflichtungen würden den Krankencassenvorständen aufzulegen sein. — Auf diese Weise würden die Cassen kaum wesentlich in ihren Bezügen geschädigt werden können. Arbeiter, welche zeitweilig keinen Arbeitgeber haben und selbst Cassenpflichtige, welche dauernd selbstständig arbeiten, haben außer dem gewöhnlichen Beitrag des Arbeiters noch den auf den Arbeitgeber fallenden Aufschlag zu zahlen. Die Erhebung der Beiträge wird man der Gemeinde, die ja durch die Casse entschiedene Vortheile hat, aufbürden können. Das Verfahren würde dem bei Erhebung der Steuern entsprechen, eventuell also auch die Execution anzuwenden sein. — Erlöschen dürfte die Beitragspflicht außer durch den Tod nur beim Antreten der Pension, bei Auswanderung aus Deutschland, Uebertritt zu einer nicht cassenpflichtigen Berufsclasse und endlich für Arbeiterinnen bei der Verheirathung. In den drei letztgenannten Fällen könnte eine Rückvergütung gewährt werden, in ähnlicher Weise wie bei Lebensversicherungsgesellschaften, doch wäre hierbei mit Vorsicht zu verfahren. Die Berechnung des Beitrages zur Ermöglichung einer bestimmten Leistung der Cassen wird bei den mangelhaften Erfahrungen in dieser Branche nicht ganz leicht sein, doch kann dies keinen Grund abgeben, die Möglichkeit der Ausführung zu bestreiten, wie es von manchen Seiten geschieht, denn dann wären freiwillige Cassen ebensowenig möglich und Lebensversicherungsgesellschaften auch nicht; denn als man diese einzurichten anfing, hatte man auch noch keine ausreichende statistische Basis. Man muß eben das vorhandene Material von tüchtigen Fachleuten verarbeiten lassen und von vorne herein nicht allzuniedrig greifen. Ueberdies wird man von Zeit zu Zeit Controlrechnungen anstellen, in der Weise, wie es Dr. Zillmer vorschlägt, damit, wenn Fehler bei der Berechnung der Beitragshöhe vorgekommen sind, dieselben noch rechtzeitig redressirt werden können. Die Cassenleistungen, die Pensionen müssen so bemessen sein, daß sie dem Empfänger in dem Bezirk, in dem die Pesionirung stattfindet, die Existenz ermöglichen. Am besten wird man die Pensionshöhe in ein bestimmtes Verhältniß bringen zum Normallohn ungelernter Arbeiter (Taglöhner), welcher jedenfalls der beste Maßstab ist für die Kosten des Lebensunterhalts in der betreffenden Gegend und Zeitperiode.

Die Pensionen der Knappschaftscassen halte ich für zu niedrig für allgemeine Pensionscassen. Wenn die Versicherten nicht von ihrer Pension leben können, dann verfallen sie schließlich doch wieder dem Bettel, und der Hauptvortheil des Instituts geht somit wieder verloren. Die Prämien werden allerdings, wenn man auch die Pensionirung der Wittwen, sowie der Kinder der Invaliden und Wittwen ins Auge faßt, nicht unbeträchtlich sein; aber wer das Bedürfniß der Cassen anerkennt und sagt, sie seien deshalb nicht obligatorisch zu machen, weil die Beiträge unerschwinglich seien, wie dies z. B. die Breslauer Handelskammer thut, der stellt etwas ganz Ungereimtes auf, denn, wenn das Bedürfniß da ist, muß es auch auf irgend eine Weise befriedigt werden, z. B. durch Almosen. Kann man denn aber einen Zustand aufrecht erhalten wollen, wonach die Industrie die Selbstkosten der Arbeit nicht deckt? Besonders unlogisch aber erscheint das Votum jener Körperschaft, wenn sie gleich darauf für Ausdehnung freier Cassen spricht. Wie kann man denn die Prämien für freie Cassen aufbringen, wenn man sie für obligatorische nicht erschwingen kann! Auch der Abgeordnete Rickert scheint in Crefeld ähnliche Bemerkungen gemacht zu haben. Ich sage „scheint", weil ich die stenographischen Berichte nicht vor mir hatte, sondern mich mit den Zeitungsreferaten begnügen mußte. Nach den letzteren hätte Herr Rickert gesagt, bei Cassenzwang wären in Preußen etwa

8 Millionen Personen mit mindestens 10 Thlrn. pro Jahr und Kopf heranzuziehen, das sei eine Regulirung der Lohnfrage durch den Staat. Einzelne Industriezweige könnten einen solchen Zwangszuschuß zum Lohnfond nicht ertragen. Dieser Ausspruch enthält außerdem, nebenbei bemerkt, noch eine große Uebertreibung, oder ist es keine solche, wenn man behauptet, der Cassenzwang sei eine Regulirung der Lohnfrage durch den Staat? Gerade dieses Schlagwort und andere von ähnlichem Werthe haben aber, wie es scheint, auf die Zuhörer einen bedeutenden Eindruck gemacht.

Doch zurück zur Sache:

Verschiedene Classen von Berechtigten, abgesehen von jugendlichen Arbeitern und Arbeiterinnen, wären meiner Ansicht nach nicht zu schaffen; dagegen müßte, wie schon angedeutet, eine Classification der Gewerbe nach der Gefahr stattfinden, so daß also zur Erwerbung gleicher Ansprüche um so höhere Beiträge zu zahlen wären, je größer die Wahrscheinlichkeit ist, daß der Versicherte durch seine gewerbliche Thätigkeit invalide wird oder stirbt. Auch für diese Berechnung besteht nur ein geringes statistisches Material. Dasselbe nimmt aber durch die Erfahrungen der Unfallversicherungsgesellschaften täglich an Umfang zu. Auch hier muß man also jedenfalls periodische Revisionen vorbehalten. — Alles dies wäre Sache der Centralbehörde für das Cassenwesen. Unter der Annahme, daß die Pensionen für Invaliden 50 Proc., für Wittwen 25 Proc. und für jedes Kind eines Invaliden, resp. jede Waise unter 14 Jahren 10 Proc. des Normallohns (Lohn der ungelernten Arbeiter in der betreffenden Gegend und Zeitperiode) betrage, habe ich in meinem Gutachten, fußend auf der Statistik der preußischen Knappschaftscassen und einigen andern Daten die Höhe der zu leistenden Beiträge auf 5 Proc. des Normallohns berechnet, und da ich annehme, daß die Arbeitgeber halb so viel zu leisten haben wie die Gesammtheit der von ihnen beschäftigten Arbeiter, so würden die letzteren $3^1/_3$ Proc. von ihrem Lohne in die Casse zu steuern haben, wenn abgesehen wird von jugendlichen Arbeitern, Arbeiterinnen, von der Eintheilung in Gefahrenclassen und der Verschiedenheit der Löhne untereinander.

Nach der Berechnung des Geheimen Secretärs Behm wäre der von mir angenommene Procentsatz, wenigstens soviel er sich auf die Invalidenpensionen bezieht, zu niedrig (trotzdem, daß er weit höher ist als der von den Gewerkvereinscassen erhobene und reichlich so hoch wie der der seit 24 Jahren bestehenden Casse des thüringer Buchdrucker-Vereins), allein wenn man statt 5, 6 oder auch 7 Procent annehmen müßte, dieses Opfer ist gegenüber dem Vortheile, den man erreicht, klein. Faßt man die in den letzten 10 Jahren erfolgten Lohnsteigerungen ins Auge in ihrem Verhältniß zur Steigerung der Kosten des Lebensunterhaltes der Arbeiter, so wird man sich sagen müssen, daß letztere im Allgemeinen sehr wohl in der Lage sein würden so viel von ihrem Lohne abzugeben. Meiner Ansicht nach liegt aber die Frage gar nicht so, ich bin vielmehr überzeugt, daß der gesammte Pensionscassen-Beitrag sehr schnell auf die Arbeitgeber abgewälzt sein wird, trotzdem sollten diese aber das Project mit Freuden begrüßen: Die 5 oder 7 Proc., die sie mehr an Lohn zu zahlen haben, sie werden, abgesehen von dem Vortheile, der ihnen daraus erwächst, daß ihre Arbeiter moralisch gehoben, arbeitsfreudiger werden, in Bälde dadurch wieder eingebracht werden und zwar vielfältig, daß die Arbeiter in dem Gefühl der gewonnenen Sicherheit, wieder Interesse am Bestehen der Dinge gewinnen und nicht mehr, wie bisher häufig geschah, blindlings Forderungen an die Arbeitgeber stellen, die zum Ruin des Geschäfts führen müssen. Um aber den verheiratheten Arbeitern das Gefühl der Sicherheit zu geben, genügt es nicht, daß er im Falle der Invalidität einer Pension sicher sei, er muß auch wissen, daß, falls er sterben sollte, seine Frau und Kinder vor Noth geschützt sind; ich kann mich deshalb nicht mit der Ansicht von Herrn Behm einverstanden erklären, daß man sich auf die Versicherung für den Fall der Invalidität beschränken soll; tritt man einmal an die Frage heran, so muß man sie, dünkt mich, in ihrer Totalität erfassen. Das Eintrittsgeld, falls überhaupt welches erhoben werden soll, muß jedenfalls niedrig sein, ebenso sollte man die Carenzzeit nicht zu lang machen. Für den Uebertritt von einem Cassenbezirk in den anderen dürfte nur eine kleine Recognitionsgebühr erhoben werden, so daß die Freizügigkeit nicht wesentlich erschwert wird.

Eine specielle Abrechnung der Cassen mit einander hat in mancher Beziehung Etwas für sich, würde aber eine enorme Arbeit veranlassen, es wird daher wohl am besten sein, wenn man den Uebertretenden ohne Weiteres in die Rechte der Einheimischen treten läßt.

Eine Hauptsache ist, eine scharfe Controle darüber, daß Pensionen nur von solchen bezogen werden, die dazu berechtigt sind, daß z. B. ein Mann, der eine Zeit lang ganz invalide war und daher volle Pension bezog, sobald er wieder theilweise oder ganz arbeitsfähig wird, sofort auf halbe Pension gesetzt oder dieselbe ihm ganz entzogen wird u. s. f., denn die Gefahr der Simulirung liegt nahe.

Mit Hülfe der bereits erwähnten Commission von Vertrauensmännern der Arbeiter und Arbeitgeber für jeden Ort, resp. Ortsbezirk, wird sich diese Controle aber auf das Beste ermöglichen lassen. Uebrigens dürfte, wenn Simulirung vorzuliegen scheint, Beobachtung in Arbeitshäusern sowie criminelle Bestrafung der Erschwindelung von Pensionen zu empfehlen sein. Ehe ich schließe muß ich noch auf eine Specialfrage zurückkommen, welche ich bei meiner Ausführung nicht berücksichtigte, nämlich die, ob die Capitalversicherung der Rentenversicherung vorzuziehen ist. Diese Frage ist so ziemlich von allen Begutachtern verneint worden, und zwar aus verschiedenen Gründen, von denen ich als die gewichtigsten anführe, daß die Rentenversicherung billiger kommt, beziehungsweise bei gleichen Beiträgen in die Casse reichlichere Versorgung ermöglicht, zweitens, daß die Capitalversicherung bei der nicht genügend entwickelten Dispositionsfähigkeit der Mehrzahl der Empfänger häufig zu einer schlechten Verwendung des Capitals führen wird, wodurch der ganze Werth der Versicherung verloren gehen könnte.

Bezüglich der Wittwen- und Waisen-Versorgung giebt zwar Dr. Zillmer der Capitalversicherung den Vorzug, ich kann aber auf diese Ansicht nicht näher eingehen, weil Dr. Zillmer seine Gründe nicht angiebt, sondern sich nur auf eine Schrift von Dr. Wiegand bezieht, die ich bei der Kürze der Zeit mir nicht mehr verschaffen konnte.

Mit der Einführung allgemeiner Pensionscassen werden wir zu der so erwünschten socialen Organisation der gewerblichen Arbeit gelangen können; unsere Gewerkvereine sind, da sie nur die Arbeiter, nicht aber die Arbeitgeber umfassen, naturgemäß Organisationen für den Kampf und wenn dieser Kampf bisher in höchst gemäßigter Weise geführt und Gutes dadurch erreicht wurde, so liegt dies in der tüchtigen Leitung der Vereine, die auf diesem Wege weiter wandelnd auch noch manches Ersprießliche werden leisten können, allein die Anbahnung des socialen Friedens kann nur erfolgen durch Organisationen, welche Arbeiter und Arbeitgeber als gleichberechtigte Mitglieder zusammen führen. —

Ich sage die Anbahnung des socialen Friedens, ich behaupte also nicht etwa, daß er durch allgemeine Pensionscassen ohne Weiteres erreicht werden kann, sondern ich sage nur, diese letzteren sind ein Schritt auf dem Wege zum Ziel, aber ein unumgänglich nothwendiger Schritt.

Ich bitte Sie, meine Herren, nehmen Sie auch meine beiden letzten Thesen, wenigstens dem Sinne nach an.

Thesen.

1. Die gesetzliche Regelung des Pensionscassenwesens ist nach Lage der Verhältnisse für dringend erforderlich zu erachten.
2. Die staatliche Anerkennung von Pensionscassen und Ertheilung von Corporationsrechten an dieselben ist abhängig zu machen von Einhaltung der zu erlassenden gesetzlichen Vorschriften über Bildung und Verwaltung derselben.
3. Insoweit nach Ablauf eines gesetzlich fixirten Termins Cassen durch freiwillige Vereinigungen nicht gebildet sind, hat die Errichtung statt zu finden durch unter staatlicher Mitwirkung gebildete Verbände.
4. Nach Maßgabe des Umfangs, in welchem diese Errichtung stattfindet und fortschreitet, tritt für alle Lohnarbeiter, die der Landwirthschaft eingeschlossen, die Verpflichtung ein, einer Pensionscasse beizutreten.

Correferat

des Verlagsbuchhändlers Franz Duncker (Berlin) über

Invaliden- und Alterscassen.

Correferent Herr Franz Duncker: Meine Herren! Wenn der Herr Referent davon gesprochen hat, daß er mit der Vertretung seines Standpunktes gegenüber der öffentlichen Meinung einen schweren Stand zu haben glaube, so muß ein ähnliches Gefühl mich betroffen haben, als ich die vorliegenden Gutachten durchsah, bevor ich hier nach Eisenach zum Congresse kam; denn Ihnen ist ja bekannt, daß die Mehrheit aller dieser Gutachten sich gerade für den Standpunkt des Herrn Referenten, nämlich für Zwangscassen ausspricht. Sowohl Herr Kalle, wie Herr Ludwig-Wolf, Herr Hiltrop, Herr Behm — kurz, die Majorität der Gutachter in unsern officiellen Schriftstücken, tritt für Zwangscassen und nur Herr Dr. Zillmer für Dasjenige ein, was der Referent etwa als den Standpunkt der öffentlichen Meinung bezeichnet hat. An seine Seite hat sich nachträglich das sehr beachtenswerthe Gutachten meines Freundes, des Dr. Max Hirsch gestellt, auf das ich wohl mehrfach werde zurückgreifen müssen, weil ich ja das Correferat im letzten Augenblicke für ihn übernommen habe und daher auch um Ihre Nachsicht bitten muß, wenn ich in dieser sehr schwierigen und sehr weit greifenden Materie als nicht völlig vorbereitet erscheinen sollte. Es wird mir kaum möglich sein, Ihnen das Referat in solcher Klarheit und Knappheit vorzuführen, als dies mir selbst wünschenswerth erscheint.

Ich will zuerst anknüpfen an das, was der Herr Referent vorgetragen, und sodann meine eigenen Thesen im Einzelnen zu rechtfertigen versuchen. Der Herr Referent hat ja — und das macht mir wieder einigermaßen die Sache leichter — den schroffen Standpunkt seines gedruckten Gutachtens in seinen heut vorgelegten Thesen verlassen. Sprach er sich doch in jenem mit aller Entschiedenheit für Zwangscassen aus und ließ kaum nebenbei die Organisation von freiwilligen Cassen zu, indem er am Schlusse sogar ausdrücklich hervorhob, daß die Centralstelle, welche über die Concession einer freien Casse zu bestimmen hat, sich in jedem einzelnen Falle klar werden müsse, ob der bei Begründung einer freiwilligen Casse bestimmende Gedanke in das System der in der Entstehung begriffenen Zwangscassen passe, es müsse daher darauf hingewirkt werden, daß auch die freiwilligen Cassen gebildet werden für **kleinere** geographische Bezirke und nicht **etwa für Genossen einzelner Gewerbe oder Vereine in großen Districten;** habe aber die Bildung der Zwangscassen erst begonnen, dann müsse bei der Concessionirung neuer freiwilliger Cassen mit großer Vorsicht verfahren werden, denn dann läge es besonders nahe, daß die Bildung vorgeschlagen werde in der Absicht, das Gesetz zu umgehen. [1])

Herr Kalle wollte somit nach seinem im Druck vorliegenden Gutachten nicht nur Zwangscassen einführen, sondern auch das Princip, welches er seinen Zwangscassen zu Grunde legen zu müssen glaubt, maßgebend machen für die freiwilligen Cassen, und damit der Concurrenz und der individuellen Entwickelung der freien Cassen einen jedenfalls harten Zwang anthun. Von diesem Standpunkt, sage ich, ist er glücklicher Weise zurückgetreten. Mit seinen jetzigen uns zur Debatte vorliegenden beiden ersten Thesen können sich ja auch die Anhänger der freien Cassen einverstanden erklären, denn er giebt ja zu, namentlich in der zweiten These, daß die staatliche Anerkennung bei Erfüllung von Normativbedingungen ohne Prüfung des besonderen Falles ausgesprochen werden soll und zwar nach dem inneren Wesen der einzelnen freien Cassen, nicht mit Bezug auf das System der sogenannten Zwangscassen, die nach These 3 und 4 errichtet werden sollen, falls solche sich im Wege freier Vereinigung nicht bilden. Er giebt somit durch diese Thesen wenigstens zu, daß man den freien Cassen eine Zeit zum Spielraum gewähren müsse, und erst dann Zwang eintreten solle, wenn sich der eigene Antrieb zur Versicherung nicht genügend stark erweisen sollte.

Nun aber, meine Herren, glaube ich, daß die Anhänger des Zwang's für Pensionscassen überhaupt einen viel zu starken Werth auf das Pensionscassenwesen selbst legen. Eine befriedigende Entwickelung desselben ist gewiß ein großer Schritt zur Lösung einer der vielen socialen Fragen, die vor uns auftauchen; aber es scheint mir sicher nicht der einzige, welcher zu thun, ja nicht einmal der dringendste. Freilich fehlt es uns an Anhaltspunkten, dies im Augenblick richtig zu beurtheilen, da uns das statistische Material dafür fehlt. Erst wenn uns solches vorliegt, würden wir die Frage beantworten können, wie viele von den Almosenempfängern sind dazu auf Grund ihrer erloschenen Arbeitskraft oder auf Grund von Unfällen herabgesunken, und ein wie großer Prozentsatz der Almosenempfänger ist an seiner eigenen Lage Schuld durch schlechten Lebenswandel! Ich glaube, der Prozentsatz, mit welchem die Arbeiterbevölkerung auf Grund der erloschenen Arbeitskraft an der Zahl der Almosenempfänger sich betheiligt, würde sich dann, liegen erst hierüber zuverlässige Zahlen vor, nicht so groß erweisen, als man gemeinhin annimmt. Daher würde auch der Effect überall durchgeführter Pensionscassen nicht ein so erheblicher sein, als es die Freunde der Zwangscasse darstellen. Aus diesen Erwägungen kann ich mich ganz Dem anschließen, was Dr. Hirsch auf Seite 9 seines Gutachtens sagt:

„Was aber noch mehr als Alles dies den Pensionscassenzwang an der Wurzel trifft, das ist der Umstand, daß die Versorgung für die

[1]) Gutachten über Alters- und Invalidencassen für Arbeiter, abgegeben von F. Kalle u. s. w. Seite 22.

Zeit der Arbeitsunfähigkeit bei aller ihrer Dringlichkeit doch weit hinter anderen Bedürfnissen zurücksteht. Gewiß ist es höchst wünschenswerth, daß der junge Mann und das junge Weib, die heute in eine Spinnerei oder in eine Glashütte eintreten, die Sicherheit erlangen, nach zwanzig, dreißig oder vierzig Jahren, falls sie arbeitsunfähig werden, nicht Noth zu leiden. Aber es ist noch unendlich wünschenswerther und wichtiger, daß diese jungen Leute nicht während der zwanzig, dreißig oder vierzig Jahre ihrer Arbeitsfähigkeit Noth leiden, nicht durch ungenügenden Lohn, übermäßige Arbeitszeit, schlechte und mangelhafte Nahrung, ungesunde Wohnung u. s. w. einem elenden Leben, einem frühen Siechthum und Tode verfallen. Jedes Pfund guten Brodes und Fleisches, jedes Liter unverfälschter Milch und kräftigen Bieres, jeder Cubikfuß reiner trockner Luft, das der großen Masse des deutschen Arbeiterstandes und ihren Kindern zugelegt, jede Stunde übermäßiger und gesundheitsschädlicher Arbeit, die ihnen abgenommen wird, ist weitaus heilsamer für Gedeihen und Lebensglück, als die reichsten Pensionen, wenn die Lebenskraft erst gebrochen ist. Denn daß die große Masse der deutschen Arbeiter auch in ihren arbeitsfähigen Tagen noch lange nicht alle Bedingungen einer gesundheits-, geschweige denn culturgemäßen Existenz erfüllen kann, das wird Niemand, der auch nur einen Blick in die bezügliche Statistik gethan hat, bestreiten. rc."

und ich möchte dem hinzufügen, daß auch die Hoffnung, welche die Herren Vertreter des Zwanges erfüllt und um derentwillen sie eine so außergewöhnliche Maßregel eigentlich allein rechtfertigen können, nämlich die moralische Hebung des gesammten Arbeiterstandes, welche durch diese Aussicht auf eine gesicherte Zukunft herbeigeführt werden soll, daß diese Hoffnung in meinen Augen eine illusorische ist. Ich glaube, die Herren machen sich da einer gewissen Inconsequenz schuldig. Auf der einen Seite sagen sie: Der Arbeiter hat so wenig Voraussicht, daß gar nicht darauf zu rechnen ist, er werde für den Fall des Alters sein Leben versichern; und auf der andern Seite sagen sie: Ja, wenn ich ihm die Sicherheit gebe, daß auch im Alter, wenn seine Arbeitskraft erloschen, er mindestens vor dem demüthigenden Loose eines Almosenempfängers bewahrt bleibt, dann wird er moralisch gehoben werden. Nein, meine Herren, das ist nicht der Fall. Der Arbeiter stellt sich sicher in der Regel das eigene Alter nicht in so abschreckender Gestalt vor! Er denkt: ich werde es gar nicht erleben, daß mein Leben die Arbeitskraft überdauert; oder: ich werde etwas ersparen; oder: meine Kinder werden mich unterstützen, ich werde also nicht in die Lage des Almosenempfängers kommen! —

Aber wie sind denn nun die Aussichten des Arbeiters, wenn der Zwang allgemein wird? Was stellen denn die Verfechter des Zwanges in Aussicht? Da die Verpflichtung eine allgemeine sein soll, da sie alle Erwerbsclassen der Arbeiter umfassen soll, so müssen sehr natürlich die Beiträge für die Casse so niedrig als möglich bemessen sein. Sie müssen die unterste Stufe, die am wenigsten entwickelten Arbeiter, die reinen Hände, als Maßstab annehmen für die nach so verschiedenen Abstufungen sich entwickelnde wirthschaftliche Leistungsfähigkeit der Arbeiter; und dann kommt, nach den eigenen Berechnungen des Herrn Kalle, eine Summe als Pensionsanspruch heraus, die kaum die Hälfte des normalen Lohnes des gewöhnlichen Arbeiters betragen dürfte. Ja, meine Herren, ist denn das eine Aussicht, die dem Arbeiter als ein Trost für seine Zukunft dazustehen geeignet ist, daß man ihm sagt: ja, du wirst in Folge der regelmäßig abgezogenen Beiträge vielleicht etwas besser gestellt sein für dein Alter, als der gewöhnliche Almosenempfänger? Ist eine so geringe Aufbesserung seiner Lage der langjährigen zwangsweisen Opfer werth und ist ihm die dadurch angeblich über dem Almosenempfänger zugedachte Stellung wenigstens gesichert? Durchaus nicht. Herr Kalle hat heute hier dasselbe wiederholt, was ich zu meinem Erstaunen schon in seinem Gutachten gefunden; er sagte, es sei doch nöthig, sehr scharf zu controliren, ob nicht Einer, der schließlich mit seinen zwangsweise erworbenen Rechten an die Casse herantritt, eine Arbeitsunfähigkeit simulirt. In welche Lage kommen dann Die, welche durch jahrelange Beiträge sich die Pension gesichert zu haben meinten? Daß sie schließlich, wenn sie nun ihre Rechte beanspruchen, die gesetzlich ihnen zugesichert sind, möglicherweise noch in ein **Arbeitshaus eingesperrt** werden,[1]) um zu sehen, ob sie nicht frivol die Arbeitsunfähigkeit simuliren! Wahrlich, schon hieraus geht mit überzeugender Gewalt hervor, daß die so zwangsversicherten Arbeiter nur um ein ganz geringes Minimum über die Stufe der Almosenempfänger emporgehoben werden, und Niemand kann denken, daß das von heilsamem Einfluß auf das moralische Gefühl der Arbeiter sein werde!

Nun aber die Art der Erhebung der Beiträge. Meine Herren! Bei einer allgemeinen Zwangserhebung hat doch der Einzelne, dem der Betrag für die Altersversicherung vom Lohne abgezogen wird, namentlich, wenn die Einrichtung erst eine Zeit lang besteht, gar nicht mehr das Gefühl, daß er selbst etwas opfert von dem, was er erarbeitet hat; daß er selbst Etwas zurücklegt für die alten Tage, sondern es wird ihm durch die bevormundende Hand des Staates abgezogen. Also wie da ein Gefühl der Selbsthülfe bei den Arbeitern entstehen soll, das verstehe ich gar nicht.

Ich kann also diesen Punkt meiner Ausführungen dahin resümiren, daß ich allerdings den Stimmen, welche außerhalb unseres Vereins laut geworden, Recht geben muß, welche sagen: Diese Art der Versorgung durch Zwangscassen ist doch nur eine mehr oder minder versteckte Art die Armensteuer in anderer Weise umzulegen. Und ich möchte hinzusetzen: eine andere Art der Umlegung, bei welcher allerdings einmal manche Communen gute Geschäfte machen; denn wenn eine Commune genöthigt ist, einen Arbeiter in ein Siechen- oder Arbeitshaus aufzunehmen, so bin ich überzeugt, daß nach der heutigen Lage die Kostenverpflegungssätze und die Anlagekosten solcher Anstalten pro Kopf berechnet, sich dann für die Commune ein weit höherer Betrag ergeben würde, als der ist, welcher aus der allgemeinen Zwangsversicherungscasse dem Arbeiter zu seinem Lebensunterhalte gezahlt wird. Zum Andern aber würden nicht nur die Communen als Ganzes, sondern allerdings auch einzelne Classen ihrer Bürger bei dieser veränderten Art der Umlegung der Armensteuer ein gutes Geschäft machen. Die Kosten des Armenwesens werden in den Communen heute in der Regel durch persönliche Steuern, meist durch eine Einkommensteuer aufgebracht,

[1]) Vergl. Gutachten des Herrn Kalle S. 19.

um soviel man also durch die Zwangsversicherung bisherige Almosenempfänger in Pensionäre der Zwangscassen umwandelt, um ebensoviel in Geld ausgedrückt entlastet man die besser gestellten Einkommensteuerpflichtigen, und legt diese Last den am schlechtesten gestellten Mitgliedern der Gemeinde auf. Bei der freiwilligen Versicherung, wenn sie in bedeutendem Umfange auftritt, wird dieser Effect freilich auch eintreten, aber dort wird das Opfer eben freiwillig übernommen, hier wird es zwangsweise auferlegt. Das ist der gewaltige Unterschied.

Aber wenn man den Gedanken der Zwangsversicherung bis in seine äußerste Consequenz verfolgt, so kommt man erst vollständig zur Erkenntniß seiner Widersinnigkeit. Das haben die Befürworter des Zwanges aber bereits selbst gethan; Herr Kalle deutet es wenigstens an, und Herr Behm geht in seinem Gutachten so weit, daß er sagt: Will man die Sache wirklich rechtfertigen, will man nicht auch an dieser Stelle eine Ausnahmegesetzgebung für die Arbeiter substituiren, dann muß man dazu vorschreiten, daß man jeden Staatsbürger verpflichtet, zu dieser Zwangscasse Beiträge zu leisten. Aber sobald Sie das gethan haben — und Sie können hierbei auch den Reichsten nicht zu mehr verpflichten als der Niedrigste zahlen kann — so ist diese allgemeine Zwangscasse weiter nichts als die Staatsgesellschaft selbst; und diese Pflicht, welche Sie mit jener allgemeinen Zwangscasse erst erreichen wollen, übernimmt diese Staatsgesellschaft heute schon. Es ist gesetzlicher Zustand, daß Niemand bei uns verhungern darf; daß die Communen verpflichtet sind, wenn für einen Arbeitsunfähigen keine Verwandten mehr vorhanden sind, für seinen nothdürftigen Lebensunterhalt zu sorgen. Ich sehe also gar nicht ein, wozu dieser große Apparat der neuen allgemeinen Zwangscasse nothwendig ist, da diese gemeinschaftliche Schutzgenossenschaft des Staates ja bereits vorhanden ist, um dieser äußersten Noth des Einzelnen entgegenzutreten! (Sehr richtig!)

Wenn Sie also dem Pensionscassenwesen irgendwie einen moralischen Einfluß auf die materielle Stellung des einzelnen Mannes im Volke zuwenden wollen, dann, glaube ich, bleibt nichts weiter übrig, als den Weg der Freiwilligkeit nun ferner zu wandeln und dem Elemente der Individualität auch im Cassenwesen freien Spielraum zu geben, damit die Bessergestellten auch besser sich stellen können, und so die natürliche Stufenleiter für alle Classen der Gesellschaft auch hier zum Ausdruck gelange, nicht aber Alle durch diesen Nivellirungszwang auf die unterste wirthschaftliche und sociale Stufe heruntergedrückt werden.

Ich glaube, dies wird vorläufig genügen, um die Gründe, die für die Zwangscassen angeführt sind, zu entkräften. Ich werde nun die Behauptung des Herrn Kalle und der andern Gutachter, daß nämlich bei der Freiwilligkeit durchaus keine Aussicht auf Erfolg vorhanden ist, näher betrachten. Es ist nämlich dabei auch auf England Bezug genommen worden. Herr Kalle citirt ein paar Briefe, die er sich aus England hat schreiben lassen. Das beweist mir nur, daß es auch in England wie bei uns Leute giebt, die die thatsächlichen Verhältnisse ihres Vaterlandes nicht kennen, obgleich vielerlei und vortreffliches Material zur Beurtheilung derselben beigebracht worden ist. Herr Dr. Hirsch hat auf Seite 12 seines Gutachtens dem gegenüber die Zahlen angeführt, die er für England hat feststellen können, die Dasjenige nachweisen, was eben dort durch freiwillige Versicherung aufgebracht worden ist. Er sagt:

„In Großbritannien besteht weder Cassenzwang noch Zwangscassen, sondern vollständige Cassenfreiheit mit einem Normativgesetze, welchem sich die Hülfscassen nur freiwillig unterstellen. Sicher giebt es also in Großbritannien nur wenige und ungenügend versicherte Arbeiter, wenn jene Herren Recht haben. Und was lehren die von den amtlichen Registratoren der Hülfscassen und von der königlichen Commission veröffentlichten Daten? Nach glaubwürdigster Berechnung existiren allein in England und Wales 32,000 Hülfscassen mit vier Millionen Mitgliedern und mindestens ebensoviel an den Beneficien betheiligten Personen, im Ganzen also acht Millionen bei den gegenseitigen freien Hülfscassen versicherte Personen, zum bei weitem größten Theile dem Arbeiterstande angehörig. Bei rund $23^1/_3$ Millionen Einwohnern kommt demnach ein freiwillig versichertes Mitglied auf noch nicht sechs Einwohner. Die Versicherung kann aber dem Betrage nach nicht ungenügend genannt werden, denn diese freiwilligen Hülfscassen besitzen nach der niedrigsten (amtlichen) Schätzung ein disponibles Gesammtvermögen von nahezu zwölf Millionen Pfund Sterling, gleich achtzig Millionen Thaler. Man hat endlich officiell berechnet, daß durch die Unterstützungen der freiwilligen Hülfscassen den englischen Steuerzahlern nicht weniger als zwei Millionen Pfund Sterling, gleich über dreizehn Millionen Thaler jährlich erspart werden, welche sonst als Armenunterstützung gezahlt werden müßten.

Vergleichen wir mit diesen Thatsachen die entsprechenden Ergebnisse in Preußen, fast dem einzigen großen Staate mit Cassenzwang und thatsächlicher Concessionspflicht der Hülfscassen, so erfolgt eine neue Ueberraschung. Laut den amtlichen Berichten bestanden Ende 1872 in Preußen 6761 gewerbliche Unterstützungscassen mit zusammen 1,123,526 Mitgliedern und einem Gesammt-Cassenvermögen von 5,400,392 Thlrn. Daneben gab es ferner 89 Knappschaftsvereine mit zusammen 242,721 Mitgliedern und einem Gesammtvermögen von 5,111,742 Thlrn. In Summa also 6850 Cassen mit 1,366,247 Mitgliedern und 10,512,134 Thlrn. Vermögen. Das macht bei rund $24^3/_4$ Millionen Einwohnern je 1 versichertes Mitglied auf über 18 Einwohner, also ein mehr als dreimal ungünstigeres Verhältniß als in England und bei fast gleicher Einwohnerzahl ein fast achtmal geringeres Cassenvermögen. Aber als noch größer stellt sich der Vorzug der Freiwilligkeit in Betreff der Leistungen heraus. Denn während sämmtliche preußische Unterstützungscassen (ohne die Knappschaftsvereine) jährlich rund 3 Millionen Thlr. an Beiträgen einnehmen und die sämmtlichen Knappschaftsvereine etwas über $2^3/_4$ Millionen, betragen die Jahreseinnahmen einer einzigen englischen Hülfscasse, der großen „Manchester Unity of Odd Fellows", nicht weniger als $3^3/_4$ Millionen Thlr.! Sind das Beweise für die Ohnmacht der Freiwilligkeit gegenüber dem Zwange?"

Aber, meine Herren, in diesen Zahlen sind durchaus nicht alle Leistungen der freiwilligen, auf Gegenseitigkeit beruhenden Cassen in England enthalten; in diesen Zahlen sind namentlich nicht die Cassen der Gewerkvereine aufgenommen, und ich muß daher auch auf diese einen Blick werfen, um Ihnen nachzuweisen, was denn ein einzelner englischer Gewerkverein an Beihülfen zur Unterstützung seiner arbeitslosen, alten und invalide gewordenen Mitglieder beiträgt, und damit zugleich die Irrthümer widerlegen, welche unbegreiflicherweise auch in den Gutachten der Herren Kalle[1]) und Hiltrop immer wiederkehren, daß die englischen Gewerkvereine nur dazu da wären, um Kampfvereine zu sein, um Arbeitseinstellungen hervorzurufen; daß während und für Arbeitseinstellungen alle anderen Zwecke bei Seite gesetzt würden, nnd Alters- und Krankenunterstützung aufhörten. Zu dem Ende muß ich Ihnen Einiges aus dem trefflichen Werke unseres verehrten Mitgliedes, des Herrn Prof. Brentano vorführen. Er sagt über die Leistungen der Casse der Vereinigten englischen Maschinenbauer:

„Alle übrigen Unterstützungen[2]) — d. h. die nicht verwandt werden zum Kampfe gegen die Arbeitgeber! — welche die Vereinigte Gesellschaft der Maschinenbauer ihren Mitgliedern gewährt, zeigen sie als Versicherungsgesellschaft. Dazu gehört vor Allem die Krankenunterstützung. Dieselbe beträgt 10 Schillinge während 26 Wochen und 5 Schillinge für alle weiteren Wochen der Krankheit eines Mitgliedes. Die Gesammtsumme der von der Gesellschaft während der 18 Jahre 1851—1868 gewährten Krankenunterstützungen beträgt 161,388 £."
— — „Eine weitere Unterstützung ist die Gabe von 100 £. an Mitglieder, welche von Blindheit, Paralysis oder irgend einem andern unverschuldeten Unglück betroffen werden, welches sie dauernd unfähig zur Arbeit machte. Sie wird auf Antrag des Zweigvereines des verunglückten Mitgliedes und nur gegen Beibringung ärztlicher Zeugnisse vom Executivausschuß verliehen. Die Gesammtsumme, welche während der genannten achtzehn Jahre hierauf verwendet wurde, beträgt 16,000 £. Ferner gewährt die Gesellschaft eine Altersunterstützung. Doch muß ein Mitglied, um sie zu erhalten 1) funfzig Jahre alt sein, 2) durch Alter- oder sonstige Schwäche außer Stande sein, den gewöhnlichen Lohn zu verdienen und 3) achtzehn Jahre ununterbrochen zur Gesellschaft gehören. In diesem Falle erhält es 7 ß wöchentlich bis zu seinem Tode. War es fünfundzwanzig Jahre ununterbrochen Mitglied, als es zuerst diese Unterstützung beanspruchte, so erhält es 8 ß wöchentlich; wenn dreißig Jahre 9 ß die Woche. Nach dem Monatsbericht für December 1869 zählte die Gesellschaft 167 Mitglieder dieser letzten (30 Jahr) Classe; 97 der zweiten und 117 der ersten; im Ganzen. 381. Also eine Abnahme von 5 gegen 386 im November 1869, und bei einer Gesammtzahl von 33,915 Mitgliedern. Die Gesammtsumme der inner-

[1]) Wie ich mich nachträglich überzeugt habe, war dieser Vorwurf in Bezug auf Herrn Kalle ein unbegründeter, dagegen findet sich allerdings in dem Gutachten des Herrn Hiltrop auf S. 128 eine dahinzielende Bemerkung. F. D.

[2]) Brentano, Die Arbeitergilden der Gegenwart. Leipzig, Duncker & Humblot. 1871. I. S. 220.

halb achtzehn Jahren gewährten Altersunterstützungen beträgt 45,272 £. Weiter ist die Begräbnißunterstützung zu erwähnen. Beim Tode eines Mitgliedes, das mit nicht mehr wie 16 ß im Rückstand ist, zahlt der Cassirer seiner Wittwe, dem vom Gestorbenen zur Empfangnahme Genannten oder seinem nächsten Blutsverwandten 12 £. Allenfallsige Rückstände kommen davon in Abzug. Beim Tode seiner angetrauten Gattin erhält ein Mitglied 5 £.; für sein eigenes Begräbniß bleiben dann aber nur noch 7 £. Die Gesammtsumme der von der Gesellschaft innerhalb achtzehn Jahren gewährten Begräbnißunterstützungen beträgt 50,250 £. Die letzte Unterstützung, welche die Gesellschaft als Versicherungsgesellschaft gewährte, ist nach dem Beschlusse der Delegirtenversammlung von 1852 Ersatz für den Verlust der Werkzeuge eines Mitgliedes durch Feuer. Doch muß derselbe zur Befriedigung des betreffenden Zweigausschusses nachgewiesen werden. Nie habe die Unterstützung mehr wie 5 £. betragen. Dieselbe wird durch außerordentliche Beitragserhebung aufgebracht. Außer diesen regelmäßigen Unterstützungen gewährt die Gesellschaft noch außerordentliche aus der sogenannten Wohlthätigkeitscasse. Dieselbe besteht seit 1854 und wird von Zeit zu Zeit durch außerordentliche Beitragserhebung gebildet. Aus derselben werden Mitglieder unterstützt, welche sich in besonders unglücklicher Lage, z. B. in Krankheit oder Arbeitslosigkeit bei gleichzeitig zahlreicher Familie, die sie ernähren müssen, befinden. Während der Baumwollennoth in Lancashire in den Jahren 1862—1864 verausgabte die Gesellschaft allein 3000 £. aus dieser Casse an ihre Mitglieder in den Baumwollendistricten. Die Gesammtsumme, die von 1854—1868, also in 14 Jahren, auf diese Weise verwendet wurde, beträgt 12,526 £. Eine weitere außerordentliche Unterstützung gewährt die Gesellschaft oft solchen Mitgliedern, welche von Arbeitgebern gerichtlich verfolgt werden oder diese zur Geltendmachung ihrer Rechte gerichtlich verfolgen müssen, z. B. um die Erfüllung eines Vertrages zu erlangen, oder wie 1854, als die Wittwe eines durch Platzen eines schadhaften Kessels getödteten Mitgliedes gegen die Eisenbahngesellschaft processiren wollte, welche stets schadhafte Artikel gebrauchte. Natürlich prüft der Executivausschuß stets zuerst die Rechtmäßigkeit des Falles. Die Bedeutung dieser Unterstützung kann nicht überschätzt werden; denn ohne sie würde es bei den enormen englischen Gerichtskosten einem einzelnen Arbeiter wohl ausnahmslos unmöglich, einen Proceß zu führen." —

Allen diesen regelmäßigen und außerordentlichen Unterstützungen voran geht aber die Unterstützung, welche die Vereinigte Gesellschaft der Maschinenbauer ihren Mitgliedern regelmäßig bei gewöhnlicher Arbeitslosigkeit gewährt. Wenn ein Mitglied durch die Conjuncturen des Gewerbes außer Arbeit kommt, dann beträgt nach Brentano[1]) das sogenannte „Geschenk" seit 1852 10 ß. während vierzehn Wochen, für die folgenden zehn Wochen 7 ß. und für die folgenden zehn Wochen 6 ß.

[1]) l. l. I. S. 216.

Wenn man nun die Gesammtsumme aller Unterstützungen der „Vereinigten Maschinenbauer" in den achtzehn Jahren von 1851 bis 1868 betrachtet, welche Brentano in einer Tabelle in seiner III. Beilage des I. Bandes seiner Arbeitergilden auf S. 257 zusammengestellt hat: so ergiebt sich eine Gesammtsumme von 721,655 £.; davon sind für die große Aussperrung im Jahre 1852 verwandt worden 40,000 £.

Ferner zur Unterstützung anderer Gewerkvereine bei Streitigkeiten	10,000 „
und außerdem für vereinzelte Streitigkeiten des eigenen Gewerkes während der achtzehn Jahre verausgabt	38,990 „
mithin ins Gesammt für Streitigkeiten aufgewendet	88,990 £. in achtzehn Jahren,

also von der gesammten verausgabten Summe nur 12,3 Procent für eigentliche Kampfzwecke. Diese Thatsache sollte doch genügen, um Vorwürfe, wie solche auch diesmal wieder in unsern Gutachten auftauchen, ein für alle Mal zum Schweigen zu bringen.

Ich glaube also, meine Herren, daß sowohl die Erfahrungen in England, sowie Dasjenige, was wir in der kurzen Zeit, in welcher überhaupt bei uns auf diesem Gebiete einigermaßen Freiheit der Bewegung und eigene Initiative existirt, erlebt haben, uns wohl beweisen kann, daß auch auf dem Wege der Freiwilligkeit eine großartige Entwickelung des Hülfscassen= und namentlich auch des Pensionscassenwesens zu erwarten ist. Denn wenn Herr Kalle uns auch die Thatsache aus den deutschen Gewerkvereinen, daß von den 25,000 Mitgliedern derselben nur, wie er sagt, ca. 10,000 Mitgliedern der Alters= und Invalidencasse beigetreten, als einen Beweis dafür anführt, wie auf den freiwilligen Beitritt der Arbeiter nicht zu rechnen sei, so muß ich einmal diese Thatsache nach dem neuesten Bestande richtig stellen. Am 1. Juli 1874 betrug die Mitgliederzahl der Verbands=Invalidencassen 9520 mit einem Cassenbestande von 37,000 Thlrn. Die davon gesonderte Invalidencasse des Gewerkvereins der Maschinenbauer und Metallarbeiter hatte aber eine Mitgliederzahl von 3326, so daß die Gesammtzahl der bei der Invalidencasse versicherten Mitglieder der Gewerkvereine sich doch nahezu auf 13,000, nämlich auf 12,846 beziffert, — allerdings etwas über die Hälfte sämmtlicher Mitglieder der Gewerkvereine! Ich muß nun sagen, daß ein solches Resultat, wenn von so jungen Vereinen, deren Entstehung eine so neue ist, fast die Hälfte der Mitglieder sich an der Altersversorgung betheiligt, kein geringes zu nennen ist; — wenn Sie ferner erwägen, daß doch in den Gewerkvereinen eine große Zahl von bejahrten Mitgliedern vorhanden sind, die erhebliche Beiträge zahlen müßten, also weniger geneigt sind, beizutreten, — wenn Sie das erwägen, so ist die Thatsache, daß über die Hälfte aller Mitglieder der Casse beigetreten sind, doch wohl ein Zeichen dafür, daß sich eine große Geneigtheit der Arbeiter dafür kundgiebt, wenn ihnen nur die Mittel und Wege gezeigt werden, für die Altersversorgung zu sparen.

Ferner vergessen Sie doch nicht, wie herzlich sauer unseren Gewerkvereinen das Leben in unserem Staate gemacht worden ist, sowohl von den Behörden, wie von den besser gestellten Classen, die sie hätten unterstützen sollen. Von Seiten des Staates rechne ich dahin namentlich den völlig ungesicherten Rechtszustand. Meine Herren! Sie kennen ja die alte preußische Gesetzgebung mit ihren Zwangscassen, und Sie kennen die neuere Gesetzgebung durch das Reich. In der Gewerbeordnung gelang es ja den Freunden des freien Cassenwesens, ein Amendement durchzusetzen, und damit die Möglichkeit der Existenz der freien Cassen gegenüber den Zwangscassen zu schaffen, indem dem §. 141 der Gewerbeordnung ein zweiter Absatz hinzugefügt wurde, welcher lautet: „Die durch Ortsstatut oder Anordnung der Verwaltungsbehörde begründete Verpflichtung der Gesellen, Gehülfen, Lehrlinge und Fabrikarbeiter, einer bestimmten Kranken-, Hülfs- oder Sterbecasse beizutreten, wird indeß für Diejenigen aufgehoben, welche nachweisen, daß sie einer andern Kranken-, Hülfs- oder Sterbecasse angehören.“ Diejenigen, die dies beantragt hatten, und auch wohl die Mehrheit des Reichstages hat damit doch sicher gemeint, die Cassenfreiheit sei damit absolut ausgesprochen, d. h. nicht nur die Freiheit, neue Cassen zu gründen, sondern auch die Entbindung Derer von der Zwangscasse, die den freien Cassen beigetreten sind. Aber wie haben sich nun die Dinge entwickelt! Zuerst, als die Mitglieder der freien Cassen die Beiträge zur Zwangscasse verweigerten und von den Behörden Execution beantragt wurde, kam es zur gerichtlichen Entscheidung. Anfangs sprachen die Gerichte die Mitglieder der freien Cassen frei und sagten: Ihr seid entbunden von den Beiträgen! Hernach wurde das Urtheil umgewandelt: Nein, hieß es, der §. 141 der Gewerbeordnung spricht Euch nicht frei, denn Eure Cassen sind nicht gesetzlich anerkannte! Dann kam es noch schlimmer — vielleicht in Folge dessen, daß im Reichstage bei Besprechung der Sache betont worden war, was das für ein unleidlicher Zustand sei, daß Cassen, welche im guten Glauben, gesetzlich berechtigte zu sein, sich begründet hätten, und nun die Rechte, die für jeden deutschen Staatsbürger daraus folgten, nicht erlangen könnten; man dürfe nicht sprechen von staatlich nicht anerkannten Cassen; sie seien auf Grund des Gesetzes vorhanden, und wenn sie es nicht seien, so müßten die Mitglieder, die sie gestiftet hätten, nach der Lage der preußischen Gesetzgebung straffällig sein.

In Folge dessen ist die Staatsanwaltschaft vorgegangen mit Anklagen gegen solche, unter den Augen der Behörden seit sechs und mehr Jahren festbegründete Cassen, und es sind einige verurtheilende Erkenntnisse erfolgt; so ist die Sache noch heute in der Schwebe. Sie muß schließlich auf dem langsamen Wege einer Obertribunals-Entscheidung zum Austrag gebracht werden. Aber dann habe ich doch gewiß Recht, wenn ich davon sprach, daß diesen Cassen das Leben recht sauer gemacht werde. Erstlich einmal werden sie nicht anerkannt, und nach so und so viel Jahren, nachdem sie begründet worden sind, ficht man überhaupt ihre Existenz an und sagt: die Theilnehmer sind straffällig. Sollte nun schließlich gar ein verurtheilendes Erkenntniß erfolgen, so sind ja diese ganzen Cassen in die Luft gesprengt!

Ich sollte meinen, wenn auf Institutionen, die die ruhige volkswirthschaftliche und sociale Entwickelung des Volkes sicher zu stellen so sehr geeignet sind, solche Angriffe erfolgen, daß man einmal von Seiten der Behörden sie vollständig in ihrem Rechtszustande erschüttert, zum Andern von Seiten Derer, die vielmehr berufen wären, sie im wohlverstandenen Interesse Aller zu fördern, sagt, sie seien nicht solvent, sie machten Versprechungen, die sie nicht erfüllen können, — wie können Sie sich da wundern, daß nicht größere Resultate erzielt worden sind! Ich, meine Herren, bin erstaunt, daß die Resultate noch erzielt worden sind, die ich Ihnen vorgeführt habe!! —

Wenn nun gesprochen wird in dem Referate des Herrn Kalle von den unzulänglichen Zuständen in Sachsen — ja, meine Herren, das ist ein wunder Punkt; und ich glaube — mit aller Reserve sei es gesagt für diejenigen Herren aus Sachsen, die hier anwesend sind —: diese geringe Voraussicht der Arbeiter, die sich dort kundgeben soll, wie auch die Erscheinung, daß gerade in Sachsen die Socialdemokratie so starken Aufschwung genommen hat, ist eine schwere Anklage gegen das Verhalten der sächsischen Regierung sowohl, als das der bessergestellten Classen in Sachsen! (Sehr richtig!) Meine Herren! Die lange Dauer der Reactionsperiode in Sachsen, wo es noch in den sechziger Jahren einer Erlaubniß bedurfte, daß Schulze-Delitzsch dort einen Vortrag halten konnte, — die Ausschließung jeder Möglichkeit durch die Niederhaltung des Vereinswesens, daß die verschiedenen Classen der Bevölkerung aufklärend und belehrend auf einander wirken konnten, — das ist gewiß eine Hauptursache, daß wir auf einer Seite dort die große Ausdehnung der Socialdemokratie, auf der andern Seite die Gleichgültigkeit finden, die die Arbeiter dort an den Tag legen! (Sehr richtig!)

Hiernach, glaube ich, kann ich dazu übergehen, im Einzelnen, soweit es noch nöthig ist, meine Resolutionen zu rechtfertigen. — Ueber die These 1 kann ich mich sehr kurz fassen; sie lautet nämlich:

„Die Capitalversicherung der Arbeiter ist der Rentenversicherung nicht vorzuziehen."

Die Gründe für die Aufnahme dieses Satzes sind sehr einfach. Meine Herren! Wenn Sie wirklich die alten Tage des Arbeiters sicherstellen wollen, so erreichen Sie das nur durch eine ausreichende, aber ihm jährlich sicher zufließende Pension. Geben Sie ihm im Alter ein Capital in die Hand, so setzen Sie ihn ja in die Lage, das Capital durch eine falsche Anlage morgen oder übermorgen wieder zu verlieren. Das ist der einzige, aber für mich durchschlagende Grund, der gegen eine Capitalversicherung gerade dieses Kreises unserer Gesellschaft spricht.

Den Punkt 2 meiner Thesen:

„Die schleunige Regelung des Pensionscassenwesens der Arbeiter durch die Reichsgesetzgebung ist nothwendig:

a) Weil nur durch diese die in einzelnen Bundesstaaten eingetretene Rechtsunsicherheit bezüglich des Cassenwesens der Arbeiter vollständig im Sinne und in Fortbildung der bisherigen Reichsgesetzgebung beseitigt werden kann"

meine Herren, den habe ich Ihnen soeben wohl hinreichend motivirt. Ich setze dann hinzu:

b) „Weil nur auf einem großen einheitlichen Rechtsgebiet umfassende Cassen errichtet werden können, welche ihren Mitgliedern die volle Freizügigkeit gewährleisten, zugleich aber durch die große Zahl ihrer Theilnehmer das Gesetz der verschiedenen Zufälligkeiten, gegen welche versichert werden soll, am reinsten zur Erscheinung kommen lassen, und dadurch im Stande sind, ihren Mitgliedern für die möglichst geringsten Opfer die größten Leistungen zu gewähren."

Meine Herren! Hierüber ist auch eigentlich und namentlich unter den Sachverständigen der Versicherungsbranche Einstimmigkeit vorhanden. Alle sagen, daß, je größer die Zahl der Theilnehmer, je sicherer das Gesetz, auf welches die Casse ihre Leistungen zu basiren hat, zur Erscheinung kommen muß, und daß demgemäß die Beiträge im Verhältniß die geringsten für die größte Leistung sein können. Deshalb wollen ja auch die Herren Behm und Hiltrop für ihre Zwangscassen nicht gebunden sein an kleine geographische Bezirke, sondern für die Pensionscassen Ausdehnung über möglichst große Kreise.

Nun, meine Herren, komme ich zu Punkt 3, der da lautet:

„Das zu erlassende Reichsgesetz hat die Normativbestimmungen derartiger Cassen festzustellen, vermittelst deren Erfüllung solche ohne besondere obrigkeitliche Concession ins Leben treten und die Rechte einer juristischen Person erwerben können. Die bereits bestehenden, nach landesgesetzlichen Bestimmungen auf gesetzlichem Zwange beruhenden Cassen sollen durch dieses Gesetz nicht berührt werden, doch soll der Beitritt oder das Verbleiben in denselben für solche Personen nicht mehr obligatorisch sein, welche einer freiwilligen, auf Grund der gedachten Normativbedingungen anerkannten Casse angehören, die mindestens dieselben Leistungen als die entsprechende Zwangscasse ihren Mitgliedern in Aussicht stellt."

Sie sehen, daß ich hiermit eben zu erfüllen suche, was ich schon im zweiten Passus angedeutet habe, nämlich, daß die Gesetzgebung sich im Sinne und in der Fortbildung der jetzigen Reichsgesetzgebung zu bewegen habe. Ich will nur, daß Dasjenige, was bereits angebahnt, ja bei Erlaß der Gewerbeordnung bereits in Aussicht gestellt wurde, nämlich die Normativgesetze für Pensions= und andere Cassen der Arbeiter nun endlich ausgeführt werde, und will, daß hierbei die Cassen der Arbeiter keineswegs schlechter gestellt werden, als die Vereinigungen des Capitals, daß also ebenso, wie es heut bei Actiengesellschaften keiner Concession, sondern nur der Erfüllung von Normativbestimmungen bedarf, dasselbe Recht auch einer Vereinigung von Arbeitern, um für ihr Alter oder gegen Unfälle Sorge zu tragen, nicht versagt werden darf. Es wird wohl unter uns Einstimmigkeit darüber herrschen, daß man die Existenz einer solchen Casse nicht abhängig machen kann von der Concession einer Behörde, sondern daß man sie in gewisse Rechte eintreten läßt, sobald sie gewisse Normativbestimmungen erfüllt.

Ferner wird zu ersehen sein, daß ich nicht revolutionär vorgehen will, sondern daß ich dem Satze des Herrn Kalle: „das Bestehende habe jedenfalls Recht auf volle Anerkennung", im vollen Maße Rechnung tragen will. Ich will nicht, daß die Reorganisation der alten Cassen, namentlich der Knappschaftscassen — daß diese schwierige Frage, namentlich wie es mit der Vermögenstheilung oder der Vermögenszusammenlegung ꝛc. hier gehalten werden soll, daß diese nicht den Erlaß des Normativgesetzes für die freiwilligen Cassen aufhalte. Darum sage ich, es möge an den alten Cassen Nichts geändert werden; giebt man den neuen die Entwickelung frei, so werden die alten bald von selbst nachfolgen und die nöthigen Umgestaltungen vollziehen. Ich will nur, daß die Mitglieder der freien Cassen nicht mehr gezwungen sein sollen, zu den obligatorischen Cassen beizusteuern.

Punkt 4 bedarf wohl kaum besonderer Motivirung, wenn darin gesagt ist:

> „Den Normativbestimmungen selbst ist die vollständige Selbstverwaltung der Cassen zu Grunde zu legen, doch ist durch die Einwirkung staatlich approbirter Sachverständiger und andere geeignete Controlmaßregeln, sowie durch Errichtung einer obersten sachverständigen Behörde den Mitgliedern eine Garantie dafür zu verschaffen, daß für die einzuzahlenden Beiträge die versprochenen Leistungen auch wirklich dauernd gewährt werden können."

Sie werden gewiß Alle die volle Selbstverwaltung den Cassen zu Grunde legen wollen. Indessen räume ich hier der staatlichen Behörde nicht nur das Recht einer weitgehenden Einwirkung ein, sondern ich wünsche ihr auch eine Pflicht aufzuerlegen, denn es ist ja bekannt, daß über die Grundsätze und die Methode des Versicherungswesens noch heute unter den Sachverständigen vielfacher Streit ist; ferner aber liegt auf der Hand, daß das Versicherungswesen, vermöge der verwickelten Aufgaben der höheren Rechenkunst, die dabei gelöst werden müssen, für die meisten Menschen stets ein solches Geheimniß bleiben wird, wie etwa die Receptirkunst der Apotheker, und daß man nicht von jedem Menschen verlangen kann, daß er zu prüfen im Stande sei, ob eine Casse nach den richtigen Grundsätzen der Versicherungskunst angelegt ist und geführt wird, sondern daß man hier vom Staate, der sich leicht durch eine höchste sachverständige Behörde die Resultate der Wissenschaft anzueignen vermag, verlangen muß, die Versicherungsgesellschaften durch seinen Einfluß nach und nach zur höchsten Blüthe zu führen. — Ich will also auch bei Abfassung der Statuten die Einwirkung von Sachverständigen durchaus nicht ausgeschlossen, sondern obligatorisch für alle Cassen eingeführt sehen. In Bezug auf die ferneren Controlmaßregeln möchte ich mich am meisten anschließen dem Gutachten des Herrn Dr. Zillmer, welches dahin geht, daß nach Ablauf einer bestimmten kurzen Frist, etwa 3 Jahre, jedesmal der Status der Versicherungsgesellschaft geprüft werde. „Demnach," sagt Herr Dr. Zillmer[1]), „muß jede Versicherungscasse nach Ablauf einer bestimmten Frist nach den Regeln der Wahrscheinlichkeitsrechnung oder Versicherungstechnik eine genaue Ermittelung ihrer Verbindlichkeiten anstellen lassen und den hiebei sich ergebenden Betrag der Verbindlichkeiten mit dem dafür vorhandenen Deckungscapital vergleichen. Ergiebt sich hiebei ein Ueberschuß auf Seiten des Deckungscapitals, so ist Vermögensüberschuß vorhanden, der als besondere Reserve aufgehoben oder auch ganz oder theilweise als Gewinn zu Gunsten der Mitglieder verwendet werden kann. Ergiebt sich bei dem Vergleich dagegen ein Ueberschuß auf Seiten der Cassenverpflichtungen, so müssen die statutarischen Bestimmungen die Mitglieder zur Deckung desselben ausreichend verpflichten."

Somit würde also in die Statuten hinein zu schreiben sein, daß, wenn nach Ablauf einer gewissen Frist die Sachverständigen sagen: Eure Casse ist nicht

[1]) Gutachten über Alters- und Invalidencassen für Arbeiter rc. S. 31.

solvent, daß dann die Mitglieder verpflichtet und eventuell executorisch anzuhalten sind, die Beiträge zu erhöhen. Meine Herren! Mit der Annahme einer solchen Bestimmung nähern wir uns dem Zustande, wie er lange Zeit in den englischen Gewerkschaften bestanden hat und wie er da lange Zeit selbst ohne Zwang ausgereicht hat, die Mitglieder auch in Bezug auf die Aufgaben der Vereine als Versicherungsgesellschaften, als Altersversorgung, Krankengeld ꝛc. sicher zu stellen; denn wenn der gemeinsame Fonds eines englischen Gewerkvereins nicht mehr einen gewissen Betrag für jedes einzelne Mitglied ausmacht, werden die Beiträge durch Extrasteuern höher gestellt und die Verhältnisse ordnen sich sehr bald wieder.

Wenn man sich erst gewöhnen wollte, auch unsere deutschen Arbeitervereinigungen als etwas mehr als bloße Versicherungsgesellschaften aufzufassen, würde ein solcher Gedanke des nachträglichen Zuschusses nichts Befremdliches mehr haben. Ich kann mich nicht enthalten, hier noch die einschlagende Stelle aus dem schon des Oeftern citirten Buche des Herrn Prof. Brentano[1]) anzuführen:

> „Die englischen Gewerkvereine sind nämlich nicht wie die modernen Versicherungsgesellschaften Vereinigungen von Capitalien, sondern wie die alten Gilden Verbindungen von Menschen. Bei jenen Versicherungsgesellschaften ist es ganz gleichgültig, welche Persönlichkeiten daran Theil nehmen. Sie bestehen aus beliebigen, sich unbekannten Personen ohne Rücksicht auf gute und schlechte persönliche Eigenschaften. Wollte man hier in jedem einzelnen Falle, in dem Unterstützung nöthig, die Beiträge erheben, so wäre nie die nöthige moralische Sicherheit vorhanden, daß jedes Mitglied seiner Pflicht nachkomme. Es ist hier nothwendig, daß die Beiträge nach dem Ergebniß einer rein mechanischen Wahrscheinlichkeitsberechnung geregelt und festgesetzt werden. Ganz anders gestaltet sich die Sache aber bei den englischen Gewerkvereinen. Sie sind Gesellschaften von Menschen und zwar von solchen, die einander persönlich bekannt sind und von erprobtem Charakter. Hier ist die zu jener Art von Beitragserhebung nöthige moralische Sicherheit möglich."

Meine Herren! Ich will hier nun nicht so weit gehen, wie Professor Brentano dies zu thun nach Analogie englischer Verhältnisse hier bei unserer ersten Versammlung befürwortet hat, nämlich die ungetrennte Zusammenschüttung der Altersversorgungs-, mit den Strike- und andern gemeinsamen Cassen zuzulassen oder zu befördern. Ich will dies nicht, weil die historische Entwickelung, eben bei uns eine durchaus andere als in England gewesen ist. Und wenn daher schon bisher die deutschen Gewerkvereine aus eigenem Antrieb ihre verschiedenen Cassen streng gesondert haben: so will ich sie daran auch durch das künftige Reichsgesetz festgehalten wissen. Dann aber am liebsten diesem eine Bestimmung beifügen, welche mit den Vorschlägen des Herrn Dr. Zillmer übereinstimmt und doch wieder den englischen Verhältnissen einigermaßen analog sein würde: nämlich die Verpflichtung der Mitglieder, bei einer ungünstigen Bilanz der Casse das zur Wiederherstellung des Gleichgewichts Nöthige durch

[1]) Brentano l. l. I. S. 143.

außerordentliche Beisteuern aufzubringen. — Ich komme nun zum Schluß zu einem der streitigsten Puncte, dem fünften meiner Resolutionen:

„Verbindungen solcher gesetzlich anerkannter auf Grund dieser Normativbestimmungen errichteter Cassen mit andern Vereinen sind zulässig, doch muß Mitgliedern, welche aus andern Gründen, als weil sie ihrer Cassenpflicht nicht genügt haben, aus dem Verein und der Casse ausgeschlossen werden, eine Entschädigung, entsprechend dem jeweiligen Werth ihrer Ansprüche an die Pensionscasse gezahlt werden."

Meine Herren! Gerade diese Verbindung von Hilfscassen mit Vereinen allgemeinerer Tendenz hat auf dem volkswirthschaftlichen Congresse zu Crefeld den meisten Anstoß erregt und ihre Zulässigkeit ist daher auch in den Resolutionen desselben direct ausgeschlossen worden.

Der dortige Referent, Herr Dr. Eras, welchen wir ja auch die Ehre haben, hier unter uns zu sehen, sagt über diesen Punct, indem er eine, meiner hier vorliegenden Resolution entsprechende, Bestimmung aus einer „Kranken- und Begräbnißcasse" der deutschen Gewerkvereine anführt: „Auch in diesem Falle bleibt es immerhin eine Härte, um nicht zu sagen ein Unfug, daß Jemand mit einer kleinen finanziellen Abfindung entlassen wird aus einem rein geschäftlichen Verbande, weil er nicht mehr für würdig befunden wird, einem gewissen andern politischen Vereine anzugehören."

Und fügt dann weiter hinzu:

„Eine solche Verbindung der Altersversorgungscassen mit socialpolitischen Agitations-Vereinen erscheint in volkswirthschaftlicher Hinsicht als durchaus unstatthaft."

ohne diese Unstatthaftigkeit aber irgend wie näher zu begründen. Ich glaube, aus dem ganzen Gange meines Referats läßt sich der Irrthum des Dr. Eras klar erkennen. Er spricht von den Hülfscassen der Gewerkvereine als von „rein geschäftlichen Vereinen". Wie ich aber dargelegt zu haben glaube, sind dieselben durchaus keine rein „geschäftlichen Vereine" und sollten meiner Ansicht nach auch nie zu solchen herabsinken. Sodann sind sie aber auch keine politischen Vereine und auch nicht vorwiegend agitatorischer Natur, sondern es sind Vereinigungen der wirthschaftlich Schwachen zu gegenseitigem Schutze in allen Lagen des Lebens. Daß also die Zugehörigkeit zu der Altersversorgungscasse eines Gewerkvereins von der Zugehörigkeit zum Hauptvereine selbst abhängig bleiben muß, ist, wie ich meine, ein Axiom, das den Bedingungen des genossenschaftlichen Lebens auch auf allen andern Gebieten vollständig entspricht. Wenn nun aber selbst die Gewerkvereine Englands im Laufe der Zeit in ihren entsprechenden Cassen mehr und mehr auch den Character der Versicherungsgesellschaften angenommen haben: so scheint es mir allerdings geboten, daß auch die deutschen Gewerkvereine das Statut ihrer Invalidencasse, welches jetzt einen völligen Ausschluß aus derselben ohne Entschädigung mit dem Austritt oder Ausschluß aus dem Gewerkverein selbst vorschreibt, dahin abändern, daß in solchem Falle eine Entschädigung eintreten muß, und daß in das Normativgesetz selbst eine Bestimmung eingefügt werde, die allen derartigen mit andern Vereinen in untrennbarer Verbindung stehenden Cassen, die Verpflichtung auferlegt, Mitgliedern, welche aus andern Gründen als wegen Nichtzahlung der Beiträge ausgeschlossen werden, eine, nach dem Werthe ihrer bisher gezahlten

Beiträge abzumessende, Entschädigung zu gewähren. Ich bin überzeugt, daß die weitaus überwiegende Mehrzahl der Mitglieder der deutschen Gewerkvereine nichts gegen eine dahin zielende Abänderung ihrer Statuten und nichts gegen eine dies allgemein anordnende Bestimmung des Gesetzes einzuwenden haben wird. Sie aber, meine Herren, muß ich bitten, auch nicht die freie Bewegung der Vereine weiter einzuengen, als die von mir vorgeschlagene Resolution zuläßt. Denn nur dann werden Sie das erreichen können, was Sie anstreben, eine allmälige Versöhnung des Arbeitgeber- und Arbeitnehmerstandes gerade durch das Mittel derartiger Versorgungscassen. Ich erkenne vollständig den guten und trefflichen Willen, wie er sich namentlich in dem Gutachten des Herrn Kalle und vielleicht noch mehr in dem des Herrn Assessor Hiltrop ausspricht. Zu den Ausführungen des Letzteren über die Lage der Arbeiter im Allgemeinen, über achtstündige Arbeitszeit u. dergl. werden gewiß die meisten Mitglieder unseres Vereins gern ihr Einverständniß zu erkennen geben. Aber beide Herren vergreifen sich vielfach in den Hülfsmitteln, welche sie anwenden wollen, um eine größere Harmonie der Interessen auf diesem Gebiete hervorzurufen. Wenn Herr Kalle z. B. glaubt, daß die gemeinsame Betheiligung von Arbeitern und Arbeitgebern an der Verwaltung seiner Zwangsversicherungsanstalten dazu dienen soll, die Leute, so zu sagen, menschlich einander näher zu rücken, so befindet er sich meiner Ansicht nach in einer irrigen Vorstellung; derartige Cassenverhältnisse sind zu trockener Art, um zu wirklich näheren geistigen und gemüthlichen persönlichen Beziehungen Anlaß zu geben. Außerdem können ja gerade auch hier neue Conflicte entstehen, da die gleichmäßige Betheiligung von Arbeitgebern und Arbeitnehmern an der Verwaltung den letzteren wohl einen Einblick in alle Verhältnisse verschafft, aber ihnen keineswegs die Gewähr bietet, auch den berechtigten Interessen ihrer Genossen vollständige Berücksichtigung zu verschaffen.

Ich glaube, vor Allem muß man auf diesem Gebiete nach Klarheit streben. Wenn Herr Assessor Hiltrop dagegen sagt: „Capital und Arbeit sind auf einander angewiesen und haben gemeinsame Interessen", so kann man zugeben, der Satz sei in abstracto richtig, und wenn beide ihre Interessen immer richtig verstünden, so könnten auch in der Praxis im concreten Falle ihre Interessen gemeinsame sein. Wie heut die Dinge aber liegen, wie sich heut Arbeiter und Arbeitgeber noch gegenüberstehen, läßt sich dies richtige Verständniß der gemeinsamen Interessen weder vom Capital, noch von Seiten der Arbeiter nachweisen. Wie heut noch die Dinge liegen, ist es daher nicht richtig, daß namentlich bei der Bestimmung der Lohnsätze die Interessen des Arbeitgebers und Arbeitnehmers identisch seien, sondern sie sind vielmehr die entgegengesetzten. Denn wenn man die Arbeit als eine Waare betrachtet, so muß Jeder, der Bedarf an dieser Waare hat, sie so billig als möglich einzukaufen suchen, wer sie aber zu verkaufen hat, wer Arbeit anbietet, muß streben, solche so hoch als möglich zu verwerthen.

Man kann auch sagen, das Interesse von Autor und Verleger gehe überall Hand in Hand. Ja, meine Herren! aber wie viele Streitigkeiten hat es nicht auf diesem Gebiete gegeben, und wie oft sind nicht in Scherz und Ernst von Schriftstellern Bemerkungen der schärfsten Art gefallen, z. B. „die Verleger sind bemüht, uns zu ihren weißen Sclaven herabzudrücken". Diese Bitterkeit hat sich gegenwärtig wohl fast ganz glücklicher Weise aus dem literarischen Verkehr verloren. Ja, aber warum? Weil die Schriftsteller sich allmälig eine sociale Position errungen haben, welche ihre Stellung bei Abschließung der Verlagsverträge zu einer vollständig freien gemacht hat, von welcher die Stellung der Arbeiter bei Abschließung der Arbeitsverträge heut noch eine grundverschiedene ist.

Nur wenn Sie daher auf diesem Gebiete den noch vorhandenen Gegensatz der Interessen unumwunden anerkennen und ihm den unbeschränkten Spielraum zu seiner Geltendmachung gewähren, werden Sie, allerdings durch manche Irrungen und manchen Kampf hindurch, zum Frieden, zur Ausgleichung der Interessen gelangen.

Also, meine Herren! geben Sie der Arbeiterwelt das Mittel, welches nothwendig ist, um eine solche freie sociale Position zu erringen, wo sie ihre Interessen in gleichberechtigter und gleich wirksamer Weise geltend machen kann. Und das ist ja nach der einstimmigen Meinung aller Derer, die sich eingehend mit dem Studium dieser Verhältnisse beschäftigt haben, nicht die einmalige, plötzliche und gleichsam wilde Coalition, sondern die dauernde, geregelte, planmäßige, wie sie sich in der gemeinsamen Schutzgenossenschaft der Gewerkvereine darstellt. Werden solche Coalitionen dauernde, so werden die Arbeiter je länger je mehr neben der Sicherstellung ihres Verhältnisses und der Geltendmachung ihrer Interessen gegenüber den Arbeitgebern auch die andern friedlichen Zwecke, wie derjenige ist, der uns heut beschäftigt, gewiß fest ins Auge fassen. Und je mehr eine solche dauernde Coalition erstarkt, je mehr sie Mittel ansammelt, um so weniger wird sie geneigt sein, ihr Vermögen durch leichtsinnige Arbeitseinstellungen au'fs Spiel zu setzen. Das geht ja aus so vielen Actenstücken aus der Geschichte der englischen Gewerkvereine hervor, von denen ich Ihnen nur zwei, von denen, die Brentano mittheilt, vorlesen will:

> G. Odger, der Secretär des londoner Gewerkvereinsrathes sagt: „Arbeitseinstellungen sind für die sociale, was Kriege für die politische Welt; sie werden Verbrechen außer durch absolute Nothwendigkeit hervorgerufen." [1])

und Allan, der Secretär der Vereinigten Maschinenbauer, führte vor der Königl. Commission zur Untersuchung der Organisation der Gewerkvereine aus (Qu. 827):

> „Die Mitglieder der Gesellschaft sind im Allgemeinen ganz entschieden gegen alle Arbeitseinstellungen, und die Thatsache, daß wir ein großes Vermögen haben, verstärkt diese Abneigung. Sie wünschen zu behalten, was sie erlangt haben. Derjenige, der keinen Schilling besitzt, hat keinen Anlaß, für viel besorgt sein; aber mit einem so großen angesammelten Vermögen, wie wir es besitzen, werden wir zur äußersten Sorgfalt geneigt, es nicht verschwenderisch zu verausgaben, und wir halten alle Arbeitsstillstände für eine vollkommene Verschwendung von Geld, nicht nur, was die Arbeiter angeht, sondern ebenso in Bezug auf die Arbeitgeber." [2])

So gesunde Anschauungen haben Mitglieder dauernder Coalitionen, welche die Besserung ihrer socialen Stellung und gegenseitige Versicherung und Selbst-

---

[1]) Brentano, Arbeitergilden II. S. 258.

[2]) Brentano, Arbeitergilden I. S. 209.

hülfe in allen Lagen des Lebens zu ihrer Aufgabe gemacht, — in England freilich nach langen und oft schmerzlichen Erfahrungen sich erworben. Meine Herren! Halten wir denn unser Volk für so viel geringer als die stammverwandte Nation, daß wir nicht hoffen dürften, mit demselben Erfolge dieselben Wege wandeln zu sollen, wie jene?!

Meine Herren! Wenn Sie sich gestern genöthigt gefühlt haben, in Ihrer Majorität ein Ausnahmegesetz für den Arbeiterstand zu votiren, weil Sie glaubten, daß Rechtsgefühl und Moralität in demselben erschüttert sei: so haben Sie heute gewiß nun um so mehr die Pflicht, auch nun durch die Gesetzgebung solche Organisationen zu kräftigen, die in dem Arbeiterstande die Entwickelung aller der idealen Momente möglich machen, welche wir doch so sehr geneigt sind, als das vorzugsweise Erbtheil gerade unserer Nation hinzustellen. Meine Herren! Wollen Sie denn die Nation in zwei Theile zerreißen, von denen der eine geleitet wird von den höchsten idealen Impulsen, und der andere nur dahinlebt in gemeiner Rohheit und thierischen Genüssen? Nein, meine Herren, das, was unsere Nation zu den höchsten Leistungen in Kunst und Wissenschaft und neuerdings zu großen Leistungen auf dem Gebiete des Staatslebens geführt hat, das wird auch für die große Masse des Volks das Richtige und Bahnbrechende sein, geeignet, alle Uebelstände zu beseitigen. Aber, meine Herren, dazu gehört Freiheit der Entwickelung und Vertrauen der Höhergestellten und geistig Erleuchteten zu allen Mitgliedern eben dieser Nation! — (Großer Beifall.)

Resolutionen.

1) Die Capitalversicherung der Arbeiter ist der Rentenversicherung nicht vorzuziehen.
2) Die schleunige Regelung des Pensionscassenwesens der Arbeiter durch die Reichsgesetzgebung ist nothwendig:
   a) Weil nur durch diese die in einzelnen Bundesstaaten eingetretene Rechtsunsicherheit bezüglich des Cassenwesens der Arbeiter vollständig im Sinne und in Fortbildung der bisherigen Reichsgesetzgebung beseitigt werden kann.
   b) Weil nur auf einem großen einheitlichen Rechtsgebiet umfassende Cassen errichtet werden können, welche ihren Mitgliedern die volle Freizügigkeit gewährleisten, zugleich aber durch die große Zahl ihrer Theilnehmer das Gesetz der verschiedenen Zufälligkeiten, gegen welche versichert werden soll, am reinsten zur Erscheinung kommen lassen, und dadurch im Stande sind, ihren Mitgliedern für die möglichst geringsten Opfer die größten Leistungen zu gewähren.
3) Das zu erlassende Reichsgesetz hat die Normativbestimmungen derartiger Cassen festzustellen, vermittelst deren Erfüllung solche ohne besondere obrigkeitliche Concession in's Leben treten und die Rechte einer juristischen Person erwerben können. Die bereits bestehenden nach landesgesetzlichen Bestimmungen auf gesetzlichem Zwange beruhenden Cassen sollen durch dieses Gesetz nicht berührt werden, doch soll der Beitritt oder das Verbleiben in denselben für solche Personen nicht mehr obligatorisch

sein, welche einer freiwilligen auf Grund der gedachten Normativbedingungen anerkannten Casse angehören, die mindestens dieselben Leistungen als die entsprechende Zwangscasse ihren Mitgliedern in Aussicht stellt.

4) Den Normativbestimmungen selbst ist die vollständige Selbstverwaltung der Cassen zu Grunde zu legen, doch ist durch die Einwirkung staatlich approbirter Sachverständiger und andere geeignete Controlmaßregeln, sowie durch Errichtung einer obersten sachverständigen Behörde den Mitgliedern eine Garantie dafür zu verschaffen, daß für die einzuzahlenden Beiträge die versprochenen Leistungen auch wirklich dauernd gewährt werden können.

5) Verbindungen solcher gesetzlich anerkannter, auf Grund dieser Normativbestimmungen errichteter Cassen mit anderen Vereinen sind zulässig, doch muß Mitgliedern, welche aus anderen Gründen, als weil sie ihrer Cassenpflicht nicht genügt haben, aus dem Vereine und der Casse ausgeschlossen werden, eine Entschädigung entsprechend dem jeweiligen Werthe ihrer Ansprüche an die Pensionscasse gezahlt werden.

Vors. Prof. Dr. Nasse: Wir treten in die Generaldiscussion. Diese wird sich wahrscheinlich ganz überwiegend auf die Hauptfrage erstrecken, ob und inwiefern Zwang bei Einrichtung der Cassen erstrebenswerth ist. Ich möchte Ihnen deshalb vorschlagen, sich in der Generaldiscussion als Redner für und wider Zwang anzumelden

Wenn die Versammlung sich für Zwang entscheiden sollte, so würde wieder eine Specialdiscussion gar nicht nothwendig sein. Wenn aber die Thesen des Referenten verworfen und nicht Zwangs- sondern freie Cassen, nach den Vorschlägen des Correferenten, beliebt werden sollten, dann glaube ich allerdings, die drei Paragraphen, die solche Normativbestimmungen enthalten, noch einmal in einer Specialdiscussion durchberathen lassen zu müssen.

Generaldebatte.

Frhr. v. Oertzen (Vorsteher der Stadtmission in Hamburg) (für): Meine Herren! Als wir vor zwei Jahren hier versammelt waren, wurde von einem Mitgliede der Gewerkvereine — ich glaube es war Herr Janson — gesagt: „Streichen Sie aus dem Lexikon der Arbeiter das eine Wort — „Hülflosigkeit" — und Sie nehmen der socialen Frage, speciell der Arbeiterfrage, augenblicklich den Stachel!" Ja, meine Herren, das ist ganz richtig, in den Worten „Hülflosigkeit und Aussichtslosigkeit", darin liegt Alles beschlossen, was den Arbeiter niederdrückt und zur Verzweiflung schließlich führt. —

Vor Allem drückt es ihn nieder, wenn er die Aussicht hat, daß er und die Seinen im Alter nicht versorgt sind, und daher ist es ein eminent praktisches Thema, mit dem wir uns heute befassen, nur eine andere Frage ist es, ob dies Thema heute schon spruchreif ist. —

Gestatten Sie mir, daß ich trotz der gestrigen Bemerkungen auch heute wieder auf Hamburg exemplificire, wo ich jetzt gerade wohne und daher die Verhältnisse dort vor anderen besser kenne. Meine Freunde und ich, wir haben kürzlich berechnet, daß ein Hamburger Arbeiter, auch bei gutem Verdienst, wenn ihm z. B. in schneller Reihenfolge drei Kinder geboren werden und die Frau dann vielleicht erkrankt, schon in bedenkliche Noth geräth. Es ist daher gewiß wichtig, daß ein solcher Mann die Aussicht hat, irgendwie für sein Alter gesorgt zu sehen. Wie ist das nun zu bewerkstelligen in unseren zersetzten Zuständen? Denn, meine Herren, gestehen wir es uns nur ganz offen ein: wir befinden uns momentan wirthschaftlich in chaotischen Zuständen, und in dieses Chaos hinein können wir nie und nimmer, bevor wir nicht nach irgend welcher Seite hin corporative Verbände schaffen, Alterversorgungs- oder Pensionscassen gründen, und ist dies, glaube ich, auch direct oder indirect von beiden Referenten zugegeben worden. Mir schwebt nun als ein zu schaffendes organisches Gebilde vor, daß die Reste des Gewerbe- und kleinen Fabrikstandes in irgend einer Weise wieder sich, nach Analogie der alten Innungen, corporativ zusammenschließen müssen, und ebenso müßte es versucht werden mit den Arbeitern der Großindustrie, nur dann sind wir überhaupt in der Lage, den Begriff „Arbeiter" gesetzlich wieder festzustellen, und das ist doch vor allen Dingen nothwendig. Was ist jetzt ein Arbeiter? Niemand weiß es. Ich habe z. B. im letzten Winter, als ich der social-demokratischen Bewegung näher trat, um dieselbe genau kennen zu lernen, mich in den „Allgemeinen deutschen Arbeiterverein" aufnehmen lassen — da war ich anerkannt als Arbeiter, und als ich dann einmal eine mißliebige Aeußerung über Ferdinand Lassalle machte, wurde ich sofort in den Listen gestrichen — da war ich kein Arbeiter mehr, so kann es heute aber jedem Arbeiter gehen, und kann es für Andere schmerzlichere und empfindlichere Folgen haben, als es für mich hatte, der ich mich über diesen Gewaltact trösten konnte. Denken Sie sich aber, ein armer Familienvater stände so unsicher, — nein, es ist durchaus nöthig, daß hier Ordnung und Klarheit geschaffen werde über die nothwendigsten Fundamentalbegriffe, bevor wir Alterversorgungs- und Pensionscassen in's Leben rufen können.

Ich fürchte nun zwar, daß wir nicht mehr potent genug sein werden, solche corporative Institutionen, wie sie mir vorschweben (vielleicht ist es etwas zu kühn und ideal) durch unsere gesetzgebenden Factoren in's Leben gerufen zu sehen, Institutionen, die nach Analogie der Innungen zugleich einen erziehlichen Einfluß auf die Jugend ausüben müßten, namentlich auf die Lehrlinge; auf diese habe ich es besonders abgesehen, denn sie sind der Nachwuchs unserer Arbeiterbevölkerung.

Unser gestriger Referent, Herr Prof. Held, hat schon darauf hingewiesen, daß die Lehrlingsfrage eine der wichtigsten sei, denn durch die Zuchtlosigkeiten, die auf diesem Gebiete herrschen, ziehen wir uns ein Heer von Proletariern heran. Ich stehe mitten im praktischen Leben und kenne die Gefahren daher genau, die von dieser Seite uns drohen, und wie furchtbar unser ganzes Volksleben durch die Gesetzlosigkeit nach dieser Seite hin geschädigt wird. Alle Versuche der Privatthätigkeit sind hier Tropfen im Meere; Gesetze müssen wir wieder haben, Gesetze! Das ist für alle intendirten Verbesserungen die erste Vorbedingung. Ich stehe nicht an, in der Generaldebatte mit Ihrer Erlaubniß auf diese doch nur mehr scheinbar fernliegende Frage einzugehen, denn sie trägt zur Beleuchtung der ganzen Situation wesentlich bei und hängt in Wirklichkeit doch organisch mit ihr zusammen. So hat z. B. die „innere Mission" über ganz Deutschland hin 400 Rettungshäuser in's Leben gerufen, d. h. Anstalten zur Rettung sittlich gefährdeter Kinder, und befinden sich in diesen Häusern zur Zeit 12,000 Kinder; ebenso hat sie Erziehungsvereine in's Leben gerufen mit weiteren 12—15,000 Kindern. Es befinden sich zur Zeit also immer unter dieser Obhut über 24,000 Kinder, die bewahrt und geleitet werden, damit ihr Lebensweg nicht bergab, sondern bergauf gehe; Sie werden zugeben, eine große und schwere, aber doch herrliche und, man sollte denken, hoffnungsvolle Arbeit. Wenn nun so ein Knabe, der sittlich etwas erstarkt ist, im sechzehnten Jahre etwa in die Lehre kommt, so erzog ihn früher der Meister weiter, heute kann aber bei der ersten ihm convenirenden Gelegenheit der junge Bursche erklären: „Ich bin ein freier Mann, ich gehe aus der Lehre!" keine Macht kann ihn dann zwingen, keine Autorität ihn wieder zurückbringen, er ist rechtlich ein freier Mann, auch wenn er factisch noch ein unreifer Junge ist, und die ganze jahrelange Arbeit an ihm ist verloren, ja er selbst geht meistens dann verloren. Ich rufe solchen Zuständen gegenüber das Mitleiden besonders eines Jeden, der an der Gesetzgebung betheiligt ist, an, sich doch mit aller Energie dahin zu erklären, daß die Tyrannei des wirthschaftlichen Liberalismus hier gebrochen werde. Meine Herren! ich glaube wie gesagt selbst nicht daran, daß in den nächsten Jahren schon auf dem Wege der Gesetzgebung, durch den Reichstag, Institutionen geschaffen werden, die eine Besserung bewirken würden: der officielle Wind weht noch zu stark von Manchester herüber und die Misère unserer Zustände fällt noch nicht scharf genug in die Augen, denn wir haben noch einen zu guten alten Bestand, von dem wir zehren können. Aber wie lange wird's noch währen? *Jedenfalls Zeugniß dagegen abzulegen gilt es heute schon.* Bedenklich geht's schon bergab in unserem ganzen Volksleben; aber das thut ja nichts, denken unsere Volksbeglücker wahrscheinlich, wenn die Theorie nur gerettet wird.

Wenn nun aber wirklich auf dem Wege der Gesetzgebung keine Remedur zu erhoffen ist, so bleibt als letzte Zuflucht nur ein Eingehen auf die Gewerkvereine. Gut — lassen Sie mich über diese ein Wort sagen. Große Schwärmerei für sie habe ich nicht, aber die Furcht, daß die Gewerkvereine organisirte Kampf- und Kriegscassen sind, theile ich erst recht nicht. Meine Herren, der Gebrannte scheut das Feuer. Die Lassalleaner und Volksstaatler schon haben einen gewaltigen Respect vor'm Striken, um so weniger werden die Gewerkvereinler, die mehr und mehr von besonnenen Männern geleitet werden, sich auf leichtsinniges Striken einlassen! Die Schwäche der Gewerkvereine liegt meiner Ansicht nach heute noch hauptsächlich darin, daß sie auf die Jugend, auf die Lehrlinge, nicht erziehlich einzuwirken suchen, während man anerkennen muß, daß sie für die Fortbildung ihrer Mitglieder Erhebliches leisten und dieselben auch vor dem zersetzenden antireligiösen Geist socialdemokratischer Versammlungen bewahren. — Sie ignoriren wenigstens die Religion. Suchen wir faute de mieux daher den Gewerkvereinen gesetzliche Förderung zu verschaffen, damit wenigstens ein Damm aufgerichtet werde gegen den Strom, der so bedenklich anschwillt und Alles mit sich fort zu reißen droht — die Gefahr ist groß. Es ist gestern schon darauf hingewiesen worden, und es ist wahrlich in seiner Gefahr nicht zu unterschätzen, wenn Tag für Tag in den großen von Tausenden besuchten Volksversammlungen der Jugend, der Blüthe unseres Volks, der letzte Rest von Gottesfurcht aus dem Herzen gerissen wird. Darüber erschrickt sogar ein Mann wie Herr v. Treitschke — aber bezeichnend ist es, wie er, der gelehrte und geistreiche Mann, sich über die Bedeutung und das Wesen der Religion so — wenig ideal — aussprechen kann, wenn er in seinem Aufsatz: „Der Socialismus und seine Gönner" zu der hohen Auffassung sich erhebt: „daß, wer den frommen Glauben, das eigenste und beste des armen Mannes, zerstört, als ein Verbrecher an der Gesellschaft handle". Also die Religion das eigenste und beste des armen Mannes! Was ist denn das eigenste und beste des „reichen" Mannes? Also für den „armen" Mann, für die unteren Klassen ist die Religion nothwendig, gleichsam als Gensd'arm, als Polizist dienend, um ihn im Zaume zu halten, damit er nicht ein Verbrecher an der Gesellschaft werde. Meine Herren, ich meines Theils danke für solche Religion!

(Der Vorsitzende unterbricht den Redner, da die zehn Minuten Redezeit um sind. Auf Wunsch der Versammlung spricht Redner weiter.)

Meine Herren! Ich danke Ihnen für Ihre Nachsicht und Geduld, ich werde dieselbe nicht mißbrauchen, sondern mich nunmehr — gleichsam zur Specialdebatte wendend — ganz kurz zu fassen suchen. Damit für die armen Arbeiter doch wenigstens etwas zu Stande kommt, fordere ich Dotirung der zu gründenden Alterversorgungs- und Pensionscassen aus Staatsmitteln. Konnte Victor Aimé Huber einst für Productivassociationen auf 25 Jahre pro anno zehn Millionen fordern, so werden wir, die Milliardengeneration, doch gewiß einige Millionen für eine wirklich praktische Sache flüssig machen können!

Also in erster Linie wäre ich dafür, daß wir es erstrebten, durch die Gesetzgebung corporative Organisationen in der von mir oben angegebenen Weise zu schaffen, wenn diese aber nicht zu erlangen sind, dann bin ich für unbedingte Anerkennung und Förderung der Gewerkvereine, dann dotire man ihre Cassen aus Staatsmitteln, das wird solche Anziehungskraft ausüben, daß die Arbeiter dann denselbn beitreten werden, auch wenn die Gewerkvereine das Princip der Freiwilligkeit beibehalten möchten, dann kommt wenigstens für die Arbeiter ein praktisches Resultat heraus. — Im Uebrigen aber danke ich Ihnen, daß Sie die Plaudereien eines Laien so nachsichtig angehört haben.

Dr. Zillmer (gegen): Meine Herren! Die Gründe gegen den Zwang zum Beitritt zu Pensionscassen sind vom Correferenten in einer solchen Gründlichkeit und Ausführlichkeit vorgetragen worden, daß ich mich darauf beschränke, einzelne Gesichtspunkte, namentlich vom Standpunkte der Technik aus, hervorzuheben.

Das ideale Ziel, welches man mit den Versicherungscassen erreichen will, wäre, daß Jeder im Falle der Unterbrechung seiner Arbeitsfähigkeit oder im Alter genügend versorgt würde. Das Gesetz kann aber den Menschen nicht dazu erziehen, daß er mit den Mitteln, die ihm für seine Versorgung durch die Casse geboten werden, wirklich seine Bedürfnisse in rationeller Weise befriedigt. Sie erreichen also mit dem Zwange nicht das, was Sie erreichen sollen. Wenn Sie aber das Ziel nicht erreichen trotz des Zwanges, so erreichen Sie dadurch nicht, daß eine Bedingung für den wirthschaftlichen Frieden geboten wird, sondern es wird im Gegentheil ein neuer Streitpunkt werden, indem Viele meinen, daß sie zu Abgaben gezwungen werden, die dem Zwecke nicht entsprechen.

Vom technischen Standpunkte aus muß man verlangen, daß die Leistung, die von der einen Seite gefordert wird, der von der anderen Seite gebotenen Leistung entspreche. Die Grundlagen für die Berechnung der hier in Rede stehenden Leistungen sind aber heute noch so unbestimmt, daß es vollständig unmöglich ist, für die einzelnen Altersclassen diejenigen Beiträge anzugeben, die für die Pension erforderlich sind. Es wird dies um so weniger möglich, als ja im Allgemeinen beabsichtigt wird, die Wittwen- und Waisenpension zu verbinden mit der Pension für das eigene Alter. Für Wittwenpensionen finden wir bei verschiedenen Anstalten rationell berechnete Tarife. So wird ja auch bei der Allgemeinen preußischen Wittwen-Verpflegungs-Anstalt der Theil der Beiträge, den die Beamten zahlen müssen, nach einem bestimmten Tarif ermittelt. Aber soweit mir die Bestrebungen für allgemeine Pensionscassen bekannt sind, hat man dort nicht die Absicht, für bestimmte Altersverhältnisse des Ehemanns und der Ehefrau die Beiträge zu fordern, sondern wenn ein Mitglied stirbt und eine Wittwe, gleichviel ob diese die erste oder zweite 2c. Ehefrau, hinterläßt, so soll letztere Unterstützung haben. Da fehlt jede Grundlage für die Bemessung des Beitrages; denn wenn ein Mann Wittwer wird, so kann er sich ja nach kürzerer oder längerer Zeit wieder verheirathen. Wie soll man nun im Voraus den Werth der Wahrscheinlichkeit dafür ermitteln können, ob ein Mann eine Wittwe und mit welchen Pensionsansprüchen hinterlasse.

Dieselbe Unbestimmtheit existirt bei der Waisenversicherung. Hier handelt es sich darum, daß beim Tode des Ernährers Kinder hinterbleiben, die noch nicht über das Alter hinaus sind, wo sie noch Waisenpension bekommen sollen. Ja, die Statistik mag noch so genau jetzt die Anzahl der Waisen feststellen, die auf eine bestimmte Anzahl der Arbeiterbevölkerung kommt; aber sie kann nicht berechnen, wie groß die Wahrscheinlichkeit für den Einzelnen ist, zu versorgende Waisen zu hinterlassen. Kann man aber die Beiträge nicht bemessen, so kann man auch von keinem Arbeiter durch das Gesetz fordern, daß er einen bestimmten Beitrag zahle.

Noch eine andere Seite ist hier vom technischen Standpunkte aus zu erörtern. Ebensowenig wie man im Voraus angeben kann, welcher Beitrag für den Pensionsfonds erforderlich ist, kann man im Laufe der Zeit feststellen, welches Capital für die ferneren Leistungen der Casse nothwendig ist. Soll eine Casse lebensfähig sein, so muß zu jeder Zeit die Summe des vorhandenen Vermögens und des Werthes der von den Mitgliedern noch zu erwartenden Beiträge zusammen den Gegenleistungen der Casse entsprechen. Derselbe Umstand, der die genaue Bestimmung der Beiträge unmöglich macht, läßt auch nur eine ungenaue Schätzung der zukünftigen Leistungen zu, sowohl in Betreff der Wittwen- als der Waisenversorgung. Die Folge davon ist, daß wegen dieser ungenauen Ermittelung das rechnungsmäßig erforderliche Vermögen höher gestellt wird, als es wirklich nothwendig ist; und zwar um durch reichlichere Capitalansammlung die Gefahr zu vermindern, einen unzureichenden Fonds hinzustellen. Die Folge davon ist, daß die Cassen mit derartiger Bestimmung theurer zu stehen kommen, als bei rationeller Einrichtung nöthig ist. Zu gleicher Zeit sei hierbei erwähnt, daß die Bedingungen für die Lebensfähigkeit solcher Cassen durchaus nicht so bekannt sind, als es eigentlich nöthig wäre. Mir ist dieser Tage das Gutachten eines Sachverständigen zugegangen, welches sich auf eine neue Gesetzesvorlage bezieht, welche Seitens des Reichskanzleramts an die einzelnen Regierungen gegangen ist, und welches gerade speciell die Unterstützungscassen betrifft. Das Gesetz selbst kenne ich nicht; ich kann nur die einzelnen Bestimmungen entnehmen, wie sie in diesem Gutachten behandelt sind. Und in diesem Gutachten wird erwähnt, daß der Gesetzentwurf vorschreibt:

„Uebersteigen in einigen aufeinander folgenden Jahren die ordentlichen Ausgaben die Einnahmen, so dürfen die Beiträge erhöht werden."

Also es soll das simple Kriterium angewendet werden, daß, wenn die Ausgaben die Einnahmen übersteigen, dann die Beiträge erhöht werden können. Bekanntlich ruhen sämmtliche Versicherungen, die mit dem menschlichen Leben in Verbindung stehen, darauf, daß für zukünftige größere Ausgaben Capitalien angesammelt werden müssen. Von der Nothwendigkeit einer Ansammlung von Capital für spätere Zeit scheint in dem Gesetzentwurf nichts angeführt zu sein, und erhielte die Vorlage Gesetzeskraft, so würden derartige Cassen, so lange die Einnahmen die Ausgaben übersteigen, sich jeder rechnerischen sachverständigen Controle enthoben glauben, und damit würde ein sicherer Untergang den Cassen in Aussicht stehen. (Vors. unterbricht, da 10 Minuten um; die Versammlung wünscht den Redner weiter zu hören.)

Eine ähnliche Hintansetzung der Verpflichtung, in regelmäßigen Pausen Berechnungen des nothwendigen Vermögens anstellen zu lassen, und falls dabei ein Deficit sich ergiebt, dasselbe auch zu beseitigen, findet sich bei vielen Cassen, z. B. auch bei den Schullehrer-Wittwencassen im preußischen Staate. Nach dem Gesetz von 1869 wird für jede Provinz eine Schullehrer-Wittwencasse gebildet, aus der jede Wittwe mindestens eine jährliche Rente von 50 Thaler erhalten soll. Das Gesetz sagt nun weiter: „Diese Rente kann erhöht werden, wenn die Mittel der Casse es zulassen; sollten dagegen die Mittel der Casse unzureichend werden, so ergänzt der Staat das Fehlende. Hier ist also dem Staate die Garantie für die Casse auferlegt worden, er faßt sie aber in dieser Weise auf, daß seine Verpflichtung erst eintritt, wenn überhaupt kein Pfennig mehr in der Casse, oder wenn anzunehmen ist, daß der Cassenbestand für die laufenden Ausgaben des betreffenden Jahres nicht ausreichen werde. Die Mitglieder der Casse haben nun häufig die Meinung, daß eigentlich für ihre Beiträge die Gegenleistungen der Casse höhere sein könnten; und in der That —, wenn heute die Cassen ganz neu gebildet würden für die neu in den Lehrerstand eintretenden Personen, und diese dem Gesetz entsprechend ihre Beiträge zahlten, so würde die Wittwenpension höher ausfallen können. Wenn nun auf den Wunsch der Mitglieder, die Rente zu erhöhen, ausgerechnet wird, wieviel Fonds vorhanden sein muß, so findet man fast immer ein großes Deficit, und zwar bei dem Minimalbetrage der Pensionen. Bei der Schullehrer-Wittwencasse des Regierungsbezirks Potsdam z. B. beträgt das Deficit ca. 40,000 Thaler, im Regierungsbezirk Merseburg ca. 80,000 Thaler. Wenn der Staat dieses Deficit deckte, so würde in einer Reihe von Jahren die Leistungsfähigkeit der Casse wachsen; aber weil der Staat glaubt, erst eintreten zu müssen, nachdem der Kassenbestand erschöpft ist, und die Deckung des Deficits nicht sofort erfolgt, so wird die Deckung desselben, wenn nicht ganz so doch theilweis, abgewälzt auf die Schultern der Mitglieder.

Ein anderer Gesichtspunkt, über den ich speciell aus meiner Erfahrung etwas sagen kann, ist der Zusammenhang zwischen anderen Vereinen und Pensionsvereinen. Ich bin seit einer längeren Reihe von Jahren für einige Regierungsbezirke mit der Aufgabe betraut, die sich neu bildenden oder organisirenden Sterbe-, Kranken- und Pensionscassen hinsichtlich ihrer Lebensfähigkeit zu prüfen; und ich habe namentlich aus der Provinz Brandenburg eine große Anzahl von solchen Cassen geprüft. Die Prüfung erstreckt sich bei schon vorhandenen Cassen auf die Zulässigkeit beabsichtigter Statutenänderungen, und bei neuen Cassen auf Prüfung der Lebensfähigkeit überhaupt; und da habe ich solche Cassen, die für sich selbständig dastanden, fast ausnahmslos nur dann zu prüfen gehabt, wenn Statutenveränderungen vorgenommen werden sollten, die den Zweck hatten, den säumigen Zugang neuer Mitglieder zu heben. Dagegen von neuen Cassen — Sterbecassen, Sterbe- und Krankencassen, Pensionscassen — habe ich fast nur solche gehabt, die innerhalb eines bestimmten Vereins ihre Mitglieder erwarteten, und die Anzahl dieser Cassen war eine sehr große. So habe ich z. B. in früheren Jahren Sterbecassen für die Mitglieder des Treubundes, ferner für die Mitglieder bestimmter katholischer Vereine und in der letzten Zeit in größerer Zahl für die Mitglieder der Krieger- und Landwehrvereine zu prüfen gehabt. Ich habe hierbei die Ueberzeugung gewonnen, daß jene Vereine gerade durch die Vereinigung ihrer speciellen Vereinsbestrebungen mit den Versorgungsbestrebungen den letzteren am meisten Vorschub geleistet haben; und ebenso werden die Gewerkvereine wie diese Landwehr- oder Kriegervereine, wenn sie die Sache in die Hand nehmen, für ihre Alters- und Krankenversorgung auf freiwilligem Wege besser sorgen als auf dem des Zwanges.

Ein Antrag des Dr. Eras ist inzwischen eingegangen, er lautet:

„Der Verein beschließt, den Punkt 5 der Resolution des Correferenten folgendermaßen abzuändern:

„Verbindungen solcher gesetzlich anerkannter, auf Grund dieser Normativbestimmungen errichteter Cassen mit anderen Vereinen sind zulässig. Mitglieder dürfen aus der Vereins-Pensionscasse nur dann ausgeschlossen werden, wenn sie ihren Beitragspflichten zu dieser Casse nicht genügten."

Der Vors. Prof. Dr. Nasse ersucht, während der bevorstehenden Pause die Neuwahl für zwölf Mitglieder des Ausschusses, die im Jahre 1874 ausscheiden, mittelst Stimmzettel vorzunehmen.

(10 Minuten Pause).

Nach der Pause werden die Stimmzettel von dem Schriftführer, Herrn Dr. von Bojanowski, eingesammelt, und das Resultat während der weiteren Verhandlungen ermittelt.

In Fortsetzung der Discussion erhält zunächst das Wort

Prof. Dr. Held (für): Meine Herren! Wir Alle sind der Ansicht, daß eine möglichst weit verbreitete Altersversicherung der Arbeiter wünschenswerth ist und es fragt sich nur, ob diese durch Zwang herbeigeführt werden soll oder nicht. Es sprechen nun für die Freiwilligkeit gewiß triftige Gründe. Es ist ja nicht zu leugnen, daß wenn durch freiwillige Bewegung eine allgemeine Altersversicherung der Arbeiter zu Stande käme, diese dann den moralischen Einfluß, den man der Versicherung zuschreibt, in viel höherem Maße ausüben würde. Aber wie die Verhältnisse und Gewohnheiten unserer Arbeiter einmal sind, namentlich wenn man bedenkt, daß die Arbeiter gegenwärtig zu agitatorischen Vereinen viel mehr Neigung haben, als zu solchen, die unpolitische praktische Ziele verfolgen, so ist nicht zu erwarten, daß wir auf dem Wege der Freiwilligkeit Großes erreichen werden. Die englischen Beispiele, die hier angeführt wurden, kann ich nicht als maßgebend bezeichnen, denn was in England schon seit Langem gelingt, das gelingt deshalb noch nicht bei uns. In England ist die freiwillige Initiative zur Schaffung von Institutionen, welche dem Einzelnen, wenn auch nur in Zukunft praktischen Vortheil bringen, weit mehr entwickelt als bei uns, die wir zugleich gegen staatlichen Zwang geringere Abneigung haben. Die Gewerkvereine mit ihren Pensionscassen insbesondere, so sehr ich ein warmer Freund dieses Anfangs gewerblicher Organisation bin, sind gegenüber den englischen Tradesunions und Friendly societies numerisch so unbedeutend, daß wir von diesen Anfängen eine baldige Verallgemeinerung freiwilliger Versicherung nicht erwarten können, und eben der Vergleich unserer Gewerkvereine mit den englischen zeigt, daß in Bezug auf rein freiwillige Organisationen die Aussichten bei uns andere sind als dort.

Wenn ich so von der freiwilligen Initiative keine genügenden Resultate erwarten kann, so verfalle ich deshalb nicht in das absolute Gegentheil und will keinen die Freiwilligkeit ertödtenden Zwang. Allgemein eingeführte, von der Gemeinde verwaltete, local abgegrenzte Zwangscassen für alle Lohnarbeiter könnte ich nicht billigen. Das liefe in der That auf eine Kopfsteuer hinaus und würde gar keinen moralisch hebenden Einfluß üben können. Unser Referent will aber in seinen Thesen einen derartigen mechanisch wirkenden Zwang, der jede freie Regung tödtet, durchaus nicht. Vielmehr will er die freien Cassen erhalten, zur Gründung freier Cassen anregen, diese durch gesetzliche Normativbedingungen stützen — und nur nach einem bestimmten Termin zur Ergänzung der freien Cassen obligatorische eintreten lassen.

Besonders sympathisire ich damit, daß Referent sagt, es sollten unter staatlicher Mitwirkung Verbände eintreten. Dies ist vornehmlich der principielle Grund, wegen dessen ich mich dem Referenten anschließe und für Zwang — in diesem Sinne — bin.

Es ist Aufgabe des Staats, da einzusetzen, wo ein Keim der Organisation sich zeigt, den Bedürfnissen, die sich im freien Leben der Gesellschaft entwickeln, entgegenzukommen, so daß sie auf gesetzmäßigem Wege und mit Kraft befriedigt werden können. Denn wir wollen ja Organisation der Gewerbe nicht durch Omnipotenz des Staates schaffen, aber unter Mitwirkung des Staats durch Sammlung der socialen Kräfte aus der gegenwärtigen Anarchie sich entwickeln lassen. Dabei ist es nun höchst natürlich, ja bis zu einem gewissen Grade nöthig, daß man zunächst an das vor Allem hervortretende Bedürfniß der Versicherung anknüpft, weil gemeinsame von Allen empfundene Gefahr am leichtesten zur Vereinigung treibt.

Das Princip der Versicherung selbst verlangt wegen der Verschiedenheit der Gefahr Verbände nach einzelnen Gewerben, und so hätten wir in der Versicherung den natürlichen Anfang der Organisation der einzelnen Gewerbe überhaupt — und zwar wie das bei den Knappschaftscassen der Fall ist — der Organisation, die beide Parteien umfaßt und verbindet. Ich stelle mir die Sache so vor, daß wir zunächst die Knappschaftscassen, die bestehenden Cassen einzelner großer Fabriken, die Cassen für Bedienstete großer Eisenbahnen, die Gewerkvereinscassen rc. erhalten und die Entstehung ähnlicher Cassen anregen müssen. Dann wären für alle Gewerbe, deren Mitglieder einigermaßen zahlreich sind, durch staatlichen Zwang kreis- oder provinzweise ähnliche Cassenverbände ergänzend einzuführen. Nur in letzter Linie wäre es eventuell nicht auszuschließen, daß für wenig zahlreiche Kategorien verschiedener übrig bleibender Arbeiter — immer nur solcher, die keiner anderen Casse beigetreten sind — locale Zwangscassen eingerichtet würden.

Ueber sämmtlichen Cassen müßte eine Centralbehörde stehn, welche die freiwilligen und obligatorisch eingeführten Cassen überwacht, ob sie sich den Normativbedingungen fügen. Diese selbe Behörde müßte auch die Abgrenzung der obligatorischen Cassen nach Ort und Zeit und nach Bedürfniß wechselnd feststellen, eventuell für einen Cartell unter den gleichartigen Cassen sorgen. Ich denke also an eine Verwaltungsbehörde, die nicht eine mechanische Vorschrift buchstäblich oder gar nur auf dem Papier ausführt, sondern die in beständigem lebendigen Zusammenhang mit der Praxis nach den jeweiligen Bedürfnissen verfügte, selbstverständlich auch mit Delegirten der Cassen sich in beständiger Verbindung befinden würde. Wenn wir nun sämmtliche Cassen möglichst nach Gewerben getheilt und zugleich eine Unterstützung dieser Organisation durch den Staat wünschen, welche die Freiwilligkeit nicht tödtet, sondern befördert, und auch die Gewerkvereine nicht stört, sondern umgekehrt der Idee derselben dient und ihr Autorität verleiht — so können Sie meines Erachtens die Thesen des Referenten annehmen wie sie sind. Sie würden damit weder etwas Unpraktisches noch etwas den Traditionen des Vereins Widersprechendes beschließen.

Zum Schlusse meiner wenigen Worte — ich will die geschäftsordnungsmäßige Zeit nicht überschreiten — möchte ich einen Zusatz zu den Thesen des Referenten beantragen. Derselbe entspricht dem Gedanken, daß die subsidiären Zwangscassen nur unter möglichster Schonung, ja möglichster Unterstützung der freien Cassen eingeführt werden sollten. Ich würde nämlich am Schluß der zweiten These einschalten:

> „Verbindung von anerkannten Pensionscassen mit anderen anerkannten Vereinen ist zulässig; es ist aber in diesem Falle besondere Cassenführung für die Pensionscasse zu fordern."

Das, meine Herren, bezieht sich nicht nur auf die etwaige Verbindung mit der Strikecasse, sondern auch auf die Verbindung mit der Krankencasse, deren Trennung von der Pensionscasse wünschenswerth ist. Weiter beantrage ich den Zusatz:

„Mitglieder, welche aus anderen Gründen, als Nichtzahlung der Beiträge aus der Pensionscasse ausscheiden müssen, sind zu entschädigen.“ Das wäre mein Antrag, der zur Abstimmung kommen müßte, wenn Sie sich für die Thesen des Referenten entscheiden.

Reg.-Rath Müller (gegen): Verehrte Herren! Es scheint mir die Sache durch Vermengung von zwei Gesichtspunkten noch unklarer gemacht zu werden, als sie bis jetzt war. Man hat die Hülfscassen zur bloßen Unterstützung für Krankheiten und für Sterbefälle in Verbindung gebracht mit den Pensionscassen. Ich glaube, diese Verschmelzung ist eine für die Sache sehr ungünstige. Ich stehe auf dem Standpunkt der vollen Freiheit der Cassen, und will in keiner Weise eine Zwangsverbindlichkeit für dieselbe herbeigeführt haben. Beide Theile aber gehen von dem Gesichtspunkte aus, daß nicht blos der Arbeiter, sondern auch der Arbeitgeber für die Cassen beizusteuern habe. Wenn man diese Beitragspflicht von Seiten der Arbeitgeber begründen will, so glaube ich, kann man das nicht thun, indem man blos auf ein allgemeines Bedürfniß hinweist, sondern man muß dies Bedürfniß rechtlich darstellen können. Ich erkenne den Wunsch und das Bedürfniß, daß von Seiten der Arbeitgeber mit eingetreten wird, um die Pensionscasse zu unterstützen, vollständig an Ich finde die Begründung der Beitragspflicht aber lediglich darin, daß die Industrie eine Menge — und unter Industrie will ich hier nicht nur im engern Sinne die Gewerbe, sondern auch die Landwirthschaft und alle wirthschaftliche Thätigkeit begriffen haben — und ich finde die Verpflichtung der Arbeitgeber darin, daß in der Industrie eine Menge Unfälle vorkommen, die nicht unter das Haftpflichtgesetz fallen, aber ebensowenig dem Arbeiter zur Last gelegt werden können. Wenn hier auch in den meisten Fällen Verschuldung des Arbeiters vorliegt, ist sie doch eine solche, für welche man ihn die Folgen nicht tragen lassen darf. Wer nur irgendwie aufmerksam die Industrie beobachtet, der wird finden, daß die Arbeiter nicht nur verunglücken durch eigene kleine Versehen, sondern daß eine Verkettung von anderen Umständen stattfindet.

Wir haben ferner eine große Menge von Industriezweigen, bei denen die Gesundheit durch nachtheilige Einflüsse allmählich untergraben wird, Einflüsse, die der Mediziner jeden Augenblick nachweisen kann, für deren Folgen aber das jetzige Haftpflichtgesetz die Unternehmer in keiner Weise verbindlich macht.

Daß auch in diesen Fällen durch die Gesetzgebung Fürsorge für den Arbeiter zu treffen ist, wird sich schwerlich bestreiten lassen. Streben wir daher dahin, daß eine Verbindlichkeit der Arbeitgeber gesetzlich ausgesprochen werde, zu den Hilfscassen der Arbeiter beizutragen, so haben wir nur in das Haftpflichtgesetz die Bestimmung aufzunehmen, daß jeder Gewerbsunternehmer verpflichtet sei, die Arbeiter überhaupt sicher zu stellen gegen die Folgen aller körperlichen, nicht durch ihre eigene grobe Verschuldung herbeigeführten Unfälle, sowie derjenigen nachtheiligen Einflüsse bei der Arbeitsverrichtung, welche seine Gesundheit untergraben und ihn zum Invaliden machen.

Es könnte nun die Frage entstehen, wie der einzelne Gewerbsunternehmer im Stande sein solle, so weitgehenden Verpflichtungen gegen die Arbeiter wirklich gerecht zu werden. Hat man bei Erlaß des Haftpflichtgesetzes nicht Anstand genommen, bereits sehr weitgehende Verpflichtungen auszusprechen, weil für die Arbeitgeber die Möglichkeit vorlag, durch Betheiligung an Versicherungsgesellschaften mit einem verhältnißmäßig geringen Opfer die Gefahr von sich abzuwenden, so werden dieselben auch bei Erweiterung des Haftpflichtgesetzes sich in die Lage setzen können, ihren moralischen und gesetzlichen Verpflichtungen gegen die Arbeiter nachkommen zu können.

Sorgen wir auf diese Weise für Unterstützungs- und Pensionscassen, so können wir die Aufbringung der Mittel für die übrigen Zwecke der Hülfscassen den Arbeitern allein überlassen. Es haben dieselben dann die Möglichkeit, ihre Ersparnisse, die sie für das Hülfscassenwesen verwenden wollen, lediglich für diese speciellen Zwecke zu verwenden. Wir werden dann nach beiden Seiten hin etwas erreichen und ich glaube, diese Beschränkung auf das kleinere Ziel wird uns weiter bringen, als wenn wir jetzt mit einem Male ein weiteres Gesetz für alle Wege des Zwanges hervorrufen! — (Großer Beifall).

Schulze: Meine Herren! Lassen Sie mich gerade an die Ausführungen des Herrn Vorredners anknüpfen. Er hat die Frage auf ein Gebiet hinüber gespielt, welches bisher nicht genug in der Debatte hervorgehoben ist, nämlich auf den Zusammenhang, in welchem die Angelegenheit des Pensionscassenwesens zu der gesetzlichen Haftpflicht steht. Aber ich leite hieraus gerade einen Grund für die allgemeine und obligatorische Casse her. Der Grund des Haftpflichtgesetzes ist der, daß man gesagt hat: Die Unfälle, die sich in einem Gewerbe ereignen, muß man zwar dem Einzelnen zur Last legen; aber man will dem Einzelnen nicht zumuthen, sie allein zu tragen, — man wälzt sie durch den im Gesetze liegenden Zwang zur Unfallversicherung auf die Schultern des ganzen Gewerbes ab. Ganz ebenso, meine ich, müssen die Dinge, die sich aus dem Arbeitsverhältnisse ergeben und die den Arbeiter dauernd oder vorübergehend arbeitsunfähig machen, wiederum auf die gewerbliche Gesammtheit abgewälzt werden, denn der Einzelne kann den Schaden nicht tragen. Es sind dies Dinge, die aus der gewerblichen Gesammtheit fließen und die gewerbliche Gesammtheit muß sie als solche auch tragen, und ich sehe keinen andern Weg, wie die Gesammtheit sie tragen soll, als eben den Cassenzwang.

Ich will mir sodann erlauben, Einiges auf die Ausführungen des Herrn Correferenten zu erwiedern. In seinen Ausführungen finde ich einen Punkt von Erheblichkeit, und daß dieser Punkt wirklich ein starkes Argument bildet, erkenne ich vollkommen an. Es ist dies derjenige Punkt, wo er ausführt, man könne ja doch nur dem Arbeiter der alleruntersten Kategorie ernstlich helfen. Alle anderen, die besser situirten Arbeiter, müsse man gleichsam durch eine Fiction auf den Standpunkt des niedrigsten Arbeiters herabdrücken; man könne ihnen also doch in Wirklichkeit nicht sehr viel dienen. Daran ist sehr viel Wahres. Ja, ich will sogar zeigen, daß dasselbe Argument sich noch weiter ausführen läßt. Gerade die besseren Arbeiter sind es, mit denen wir hauptsächlich zu thun haben. Auf die gering bezahlten, auf die eigentlichen Tagelöhner, ist bis jetzt die Nothwendigkeit einer Rücksichtnahme noch viel geringer; bei ihnen ist das Bedürfniß noch viel kleiner. Aber, meine Herren, auch dies Argument läßt sich doch durch folgende weitere Erwägungen in seinem wesentlichen Inhalte entkräften. Wir haben niedrig, gering bezahlte Arbeiter, Tagelöhner, deren Lohnverhältniß dem angenommenen Pensionssatz wirklich entsprechend ist, und wir haben besser bezahlte Arbeiter, deren Verhältnissen durch den Pensionssatz nur sehr ungenügend entsprochen wird. Was das Erstere betrifft, so gebe ich zu, daß das Bedürfniß hier noch das verhältnißmäßig geringere ist. Aber man wird auch zugeben müssen, daß mit dem Fortschritte unserer modernen Entwickelung für uns die Nothwendigkeit wächst, uns gerade mit den allerniedrigsten Volksschichten und ihrem socialen Leben sehr ernstlich zu befassen. Aus diesen Schichten steigen ja die dumpfen, unleitbaren und unzugänglichen Massen empor, die uns jetzt so viel zu schaffen machen. Wenn wir nur mit dem gelernten Arbeiter zu schaffen hätten, so könnten wir ja sagen: es wird Bildung und Einsicht bei diesen Leuten wachsen. Aber aus dem untersten Volksleben heraus steigen die unklaren Vorstellungen empor, die sie von dem Staate und seinem Wesen haben, und das ist ja ein Theil der Gefahr, die wir jetzt im socialen Leben vor uns sehen.

Dem besser gestellten Arbeiter wird freilich nur ungenügend geholfen durch den vorgeschlagenen Pensionssatz. Ja, meine Herren, wir wollen auch keineswegs das Armenwesen beseitigen und wollen keineswegs allen Ansprüchen genügen, die von einem solchen Arbeiter erhoben werden können; wir wollen nur dem Krebsschaden entgegenarbeiten, der dadurch entsteht, daß Menschen und Familien völlig hülflos sind! — und das sind sie eben nicht mehr, wenn ein einigermaßen erheblicher Pensionssatz da ist. Manche Familien sind ja nicht ganz besitzlos oder erwerbsunfähig, und da wird doch ein höchst bedeutender Einfluß auch in denjenigen Fällen geübt werden, wo man sagen muß, hier ist die Pension ungenügend.

Als ganz unerheblich muß ich bezeichnen, was der Herr Correferent vom Armenwesen hergenommen hat. Er meint, wenn man die Sache in ihre äußersten Consequenzen treiben will, würden wir lediglich ein verallgemeinertes Armenwesen haben, wie wir es jetzt auch schon haben. Aber, meine Herren, ist denn aus dem jetzigen, gesonderten Armenwesen etwas Wünschenswerthes entstanden, oder ist es nicht vielmehr überall mit den schwersten Mißverhältnissen verknüpft? Wo man dazu übergehen will, wie man es in Elberfeld, Crefeld und anderen Städten gethan hat, das Armenwesen als einen großen Brennpunkt der socialen Angelegenheiten aufzufassen, ja da kann man etwas leisten; aber da kann man auch nicht mehr sagen: Wir kommen mit etwas Aehnlichem durch, wie unsere jetzigen Armensteuern sind.

Für ganz falsch halte ich dasjenige Argument des Herrn Correferenten, welches besagt: Das hier erstrebte Zusammenarbeiten von Arbeitgebern und Arbeitnehmern werde keinen Einfluß üben auf das Gegenseitigkeitsverhältniß zwischen Beiden. Das erkenne ich allerdings an, daß auf das Verständigen in Lohnfragen dieses Verhältniß auf lange hinaus von wesentlich geringem Einflusse sein wird. Aber in einem Punkte wird sein Einfluß ein ganz ungeheuerer sein; nämlich darin, daß die gegenseitige Unkenntniß der Verhältnisse einigermaßen schwinden wird, und diese halte ich allerdings für ein großes Uebel. Meine Herren! Welcher Arbeitgeber kann sich gegenwärtig sagen, daß er über die Bedürfnisse seiner Arbeiter genügend unterrichtet sei? wohl kaum Einer! — und ebenso steht's bei den Arbeitern mit ihrer Kenntniß der wirthschaftlichen

Grundlagen, aus denen ihre Lohnverhältnisse entspringen. Wenn wir nun derartige Anstalten haben, so ist doch wahrscheinlich, daß der gegenseitige Verkehr und die gegenseitige Einsicht einen ungemeinen Aufschwung nimmt, und daher glaube ich, daß schließlich ihr Einfluß auf die beiderseitigen Verhältnisse überhaupt ein sehr segensreicher werden wird.

Ich muß ferner an meiner Ueberzeugung festhalten, daß wir es hier mit einem absoluten Bedürfniß zu thun haben. Man sagt wohl: ja, da wird der Industrie und zunächst den Arbeitern eine Last aufgewälzt, die schwer zu tragen ist! Darauf kann ich immer nur mit der Frage antworten: Gesteht man das Bedürfniß zu? Das Bedürfniß gesteht auch der Herr Correferent zu. Wenn man aber das Bedürfniß zugesteht, so kann zur Hebung desselben eine Last nicht zu groß sein, denn sonst ist es nicht Bedürfniß. Entweder wird das Bedürfniß aus einem besonderen, mit Rücksicht auf seine Verhältnisse angesammelten Fonds befriedigt, oder aus einem anderen Fonds, der jedenfalls in ferner liegenden Beziehungen zur Sache steht, oder aber es bleibt unbefriedigt, d. h. unsere ganze sociale Lage verschlechtert sich um so und soviel. Darum bin ich der Meinung, daß, wenn man das Bedürfniß zugesteht, man dann nicht mehr mit dem Argumente kommen kann: Ja, die Befriedigung würde zu theuer kommen!

Man sagt nun: Ja, die jetzigen freien Cassen werden die Bedürfnisse früher oder später auch befriedigen. Aber ich muß fragen, ob denn die einzelnen Cassen im Stande sind, das zu thun und eine richtige statistische Grundlage zu liefern? Ich behaupte, daß die Bedingungen dieser Cassen doch mehr rein zufällige sind, ohne daß da in einigermaßen maßgebender Weise ein „Gesetz der großen Zahlen“ zu ermitteln wäre. Dieses Gesetz kann dort nicht in genügend stetiger Weise hervortreten. Dieses Gesetz kann nur da auftreten, wo das Verhältniß ein allgemeineres ist, und je allgemeiner man die Sache macht, desto mehr und mit desto geringeren Kosten werden wir die Sache zweckmäßig machen können. Man hat seiner Zeit und, wie ich glaube, mit vollem Recht, die Gewerkvereine mit der Anführung gerechtfertigt, daß allerdings der gute, über den Durchschnitt sich erhebende Arbeiter vielleicht solcher Dinge nicht bedürfe, daß aber der Durchschnittsarbeiter ein Bedürfniß nach denselben habe; und daß die Masse der Arbeiter sich auf oder unter dem Niveau des Durchschnittsarbeiters befindet, das glaube ich behaupten zu können, meine Herren! Ich wende nun das Nämliche auf das System an, wie es Ihnen vorgeschlagen wird. Es ist vollkommen richtig: der vorsorgliche Arbeiter, der gutsituirte Arbeiter, der wird von freien Cassen, wo er seine Mittel anlegen kann, sehr gern Gebrauch machen. Aber es giebt einen Durchschnittsarbeiter, den man durchaus nicht als Lumpen und leichtsinnigen Kerl betrachten kann, der sich aber nicht über den Durchschnitt erhebt, und eben nur die geringere moralische Kraft hat, wie sie zur Zeit in unserem Durchschnittsarbeiter steckt, und für diesen muß man eine obligatorische Hülfscasse schaffen. Ich erlaube mir, daran zu erinnern, daß unser Vorsitzender vor zwei Jahren die Idee entwickelt hat: Gerade weil die Gewerkvereine unseren Verhältnissen gegenüber sich für die Dauer unentbehrlich erweisen werden; gerade weil man irgend eine Form der Arbeitervereinigungen nicht missen kann, und weil nun die Gewerkvereine eine gewisse Gefährlichkeit in sich schließen können, deshalb müssen sie von Oben herab organisch gegliedert und organisch ins Leben gerufen werden! — und da finde ich die Analogie mit dem hier vorgeschlagenen Cassenwesen außerordentlich nahe liegend und halte gleicherweise dafür, lieber solche Cassen ins Leben zu rufen, lieber gesetzliche staatliche Maßregeln für sie zu ergreifen, als sie in der Entwickelung sich selbst zu überlassen.

Es ist mit Recht gesagt worden, daß die öffentliche Meinung sich den Gewerkvereinen und ihren freien Cassen gegenüber sehr ungünstig erwiesen habe. Nun, meine Herren, gerade der Verein, den der Referent repräsentirt, hat sich immer von solcher Feindseligkeit fern gehalten; in dem Centrum dieses Vereins hat man sich mit den Gewerkvereinen auf einen freundlichen Fuß gesetzt. Es ist also keine Feindseligkeit gegen die freien Cassen der Arbeiter, was zu dieser Vorlage Anstoß gegeben hat.

Prof. Dr. Nasse hat inzwischen folgenden Unterantrag eingebracht:

> In dem Antrage des Correferenten Nr. 5 in der zweiten Zeile den Worten: „mit anderen" hinzuzusetzen: „nach gesetzlichen Normativbestimmungen errichtete Vereine sind zulässig".

Der Vors.: Herr Prof. Conrad hat den Antrag gestellt, die Redezeit auf 5 Minuten zu beschränken. Nach meiner Ansicht könnte ich ihn der Versammlung nicht gerade empfehlen; denn bis jetzt hat die Versammlung noch jedesmal, wenn ich sie nach 10 Minuten fragte, dahin entschieden, daß der Redner weiter sprechen sollte. Ich glaube, daß dies nach 5 Minuten noch mehr der Fall sein wird.

Prof. Conrad: Ich habe den Antrag eingebracht, weil ich der Versammlung die Möglichkeit geben wollte, sich darüber zu erklären, ob sie noch auf einen andern Gegenstand übergehen wolle. Wenn Sie den Antrag nicht annehmen, meine Herren, behalten wir nicht mehr Zeit, zu einem andern Gegenstand zu kommen.

Janson: Gestern wurde ausgesprochen, daß man jede Sache gründlich erörtern würde. Nach den Worten des Vorredners käme es aber darauf an, nur bald zu einer anderen Frage zu kommen, die man ja voraussichtlich dann auch nicht erledigen kann.

Der Antrag Conrad wird abgelehnt. In der Reihenfolge der Rednerliste erhält das Wort

Janson (gegen): Meine Herren! Ich erlaube mir gegen den letzten Herrn Redner anzuführen: Wenn die Betheiligung der Arbeitgeber an diesem

Cassenwesen irgend welchen günstigen Einfluß auf die Cassen ausüben sollte, so müßten wir dies schon bemerken, weil wir seit Jahrzehnten viele Cassen mit Betheiligung der Arbeitgeber besitzen.

Nun, meine Herren, schließe ich mich Herrn Regierungsrath Müller an, daß man eigentlich von den Alters- und Invaliden-Versorgungscassen auf das Cassenwesen überhaupt eingegangen, und ich glaube auch, daß diese Verhandlungen hauptsächlich dazu dienen sollen, in die gesetzlichen Bestimmungen mehr Klarheit zu bringen, in den Wirrwarr, der durch den §. 141 der Gewerbeordnung verursacht ist. Die Hauptsache ist die, dafür zu sorgen, daß Jeder, der sich einer Casse anschließt, überhaupt weiß, wo er hingehört; denn das ist jetzt nicht der Fall. Die Zwangsverpflichtung, einer Pensionscasse beizutreten, kann ich nicht billigen, weil die Behörde bis jetzt noch nicht einmal die Fähigkeit gezeigt hat, diese Bestimmung mit Bezug auf die Kranken- und Sterbecassen durchzuführen; sie wird es also bei den Altersversorgungscassen noch weniger können. — Ein weiterer Grund ist der, daß die Arbeiter diese gesetzlichen Bestimmungen nicht inne halten können. Es laufen Tausende von Arbeitern herum, die keiner Casse angehören, weil die Arbeitgeber sich nicht drum kümmern. Nach §. 141 der Gewerbeordnung soll jeder Arbeiter einer Casse angehören, und der Arbeitgeber soll Keinen, der einer Casse nicht angehört, in Arbeit nehmen, er soll eventuell die Beiträge für seine Arbeiter zahlen. Die Gesetze verpflichten somit die Arbeitgeber zwar, aber erlauben ihnen nicht, eine Beschlagnahme auf Lohn auszuüben; dennoch hat man viele Meister durch Execution zur Zahlung gezwungen. Könnte man die Arbeiter wirklich zwingen, so würde ich es nach dem Wortlaut des Gesetzes für sehr richtig halten, daß jeder Arbeiter sich an einer Kranken- und Begräbnißunterstützungscasse betheiligen müßte. In Betreff der Invaliden- und Altersversorgung liegt es aber entschieden anders. Es ist doch nicht gesagt, meine Herren, daß die Versorgungsbedürftigen immer gerade aus den untersten Classen hervorgehen; das sehen wir ja an den sogenannten „verschämten Armen"!. Also ohne Ausnahme müßten die Staatseinwohner dann hinein. Wenn der Herr Referent ausgeführt hat, daß der untersten Arbeiterclasse der Trieb, sich zu versorgen, nicht inne wohnt, sondern nur den besseren Classen, so halte ich das nicht für richtig; denn wir sehen z. B., daß der „Gewerkverein der Fabrik- und Handarbeiter", welcher die Tagelöhner in den Fabriken mit aufnimmt, am stärksten von allen Gewerkvereinen bei der Verbandsinvalidencasse betheiligt ist. Danach darf man wohl erwarten, daß die Arbeiter sich aus eigener Initiative heraus an diesen Cassen betheiligen werden.

Die Arbeiter in der großen Mehrzahl sind entschieden gegen jeden Beitrag der Arbeitgeber.

In vielen Fällen wird von unsern Gegnern angeführt: „Arbeit ist Waare! — der Arbeitgeber kauft diese Waare und bezahlt sie!" — und von diesem Gesichtspunkt gehen auch die Arbeiter aus. Der Arbeiter wird nicht gebessert dadurch, daß Arbeitgeber mit in der Verwaltung sitzen; im Gegentheil: es existirt unter den Arbeitern in der Allgemeinheit die Ansicht, daß sie schon fähig sind oder sich fähig machen wollen, ihre Cassen selbst zu verwalten, weil man bei der Betheiligung der Arbeitgeber unter Umständen noch einen Einfluß auf andere Dinge, die mit der Casse nichts zu thun haben, befürchtet; und wenn man sich die Fabrikcassen vergegenwärtigt, so ist diese Befürchtung nicht ganz grundlos. Ich sehe auch gar nicht ein, wie sonst die Fabrikbesitzer und Arbeitgeber sich so danach drängen könnten, in solche Verwaltung hinein zu kommen und etwas für die Cassen der Arbeiter zu geben. Aus diesem Grunde lehnen die Arbeiter jede Betheiligung der Arbeitgeber an ihren Cassen ab, sie sagen sich: „Der giebt ja doch nichts aus seiner Tasche, sondern hat es uns schon vorher abgezogen!" Das ist so die allgemeine Ansicht in den Arbeiterkreisen.

Ferner meint der Herr Referent, daß in den einzelnen Bezirken Cassen begründet werden müßten, die aber dann in eine Centralstelle zusammen zu fließen hätten. Ich für meinen Theil habe soviel brüderliche Gesinnung, daß ich ebensoviel Beitrag zahlen würde, wenn auch die Unglücksfälle in meinem speciellen Beruf nicht so häufig vorkommen. Aber wir haben erfahren, daß in einzelnen Gewerkvereinen die Mitglieder mit der Zeit bedeutend mehr leisten müssen, als in anderen, und doch ihren Mitgliedern nur eine geringere Unterstützung bieten können. Der Vorschlag, diese Cassen zusammen zu werfen, ist daher nicht ausführbar; man würde dann auch nicht nachweisen können, welche Casse die etwaige Insolvenz der Centralcasse herbeigeführt hat. Dies muß man aber können, und das ist ein Punkt, den die Gewerkvereine in erster Linie hochhalten. Und hier fühle ich mich noch veranlaßt, die unaufhörlich in der Presse auftretende Unwahrheit zu widerlegen, daß die Gewerkvereine ihre Cassengelder zu Strikezwecken vergeudeten. Das ist ja ganz unmöglich, meine Herren; denn die Mitglieder der Gewerkvereinshülfscassen würden sich sehr schön bedanken, daß Gelder zu Sonderzwecken verwendet werden, die einen großen Theil der Mitglieder gar nicht berühren, und denen daher ein großer Theil der Arbeiter gar nicht zustimmt. Aber es kommt nicht selten vor, daß ein Arbeiter bei seinem Eintritt in den Gewerkverein schon bei einer Lebensversicherungsanstalt oder Sterbecasse Mitglied ist und sich da sagt: „Was soll ich noch der Begräbnißcasse beitreten, ich bin ja schon versichert!" Das ist der Grund, warum nicht sämmtliche Arbeiter Mitglieder der Gewerkvereinscassen sind; sie haben schon früher die betreffende Vorsorge getroffen. Darum möchte ich nicht, daß man einem Theil der Arbeiter den Vorwurf macht, sie hätten keinen Sinn und kein Interesse für die Hilfscassen.

Ich ersuche die Versammlung, die Resolution des Herrn Correferenten in ihrer ganzen Ausdehnung und mit dem zuletzt verlesenen Zusatzamendement anzunehmen und nicht zu beschließen, daß man den Arbeiter zwingen solle, sich für die Zukunft zu versichern, wenn er die Initiative aus sich selbst heraus nicht hat. Es nützt das auch practisch nichts, weil man ja doch zulassen muß, daß er unter Umständen gestrichen wird.

Knauer (Gröbers) (für): Meine Herren! Ich empfehle Ihnen die Thesen des Herrn Referenten, welche also dahin gehen, daß für alle Diejenigen, die nicht freiwillig einer solchen Casse beitreten — oder wo nicht freiwillige derartige Cassen entstanden sind — der Anschluß an die staatlichen Zwangscassen stattzufinden hat. Wenn Sie das nicht annähmen, so würden Sie sämmtliche ländliche Arbeiter davon ausschließen. Sie können sich ja denken, daß bei den Wohnungsverhältnissen der ländlichen Arbeiter diese nicht freiwillig zusammenkommen, um dergleichen Cassen zu gründen; aber es wird eine Wohlthat für sie sein, wenn der Staat für sie ebenso sorgt, wie er für andere Classen der Gesellschaft schon gesorgt hat, indem er z. B. schon die Knappschaftscassen geschaffen. Ich selbst zahle z. B. zu drei dergleichen Cassen, nämlich zu der Casse der Arbeiter meiner Zuckerfabrik, zu der Knappschaftscasse für die Gruben, die ich verwalte, und zu einer freiwilligen, von mir geschaffenen Invaliden- und Krankencasse für meine ländlichen Arbeiter. — In meinem Gutachten Seite 5 und 6 steht die Einrichtung zu lesen, welche ich für meine Arbeiter geschaffen habe; dieselbe hat alle Hoffnungen, die ich darauf gesetzt, vollständig erfüllt. Es ist auch in § 16 vollständig ausgesprochen, was in dem Falle, wenn Invalidität eines Arbeiters eintritt, geschehen soll. Aber dergleichen freiwilliges Vorgehen dürfte sich doch nur sehr vereinzelt finden, und ich muß auf Grund meiner Erfahrungen, die ich aus diesen Cassen gesammelt, dringend verlangen, daß eine zwangsweise Invalidencasse für die Arbeiter in's Leben gerufen wird, denn die Freiwilligkeit ließe uns ja auf dem Flecke, wo wir jetzt sind, da es z. B. ja jedem Arbeitgeber überlassen bleibt, es seinen Arbeitern zu überlassen, was sie in dieser Richtung thun wollen. Wir wollen aber schleunige Abhülfe und Regelung der Sache. Es ist auch gestern und heute das sehr bedenkliche Wort gefallen: die Arbeit sei eine Waare. Nun, meine Herren, wenn die Arbeit eine Waare wäre, so brauchten wir uns dann ja mit der Casse gar nicht abzugeben; denn dann wäre ja jeder Mensch des Abends abgefunden und wir brauchten uns darum nicht weiter zu kümmern, wie um einen Kaufmann, ob er bankerott wird. Aber die Arbeit ist eine Leistung und keine Waare und soll auch noch eine Belohnung außer der Löhnung empfangen, und das sind die Versicherungscassen gegen Alter und Noth. Ich freue mich, daß der Referent meine Ansicht zu der seinigen gemacht hat, nämlich die Sache kreisweise zu regeln, weil ja andere Bezirke wieder ganz andere Bedürfnisse haben. Das Unterstützungscassenwesen wird sich kreisweise und gewerksweise regeln lassen müssen, und hat Herr Baron von Oertzen den richtigen Ton angeschlagen, indem er aussprach, daß diese Sache nur im Gewerbe geregelt werden könne und daß nicht Alles durcheinander geworfen werden dürfe. Wenn diese Organisation eintritt, wird die Staatsbehörde die Sache auch leicht in die Hand nehmen können.

Alsdann hat die Sache aber auch noch eine weitere Bedeutung. Das Freizügigkeitsgesetz, meine Herren, hat die Bevölkerung so verschoben, daß plötzlich, wo die Arbeit sich zeigt, eine Menge der Bevölkerung hinströmt, und sich von anderen Gegenden hinwegzieht. Die Sorge für die Armen ist in manchen Gegenden dadurch eine erdrückende geworden. Dem wird aber vorgebeugt werden, wenn die Invalidencassen da sind. Zu den letzteren reicht aber die Freiwilligkeit nicht aus, dazu gehört der Zwang; und ich muß daher wünschen, daß für diese Cassen der Zwang eingeführt wird.

Dr. Eras (Breslau) (gegen): Meine Herren! Wenn heute vielfach davon die Rede gewesen ist, daß die deutschen Gewerkvereine verdächtigt werden, indem man ihnen zum Vorwurf macht, sie vermischten gelegentlich Strikegelder und Gelder von ihrer Invaliden- und Krankencasse, so muß ich ausdrücklich betonen, daß ich in einem falschen Verdachte bin, wenn man meint, daß auch mir dergleichen passirt. Noch neulich stand im „Gewerkverein“, ich hätte etwas Aehnliches gesagt und zwar auf dem Gewerbevereins-Congreß zu Glogau. Ich weise darauf hin, daß ich ausdrücklich die Gewerkvereine gegen diesen Vorwurf in Schutz genommen und nachgewiesen habe, daß dieser Vorwurf wohl nur daher käme, weil man wisse, daß in den englischen trades unions eine derartige Vermischung der Gelder zu diesen Zwecken stattfände.

Was den anderen Vorwurf betrifft, den meine Freunde den Gewerkvereinen gemacht haben, so wird derselbe ja gar nicht in Abrede gestellt, sondern es ist ja schon durch die Formulirung der These 5 von Herrn Duncker zugestanden worden, daß bis dahin die Organisation der Cassen noch eine etwas mangelhafte gewesen. Sie haben zunächst nur bei Kranken- und Wittwencassen etwas von den eingezahlten Geldern herausgegeben und erst in neuerer Zeit sind Einrichtungen getroffen, auch Aehnliches für die Invalidencassen zu gewähren. Ich kann mich jedoch hierdurch noch nicht befriedigt erklären und habe daher das Amendement zu der These 5 des Correferenten eingebracht:

daß jene Verbindungen mit gesetzlich eingerichteten Cassen zulässig sind, die Mitglieder jedoch aus der Pensionscasse nur dann ausgeschlossen werden sollen, wenn sie ihrer Beitragspflicht nicht genügen.

Ich denke mir, daß in die Cassen immer nur ein Vereinsmitglied eintreten kann. Nun soll es aber den Vereinen nicht freistehen, ein Mitglied auszuschließen unter Herauszahlung seiner Prämien, sondern wir verlangen, daß es dann noch immer Cassenmitglied bleibt, und zwar verlangen wir dies, weil wir glauben, daß in den Gewerkvereinen für alle Zeiten ein Mißbrauch zu socialistischen Umtrieben nicht ausgeschlossen ist und sein wird. Dieser Mißbrauch könnte getrieben werden betreffs einer größeren Anzahl Personen, die man hinausschickt und mit Herauszahlung einer kleinen Prämienreserve abfindet. Daß in den Gewerkvereinen nicht für alle Zeiten Vorsorge in dieser Hinsicht getroffen werden kann, das haben wir doch wohl schon Alle gesehen. Wir in Breslau haben wenigstens zu unserm großen Bedauern beobachtet, daß die Leute der Gewerkvereine in der allerengsten Verbindung stehen mit den Socialdemokraten und daß wir also schlechterdings verlangen müssen, daß Vereinsmitglieder nicht ohne Weiteres herausgeworfen werden können aus den Cassen, wenn sie aus dem Vereine ausgeschieden sind. (Widerspruch.) Es würde mir sehr angenehm sein, wenn ich in dieser Beziehung etwas Anderes vernehmen sollte, und würde ich dann gern mein Amendement danach modificiren. Vorläufig aber halte ich mein Amendement noch aufrecht. Sobald die Aenderung vorgenommen ist, die ich damit beantrage, bin ich mit dem Antrage des Correferenten vollständig einverstanden und stimme in jedem einzelnen Theile für denselben, denn ich kann mich auch nach den heute gehörten Reden nicht für Zwangseinführung der Unterstützungscassen erwärmen.

Wenn der Herr Referent fragt: „Sobald man zugiebt, daß es bei den freien Cassen möglich sei, einen möglichst hohen Beitrag aufzubringen, warum soll es dann bei den Zwangscassen nicht auch möglich sein?“ — so antworte ich ihm, daß die freien Cassen schon eine Art Elitetruppe unter den Arbeitern repräsentiren, und von diesen ist zu erwarten, daß sie dann auch das Nöthige haben werden, falls sie in die Pensionscasse viel zu zahlen haben.

Wenn aber der Herr Referent sagt: „Wer will bei diesen Unterstützungscassen nicht einen Unterschied machen und einzelne Branchen ausschließen?!“ —

ja, meine Herren, dann wird die Sache erst recht schlimm; denn sobald Sie erst Branchen mit und ohne Versicherungszwang machen, — nun, dann ist es ganz selbstverständlich, daß das Arbeiterangebot in der einen oder anderen Branche gefährlich alterirt wird und daß wir uns auf wirthschaftliche Krisen vorzubereiten haben! Herr Schulze sagt: „Es ist ein allgemein anerkanntes Bedürfniß, daß wir zu einer allgemeinen Altersversorgung gelangen; und wo ein allgemeines Bedürfniß vorhanden ist, muß es auch befriedigt werden." — Ja, meine Herren, ich habe das Bedürfniß anerkannt; aber daß die Bedürfnisse befriedigt werden müssen, habe ich bis dahin noch nicht gewußt. Es erinnert mich dies an einen Fall aus den Revolutionsjahren in Breslau. Da äußerte Einer: „Meine Herren! Es ist das dringende Bedürfniß, gerade in der gegenwärtigen Bewegungszeit, daß die sociale Frage gelöst werde; und wir müssen sie lösen, meine Herren, wenn wir auch die ganze Nacht darüber arbeiten sollten!" —

Ludwig-Wolf (Großenhain) (für): Ich kann auf mein Gutachten verweisen, aus welchem meine Ansicht genau zu ersehen ist, und will mich jetzt nur gegen den Herrn Vorredner wenden, welcher wissen möchte, wie die Herren des Zwanges aus dem Dilemma, in das sie hineingekommen wären, wieder herauskommen können? Die Sache liegt so, daß wir uns heute nur klar machen wollen, ob wir in gewissen Grenzen einem Zwange huldigen und uns für Zwang erklären, aber das Uebrige der Gesetzgebung überlassen wollen.

Ich muß gestehen, daß mir die freiwillige Casse unendlich höher steht, als die Zwangscasse; aber ich meine, daß wir die Zwangscasse nicht entbehren können und ich will die Zwangscasse nur benutzen, um durch sie einen gelinden Druck auf die Arbeiter auszuüben, damit sie sich entscheiden, ob sie sich freiwillig oder durch Zwang einer Casse anschließen wollen. Für den Zwang habe ich zwei Gründe: einmal einen practischen und das andere Mal einen gesetzlichen Grund. Wären unsere deutschen Arbeiter sammt und sonders Anhänger der Gewerkvereine, bei denen der Grundsatz gilt: Hilf dir selbst; dann würde ich auch sagen: Weg mit einem Zwang! Aber es ist bereits gestern darauf hingewiesen worden, daß gerade die überwiegende Zahl der Arbeiter von den Netzen der Socialdemokratie umgarnt ist; die Socialdemokratie spricht es geradezu aus: Ihr sollt nicht sparen! ihr dürft nicht sparen! und von diesem Gesichtspunkt aus muß ich ein Uebergangsstadium wünschen, nach welchem wir endlich den Zwang bei Seite werfen können.

Es war mir unbegreiflich, wie der Herr Correferent zu dem Schluß kommen konnte: die Heranziehung der Arbeiter nur eine Umlegung der Armenlast nennen zu können. Meine Herren! Wer ist denn der Staat? Ist denn das ein Ding, das so neben uns herläuft, oder sind wir nicht das Alle sammt und sonders mit?! Wenn dem Einzelnen der Staat helfen muß, dann betrachte ich es als ein ganz selbstverständliches Correlat, daß der Staat ihm sagen kann: Du bist in der Lage, daß wir Alle einmal für dich eintreten müssen, jetzt sorge auch 'mal für dich! —

Das Fernere ist das moralische Moment. Ich betone, daß gerade der Arbeiter um das, was er hier bekommt, nicht zu bitten, sondern es als ein wohl erworbenes Recht zu beanspruchen hat und fordern kann. Als eine Ausnahme-

Gesetzgebung kann ich es insofern auch nicht ansehen, als ein Zwang für die Andern nicht besteht, die sich in der Lage befinden, die Ausnahmegesetze für sich nicht nöthig zu haben. Ausnahmen sind nicht zu vermeiden.

Der Vorsitzende theilt das Resultat der Ausschußergänzungswahl mit. Es sind neu gewählt worden die Herren:

Dr. Held, Bacmeister, Dr. Engel, Dr. von Sybel, Schmoller, Dr. Hirsch, Geibel, Dr. Wagner, Tiedemann, Roscher (Leipzig), v. Sombart, Janson,

mit 48 anfangend bis 25 Stimmen. Ferner erhielten:

v. Oertzen, Schulze, Loewe, Holtzendorff, Bitzer,

von 24 bis herab auf 15 Stimmen.

Es würde also der Ausschuß bestehen aus den im vorigen Jahre gewählten Mitgliedern:

Borchardt, Brentano, Duncker, Eckardt, Gneist, v. d. Goltz, Hildebrandt, Knapp, Knies, Nasse, Neumann, v. Roggenbach

und den Obengenannten, und der so constituirte Ausschuß würde nun in einer Sitzung, die wir heute Abend abzuhalten beabsichtigen, von seinem Cooptationsrechte Gebrauch zu machen Gelegenheit haben.

In Fortsetzung der Debatte erhält das Wort

Dr. Max Hirsch (gegen): Ich muß noch einmal in einer Frage, die mich auf's Höchste interessirt, um Ihre freundliche Nachsicht mit meiner schwachen Stimme bitten. Ich kann mich im Allgemeinen beziehen sowohl auf das von mir vorgelegte gedruckte Gutachten, als besonders auch auf die vortreffliche Rede meines Freundes Duncker, und habe nur auf einzelne Punkte einzugehen. Ich wende mich zunächst gegen das Amendement, welches verlangt, daß solche Mitglieder von zugehörigen Hülfscassen, die aus dem Gewerkvereine ausgeschlossen werden, dennoch Mitglieder der Hülfscassen bleiben; dazu möchte ich einige Erläuterungen geben.

Es ist selbst von Herrn Dr. Eras zugestanden, daß die Gewerkvereine durch Gründung dieser nationalen Cassen sich ein bedeutendes Verdienst erworben haben. Meine Herren! Nachdem also die Gewerkvereine mit jahrelangen Mühen und Opfern solche Hülfscassen – ohne Gründungskosten! — errichtet haben, so soll es gestattet sein, daß Personen scheinbar dem Gewerkvereine beitreten, ihr kleines Eintrittsgeld zahlen, um nur in die gut fundirten und gut verwalteten Cassen einzutreten und dann nach einigen Wochen erklären: Nun sind wir n den Gewerkvereinscassen drin, aber Gewerkvereinsmitglieder bleiben wir nicht! — Meine Herren! Wenn Sie die gemäßigten Gewerkvereine todt machen wollen, dann nehmen Sie so etwas an; denn viele Arbeiter haben ja kein weiteres Interesse, als einer gut fundirten, gesunden Casse beizutreten und sich durch die Casse besser zu stellen; das unsittliche Einschmuggeln sollte nicht durch das Gesetz sanctionirt und befördert werden! Es spricht aber auch ferner gegen den

Eras'schen Vorschlag, daß derselbe Cassenmitglieder schafft, die keine Stimme bei der Verwaltung haben. Ich betrachte dies als eine Abnormität und Unwürdigkeit und kann nicht beistimmen, daß solcher Zustand zur gesetzlichen Institution erhoben wird.

Wenn Herr Dr. Eras meint, es könnte die Zeit kommen, wo die Socialdemokraten sich eindrängen — nun, möglich ist Alles! Aber ich möchte eine Garantie für das Gegentheil übernehmen —: ich habe in den sechs Jahren, daß unsere Gewerkvereine bestehen, nur wahrgenommen, daß die Mitglieder immer fester in den gemäßigten Grundsätzen geworden sind. In Breslau freilich hat man von jener Seite, durch Abweisung der Arbeiter auch bei den gerechtesten Ansprüchen, die Gewerkvereinler geradezu gezwungen, sich mit den andern Arbeitern irgend welcher Partei bei den Wahlen zu verbinden, das ist aber eine ganz vereinzelte Ausnahme. Aber die Gefahr wird künftig noch weit geringer; denn bei einem Verein, der gesetzliche Normativ-Bestimmungen erfüllen muß — und nur solche dürfen zugehörige Hülfscassen haben — ist schwerlich zu befürchten, daß Mitglieder aus ungerechtfertigten Gründen ausgeschlossen werden. Am wenigsten kann dies wegen Nichtbetheiligung bei Strikes erfolgen, was doch immer als Schreckgespenst gebraucht wird; denn die Normativ-Bestimmungen verpflichten den anerkannten Gewerkverein, sich einem Schieds- und Einigungsamte anzuschließen und zu unterwerfen, so daß ungerechtfertigte Strikes in solchen Vereinen nicht mehr vorkommen können. Auch habe ich in meinem Gutachten bereits erklärt, daß noch nie ein Mitglied wegen Nichtbetheiligung an einem Strike aus einer Hülfscasse unserer Gewerkvereine ausgestoßen worden ist, die gegentheiligen Behauptungen also auf Unwahrheit beruhen. Ueberdies hätte jener Einwand nur einen Sinn, wenn irgend welche Arbeiter gezwungen würden: erstens dem Gewerkvereine beizutreten, und zweitens als Mitglieder desselben der zugehörigen Hülfscasse anzugehören. Aber das ist ein Irrthum. Beides beruht auf der vollsten Freiwilligkeit, und ich denke, Sie überlassen es den Arbeitern freundlichst, sich zu überlegen, ob sie gut daran thun, den Gewerkvereinen und ihren Hülfscassen beizutreten oder nicht.

Daß die Gewerkvereine auch jetzt schon in jeder Weise trotz der Schwierigkeit des Anfanges bemüht sind, ihre Hülfscassen sowohl von den übrigen Zwecken streng zu sondern, als auch ihre Cassen in so gründlicher Weise revidiren zu lassen, wie es in Deutschland noch nirgend, auch nicht bei den vielgerühmten Knappschaftscassen der Fall ist, dafür habe ich eine Menge Beläge hier, die ich dem Büreau übergebe, falls sie Jemand einzusehen wünscht.

Ich komme zur Hauptsache —: Zwang oder Nichtzwang! — und da muß ich gestehen, daß mir bei der Debatte manchmal fast unheimlich zu Muthe wurde und ich mich frug: bin ich denn in einer Versammlung mit stark socialdemokratischen Tendenzen? Denn das Hauptargument, das von dem Referenten in der Debatte angeführt wurde, war: das Bedürfniß sei vorhanden, folglich müsse der Staat seine Bürger, und zwar eine bestimmte Classe von Bürgern, zwingen, es zu befriedigen. Nun, meine Herren, wenn dieser Grundsatz zur Geltung gelangt, so sind wir mitten im socialdemokratischen Volksstaat. Denn wenn es Bedürfniß ist, Etwas zurückzulegen für's Alter, dann ist es gewiß ein noch größeres Bedürfniß, jedem Arbeiter während seiner activen Zeit den menschenwürdigen Unterhalt zu sichern, und weiter wollen ja die Socialdemokraten auch nichts, als die Garantie der Existenz, der lohnenden Arbeit. Ist es Pflicht des Staates, für das Pensionsbedürfniß einzutreten, und zwar nicht durch Förderung des freiwilligen Antriebes, sondern durch mechanischen Zwang, durch das Gebot: „ihr müßt so und soviel geben!" – dann, sage ich, ist das Bedürfniß nach Nahrung, Kleidung und Wohnung entschieden wichtiger! — und dann stelle ich den Antrag, zunächst einmal eine Expropriation der Städte eintreten zu lassen, um menschenwürdige Wohnungen herzustellen; denn entsteht nicht Krankheit und Invalidität so oft gerade durch die traurigen Wohnungsverhältnisse der Arbeiter? Meine Herren! Wir stehen ausgesprochenermaßen auf dem Standpunkt des Privat-Eigenthums, ich begreife daher nicht, wie es möglich ist, in unserer Mitte die stärksten Eingriffe in das wohlerworbene Eigenthumsrecht zu vertreten. Denn was geschieht durch den Pensionscassen-Zwang? Sie sagen dem Arbeiter: Du bist ein unmündiges Wesen! Du bist eigentlich gar kein denkender Mensch! Du weißt nicht, welche Bedürfnisse zu befriedigen sind, oder wenn Du es weißt, handelst Du nicht danach! Die Staatsgesellschaft zerfällt in zwei Theile: in Diejenigen, die Geld haben und in Solche, die kein Geld haben und daher nicht wissen, was ihnen frommt, und für die der Staat als verantwortlicher Vormund einzutreten hat. Meine Herren, auf diesem Wege wird der Arbeiter zu einem Menschen zweiter Classe herabgewürdigt! Der Staat soll ihm aber nicht nur etwas Besonderes vorschreiben, sondern sogar einen Theil seines Arbeitsverdienstes in Beschlag nehmen. Das Eigenthum beruht zunächst und vor Allem auf der Arbeit; das, was durch die Arbeit errungen wird, ist das meist berechtigte und heiligste Eigenthum. Jetzt aber sagen wir: der Arbeiter hat von dem geringen Ertrag seiner Arbeit so und soviel zwangsweise abzugeben für Bedürfnisse, die er möglicherweise gar nicht hat, von denen wir nur annehmen, sie sind vorhanden. Ich wundere mich in der That, daß so wenig Einwendungen gegen die absolute Nothwendigkeit der Alters- und Pensionscassen gekommen sind. Meine Herren! Sollen denn Arbeiter, die ihr Häuschen und ihr Stück Acker, oder die drei- bis vierhundert Thaler Spaareinlagen besitzen, wie dies jetzt gar nichts Seltenes ist — die also für ihr Alter gesichert sind — sollen denn Alle mir nichts dir nichts, weil es den Herren so paßt, noch extra zwangsweise einen sehr hohen Beitrag zur Pensionscasse geben? Worin liegt die Rechtfertigung, meine Herren, und woher sollen diese hohen Beiträge kommen? Ich verstehe auch das nicht, wie Männer, die doch mitten im praktischen Leben stehen, sich so leicht über diese Schwierigkeiten hinwegsetzen und immer nur reden: wo das Bedürfniß vorhanden, muß es befriedigt werden. Nun, meine Herren, ich kenne Fälle, wo der Arbeiter noch heut zu Tage bei vollem Geschäftsgange, bei 14- und mehrstündiger Arbeit, $2^1/_2$ Thaler die Woche nach Hause bringt, wovon bei den jetzigen Lebensmittelpreisen der Mann, die Frau und 5, 6 Kinder erhalten werden sollen; und in solchen Verhältnissen, in der traurigen Lage der Weber, der Nagelschmiede u. s. w., wo der Verdienst kaum ausreicht, um nothdürftig Kartoffeln anzuschaffen, da wollen Sie jährlich noch 10 Thaler Steuer verlangen, um Pensionscassen davon einzurichten? Sie verlangeu das in der Zeit der Arbeit nicht nur, nein auch in der Zeit, wo Nichts verdient wird, eine Zeit, die leider oft Monate und Vierteljahre lang dauert. (Der Vors. unterbricht den Redner, da derselbe bereits 10 Minuten gesprochen, mit der Frage an die Versammlung, ob der Redner weiter sprechen soll. Auf allgemeines „Jawohl" spricht Redner weiter.)

Ich sagte also: Wie es möglich ist, unter diesen Umständen Ernst zu machen mit der Durchführung der Zwangscassen, ist mir unverständlich. Auch hier, wie bei dem Arbeitscontractbruch, soll eine einzelne Institution in höchst mechanischer und reactionairer Weise aus dem wirthschaftlichen und Culturzusammenhange der Zeit herausgerissen werden. Das ist aber nicht der richtige Weg, die sociale Frage zu lösen, da es ebenso unwissenschaftlich wie unpraktisch ist. Dadurch wird nur Verwirrung selbst in sonst klaren Köpfen erzeugt; und wenn von hervorragenden Männern, die ausdrücklich bekennen, auf dem Boden der gegenwärtigen Verhältnisse zu stehen, fortwährend derartige Anträge gestellt und verfochten werden, dann ist es kein Wunder, wenn auch in den Köpfen der Arbeiter mehr und mehr die Forderung Platz greift, daß der Staat für ihre Existenz einzutreten verpflichtet sei. Ich selbst habe einen Theil meines Lebens dem Streben nach wirksamen Pensionscassen geopfert; aber ich erkläre: so bevormundend von Oben herunter und so classenmäßig, wie die Herren es wollen, läßt sich die Sache nicht machen. Würden Sie es versuchen, Sie würden nur im Versuche die Unmöglichkeit erkennen.

Sie wollen überdies auch den Arbeitgeber heranziehen, und denken dabei natürlich an den reichen Fabrikanten, der jährlich Zehntausende von Thalern einnimmt, und nun mit vollen Ehren im Ausschuß und Comité sitzt und die Wohlthaten dieser Zwangscasse vertheilt. Aber, meine Herren, Arbeitgeber sind bei uns in Deutschland sehr häufig schlimmer daran, als die Arbeiter.

Denken Sie an die vielen Hunderttausende kleiner Handwerksmeister, die mit Arbeit und Sorge kaum soviel erwerben, um eine ehrbare Selbständigkeit zu behaupten. Denen nun noch zuzumuthen, hohe Beiträge zu geben zu einer Pensionscasse für Andere, die zum Theil besser dastehen, als sie selbst — das ist wahrhaftig kein Gefallen, den man dem Mittelstande erweist! Ich kann mit Sicherheit behaupten, daß, wenn ein solches Gesetz angenommen wird, eine ganze Anzahl von Industriezweigen in Deutschland zu Grunde geht, und das würde doch wohl zu überlegen sein, ehe man solchen Beschluß faßt.

Ich vermag nicht Alles zu erledigen, was ich mir vorgenommen, da meine Kräfte nicht ausreichen. Ich möchte nur zum Schluß noch als treues Mitglied Ihres Vereins eine recht dringende Bitte an Sie richten. Als der Verein für Socialpolitik ins Leben trat, wurde er von dem Theile der deutschen Arbeiter mit Freuden begrüßt, der nicht in Umsturz, sondern in friedlicher Entwickelung eine Besserung seiner Lage erwartet. Man sagte sich, daß es eine heilsame Richtung ist, darauf hinzuwirken, daß der Staat sich nicht gleichgültig bei den socialen Mißständen verhalte, daß er insbesondere auch für das emancipatorische Bestreben der Arbeiter mit eintrete. Aber, meine Herren, wenn der Verein schon im zweiten Jahre seines Bestehens nur zu Beschlüssen kommt, die unter dem Vorgeben, dem Arbeiter zu helfen, ihn der freien Verfügung über sein Eigenthum und seine Person berauben, dann können Sie nicht erwarten, daß unter den Arbeiterkreisen das geringste Vertrauen zu dem Vereine bestehen bleibt! Meine Herren, seine persönliche Freiheit wird der Arbeiter niemals verkaufen gegen irgend welche Gnadenbezeigung oder Begünstigung! Er will ebenso dastehen, wie jeder andere Staatsbürger, und darum warne ich Sie, Beschlüsse zu fassen, die nur aussprechen: der Arbeiter ist kein freier Mann; — wir müssen ihn zwingen und ihn am Gängelbande halten! (Großer Beifall.)

Ein Antrag auf Schluß der Discussion wird nach kurzer Geschäftsordnungs-Debatte, in welcher von mehreren Mitgliedern die Tragweite der Annahme dieses Antrages hervorgehoben wird, abgelehnt. — Das Wort erhält in Fortsetzung der Debatte

Advokat Hammer (Chemnitz): Meine hochgeehrten Herren! Es ist ganz gewiß eine schwere Aufgabe, einem so ausgezeichneten Redner folgen zu sollen. Indessen Eins scheint mir die Aufgabe zu erleichtern, nämlich, daß mein Vorredner nicht für freie Cassen im Gegensatz zu zwangsweisen Cassen gesprochen hat, sondern daß die Herstellung auch der freien Pensionscassen gewisse Grenzen ihrer Durchführung finden muß. Nun, meine Herren, traurig genug, daß es noch Gegenden giebt, die nicht mehr als 2½ Thlr. Lohn wöchentlich abwerfen; aber wie traurig ist es, wenn der Mann, der funfzig Jahre lang sich mit 2½ Thlr. wöchentlich hat begnügen müssen, nun nach dieser Zeit sich mit Hungerbroden begnügen soll! — Die Anführungen von Herrn Knauer und Anderen übergehe ich hier, um nur drei Gründe in den Vordergrund zu heben, die ich für die wichtigsten halte, und wodurch ich glaube, daß ein sehr großer Unterschied gebildet wird zwischen den freiwilligen Pensionscassen und den Zwangscassen. Ich behaupte: mittelst freiwilliger Cassen kommen Sie nie dahin, eine annähernde Gleichmäßigkeit in der Versorgung des pensionsbedürftigen Mannes herbeizuführen! Ich behaupte zweitens: indem Sie die Lösung dieser Frage allein von freiwilligen Unterstützungscassen erwarten, verhüten Sie nicht, daß eine große Mehrzahl der Arbeiter unversichert bleibt. Und ich behaupte drittens: indem Sie die Lösung der Pensionsfrage freiwilligen Unterstützungscassen anheimgeben, verrücken Sie in einer Weise die Steuerlast, die höchst ungerecht ist! (Vereinzelter Widerspruch.) Das ist ganz gewiß! Meine Herren, ich bin Vorstand der Unfall-Versicherungs-Genossenschaft in Chemnitz, und wir behaupten von uns, daß wir Diejenigen sind, die in der Entschädigung am weitesten gehen; aber wir geben auch zu, daß wir am allermeisten nehmen, Es gibt indeß noch eine Anzahl anderer Unfallversicherungs-Anstalten und ebenso wird es eine ganze Menge Pensionscassen geben auf dem Grunde der Normativ-Bestimmungen. Aber Versicherung ist nicht immer Versicherung und Pensionscasse nicht immer Pensionscasse! Es kommt wirklich darauf an, was man für eine Versicherung bekommt; und da muß ich sagen: nur der Staat kann zwangsweise durchführen, daß Jemand wenigstens annähernd genug bekommt im Vergleich zu seinem früheren Erwerb und daß man es nicht eine Pension nennen kann, wenn diese Höhe nicht erreicht wird. Aber wie können Sie denn das bei einer freiwilligen Pensionscasse haben? Die Gefährlichkeit in einzelnen Gewerben ist doch außerordentlich verschieden, und ich verwahre mich gleich dagegen, daß Sie etwa von mir denken, ich wolle dem Staate zumuthen, daß

Alles ohne Unterschied und ohne Tarife zu einer Pensionscasse beitrage. Ich fordere, daß ein derartiger Tarif auch bei den Zwangscassen zunächst stattfinde. Aber indem Sie nur eine freiwillige Casse eintreten lassen wollen, haben Sie eine Menge von Gewerben, wo der Arbeiter die Risicoprämie nicht aufbringen kann. Und da kommen Sie dazu, daß den Arbeitern in dem einen Gewerbe nur etwa eine Pension von 25 Thlrn. jährlich gezahlt werden kann, also ein ganz unzureichendes Sümmchen. Es ist doch sicher: armenmäßig dürfen die Pensionscassen nicht sein; denn wenn wir Etwas darunter verstehen wollen, muß es doch der Pensionirung der Beamten analog sein. Bei freiwilligen Cassen können Sie nicht erreichen, daß die Pensionen nur annähernd gleich vertheilt werden. Natürlich aber müssen Sie bei freiwilligen Pensionscassen Fälle haben, wo Jemand einmal nicht versichert ist; denn wenn Jemand einmal aus der Casse ausgetreten ist, wo soll er dann Etwas herbekommen? dann fällt er eben der Commune in die Hände. Es ist aber für die Dauer nicht menschenwürdig, daß eine gewissermaßen ausgebrauchte Menschenkraft am Schlusse ihres Lebens abgefüttert wird als öffentlicher Bettler, und hier finden religiöse und politische Rücksichten keine Anwendung. Ich sage mit Goethe:

Ob er heilig? ob er böse?
Jammern muß der Unglücksmann.

Mein verehrter Landesgenosse wird mir bestätigen, daß es ein sehr unangenehmes Aufsehen unter den Arbeitern bei uns erregen würde, wenn Herr Duncker ihnen gesagt hätte, daß unter den englischen Arbeitern durch die Gewerkschaftsbeiträge Armensteuern erspart würden. Nein, diese Steuern sollen aufgebracht werden von Denen, die die Arbeitskraft benutzt haben, und ich kann daher auch mit der Resolution des Herrn Kalle nicht im Allgemeinen stimmen, sondern nur für den ersten Satz:

„Die gesetzliche Regelung des Pensionscassenwesens ist nach Lage der „Verhältnisse für dringend erforderlich zu erachten."

Ich glaube, es würde Unrecht sein, wenn den Arbeitern zugemuthet würde, von ihrem Lohnsatze beizusteuern. Nun gut, würde man zwar sagen, wenn der Arbeiter hier den Steuersatz giebt, so muß ihm der Arbeitgeber mehr Lohn geben. Aber da muß man doch gesehen haben, wie bei der Frage um die Lohnhöhe der Arbeitgeber doch weit widerstandsfähiger ist, als der Arbeitnehmer, um behaupten zu können, daß dies nicht ohne Weiteres angeht; und darum habe ich nicht Unrecht, wenn ich sage: diese Prämie muß der Arbeitgeber allein bezahlen! Er kann es ganz unbedenklich, wenn Sie Recht haben, zu sagen: „Wenn die Arbeitgeber höheren Lohn geben, dann kann es der Arbeiter thun"; dann sage ich: „der Arbeiter kann einen niedrigeren Lohn tragen, wenn der Arbeitgeber die Prämie bezahlt. Es muß eine andere Pension geschaffen werden für abgenutzte Menschenkraft als die öffentliche Armenunterstützung!"

(Der Vorsitzende unterbricht den Redner, da 10 Minuten bereits verflossen sind, mit der Frage an die Versammlung, ob sie denselben weiter zu hören wünsche. Die Versammlung verneint dies.)

Nachdem ein neuer Antrag auf Schluß der Debatte abgelehnt worden, erhält das Wort der

Geh. Ober-Reg.-Rath Dr. Engel: Meine Herren! Obgleich die Discussion scheinbar schon alle Gesichtspunkte der Frage berührt hat, so nehme ich doch noch auf einige Minuten Ihre Geduld in Anspruch, um zu zeigen, wie noch einige andere Fragen mit der vorliegenden im engsten Zusammenhange stehen und letztere selbst in einem neuen Lichte erscheinen lassen.

Im Allgemeinen stehe ich auf dem Standpunkte des Herrn Dr. Max Hirsch und des Correferenten. Ich bin deswegen aber gegen den allgemeinen Versicherungszwang, weil dieser jetzt schon unmöglich auf alle Arbeiter auszudehnen ist. Man verbindet mit dem Worte „Arbeiter" selten einen bestimmten Begriff. Kann denn die Zwangsversicherung auf alle Arbeiter erstreckt werden? Wie soll sie denn dem Tagearbeiter, dem Gesinde und den Dienstboten gegenüber ins Werk gesetzt werden? Sie können den Versicherungszwang auf diese zur Zeit in losester Verbindung untereinander stehenden Volksclassen unmöglich ausdehnen, und andererseits können Sie, wenn Sie die Zwangsversicherung der Arbeiter als eine Wohlthat ansehen, doch auch dieser zahlreichen Classe von Arbeitern die Wohlthat der Versicherung nicht vorenthalten. Das ist indeß nur eine rein formelle Schwierigkeit; die materielle ist noch weit größer.

Die Versicherung soll erstreckt werden auf die Krankheitsgefahr und auf die Gefahr der Unfalls- und Alters-Invalidität; sie soll den Wittwen und Waisen verstorbener Versicherungs-Cassen-Mitglieder auch Pensionen gewähren; wenigstens möchte sie auf alle diese Gefahren erstreckt werden. In den Thesen ist das nicht genug hervorgehoben, die Zwecke der Versicherung sind nicht klar ausgesprochen. Ich könnte aber nicht diese Thesen unterschreiben, wenn sie voraussetzten, daß die Krankenversicherung ein Zweig der Alters- und Wittwen- und Waisenpensionscassen sein solle. Die Krankheitsversicherung, oder die Versicherung eines bestimmten Krankengeldes in Erkrankungsfällen erfordert eine ganz andere Organisation als die Versicherung einer Invaliditäts- und Wittwen- und Waisen-Pension. Die Krankheitserscheinungen bewähren ihre Regelmäßigkeit schon im kleinen Kreise von Versicherten, und das Kranksein selbst (die Gefahr, gegen welche versichert wird) ist ein Ding, welches man leicht simuliren kann. Hier ist die Decentralisation der Cassen an ihrer Stelle. Krankencassen können daher in jeder einzelnen Fabrik eingerichtet werden; dazu braucht man keinen großen Versicherungsverband. — Erst wenn ich die Krankenversicherung von den übrigen Versicherungszwecken ausschließe, könnte ich den Thesen des Correferenten zustimmen.

Nun ist leider aber in dem Gutachten des Herrn Dr. Zillmer (des mathematischen Experten der Herren Hirsch und Duncker) ausgesprochen, daß Wittwen- und Waisenpensionen nicht in dem Zweck ihrer Cassen einbegriffen sein sollen. Wenn dies wirklich der Fall ist, wenn sonach die Versicherung nur auf Alters-Invalidität gerichtet ist: ja, meine Herren, dann stehen diese Cassen eigentlich in der Luft. Von dergleichen Cassen wollen gerade die verständigsten und fürsorglichsten Arbeiter am wenigsten wissen. Ich habe mehrfachen Versammlungen solcher Arbeiter beigewohnt, in welchen ihnen (den Arbeitern) dringend empfohlen wurde, eine Invalidencasse unter sich zu gründen oder bestehenden beizutreten. Fast immer wurde aber von den Arbeitern und, meiner Ansicht nach, mit Recht dagegen eingewendet: Ja, wer bürgt denn dafür, daß wir überhaupt das 65. Lebensjahr erreichen (von welcher Zeit an die Pension erst fällig wird) und daß wir dann noch einen Genuß haben von den Rechten, die wir jetzt mit den Einschränkungen unserer selbst und unserer Familien erkaufen. Auf solche Fragen muß man stets die Antwort schuldig bleiben. Gerade der fürsorgliche Arbeiter denkt zunächst an das Schicksal der Seinigen, im Falle er plötzlich sterben sollte, und zuletzt an das seinige. Cassen, die dieses Familiengefühl nicht pflegen, sondern unterdrücken, sind bei den Arbeitern — und ich kann das nicht tadeln — nirgends beliebt; dergleichen Cassen sind nur da vorhanden und blühen nur da, wo sie kraft eines bestimmten Zwanges bestehen. Ich bin weit davon entfernt, die Zwangscassen anzugreifen, sondern ich will nur constatiren, daß der Zwang allein es gewesen ist, der sie geschaffen hat und erhält! Die Knappschaftscassen, in welchen jetzt über 200,000 Knappen versichert sind, würden in die Kategorie der aus genanntem Grunde unbeliebten Cassen fallen, wenn sie nicht die Wittwen- und Waisenversorgung mit unter ihre Zwecke aufgenommen hätten. Trotzdem dies der Fall ist, bin ich gleichwohl fest überzeugt, daß auch sie ohne Zwang nicht in der Großartigkeit bestünden, in welcher sie z. B. in Preußen existiren. Dieser Ausspruch beruht auf folgendem Grunde.

Meine Herren! Die Invaliden-Pensionsversicherung ist eine Rentenversicherung. Kann nun Niemand behaupten, daß die Versicherung der einzige, unter allen Umständen beste und empfehlenswertheste Weg sei, für seine und der Seinigen Zukunft zu sorgen, so ist es noch weit schwieriger, dies von der Rentenversicherung zu behaupten, im Gegensatz zur Capitalversicherung. Sehen Sie doch einmal die Statistik der Lebens- und Renten-Versicherungsgesellschaften genauer an. Sie werden finden, daß die bei Weitem hauptsächlichste Versicherungsform auf den Todesfall, weniger die auf den Lebensfall, am allerwenigsten aber die Rentenversicherung ist. Der sorgsame Familienvater sagt sich immer: für meinen Theil werde ich wohl mit meiner Hände oder meines Geistes Arbeit durch's Leben kommen; wer sorgt aber für meine Frau und meine Kinder nach meinem Tode? Wenn Sie nun aus der Statistik entnehmen, m. H., daß gebildete Personen (als solche kann man ja wohl die Versicherten in Lebens- und Renten-Versicherungsgesellschaften ansehen) die Capitalversicherung wählen und nicht die Rentenversicherung, wie wollen Sie es denn dem Arbeiter zumuthen oder ihn gar zwingen, daß er zur Rentenversicherung in ihrer allerungünstigsten Form greife? Allerdings ist die Capitalversicherung theurer, das kann ich nicht leugnen; sie ist aber dessenungeachtet auch dem Arbeiter erreichbar. In diesem Augenblick fehlt mir freilich die Zeit, dies nachzuweisen. Von meinem Standpunkte aus muß ich die geehrte Versammlung um so mehr bitten, die 1. These des Herrn Correferenten, welche die Capitalversicherung als unempfehlenswerth hinstellt, zu verwerfen, oder aber den Herrn Correferenten ersuchen, daß er sie zurückziehe, als der Vorzug der Capitalversicherung vor der Rentenversicherung keine Frage mehr ist. Bei aller Achtung vor der Sachkunde des Herrn Dr. Zillmer stelle ich ihm doch eine andere Autorität gegenüber, die des Herrn A. de Courcy, eines Franzosen, der die Renten- oder Pensionsversicherung verwirft, und zwar aus Gründen, die ich an einer andern Stelle näher zu entwickeln mir erlauben werde.

Ich komme jetzt zu den Thesen der Cassenverwaltung. Meine Herren! Die Prämien der Krankheits-, Unfalls- und Altersinvalidität, sowie der Wittwen- und

Waisen-Pensionsversicherung bilden, wie ich das wiederholt in meinen Schriften über den Preis der Arbeit im Allgemeinen und über den Preis der Arbeit der Eisenbahnbeamten im Besonderen nachgewiesen habe, einen Theil der Selbstkosten der Arbeit; dieser Nachweis hat bis jetzt noch keine Widerlegung gefunden. Ist der Lohn nicht so hoch, daß diese Prämien daraus bestritten werden können, so kommt eben der Arbeiter nicht auf die Selbstkosten seiner Arbeit. Wenn dagegen der Arbeiter den entsprechenden Lohn erhält, so mag er diese Prämien auch selbst zahlen und selbst für seine und der Seinigen Zukunft sorgen, gerade wie er ja auch für die Erfüllung der anderen Bedingungen sorgen muß, unter welchen ihm die Leistung seiner Arbeit nur möglich ist. Weshalb sich der Arbeitgeber einmischen soll, ist nicht einzusehen; ja die Einmischung desselben in die Beschaffung von Nahrung, Kleidung u. s. w., die in das häßlichste Trucksystem ausgeartet ist, ist sogar gesetzlich verboten. Ich werde sogleich darauf kommen, daß ich den Arbeitgeber keineswegs freilassen will, aber es ist nur consequent, daß die Versicherungscassen für die in Rede stehenden Zwecke von den Arbeitern selbst gespeist und darum auch selbst verwaltet werden. Belehren Sie nur die Arbeiter über den Nutzen solcher Cassen für sich und ihre Familien; sie werden sie dann schon gründen und auch gut und sorgfältig verwalten. Die Selbstverwaltung, das ist das Wichtigste, meine Herren, um zu einem gedeihlichen Unterstützungscassenwesen zu gelangen Wer hieran zweifeln sollte, den verweise ich auf die schon vor 30 und mehr Jahren in manchen Bergrevieren laut gewordenen Klagen über Knappschaftscassen. Die Unzufriedenheiten drehten sich alle um den den Knappen zugestandenen ungenügenden Antheil an der Verwaltung und an dem polizeilichen Beigeschmack derselben, verursacht seitens der Arbeitgeber! Die bisherige Vermengung der Beiträge der Arbeitgeber und das ihnen dadurch erwachsende Recht, die Cassen zu leiten und zu regieren, sind etwas Unnatürliches! Der Arbeitnehmer, als Cassenmitglied, erkauft die Versicherung gegen Nahrungssorgen für sich und die Seinen im Falle seiner Erwerbsunfähigkeit durch einen Beitrag, eine Prämie, die zu seinen Gunsten aufgespart wird und ihm, resp. den Seinen, nach Maßgabe gewisser Wahrscheinlichkeitssätze, in früherer oder späterer Zeit, in bestimmten, jedoch im Voraus contrahirten Formen wieder zu Gute kommt. Wie kann man ein solches Contractverhältniß von Leistung und Gegenleistung mit polizeilichen Vorschriften des Wohlverhaltens des einen Contrahenten belasten? Die Pensionscasse hat gar nichts danach zu fragen, ob ein gutes oder böses Verhältniß zwischen Arbeitgeber und Arbeitnehmer stattfindet; sie soll ein Versicherungsinstitut, aber kein Polizei-Institut sein. Letzteres wird sie aber stets dann, wenn der Arbeitgeber die Hand am Beutel der Casse hat und sie beherrscht! (Der Vors. unterbricht den Redner, da 10 Minuten bereits verstrichen. Auf Wunsch der Versammlung spricht Redner weiter.)

Ich bin weit davon entfernt, zu meinen, daß nicht viele Arbeitgeber lediglich philanthropische Absichten bei ihrer Beitragsleistung zu den Unterstützungscassen für die Arbeiter ihrer Etablissements verfolgen; allein diesen Absichten können sie auf eine andere, obendrein zweckmäßigere und ihnen (den Arbeitgebern) sogar nützlichere Weise Ausdruck geben. Wenn die Arbeitgeber die Verpflichtung fühlen, für ihre Arbeiter zu sorgen — und zwar noch darüber hinaus, daß sie ihnen die vollen Selbstkosten der Arbeit als Lohn geben, welche ihnen zukommen — so können sie diese Verpflichtung dadurch bethätigen, daß sie lediglich aus ihren Mitteln die Arbeiter extra versichern. In Deutschland bietet ihnen das Zweiginstitut der Leipziger Unfall-Versicherungsbank die beste und wohlfeilste Gelegenheit; es giebt aber auch noch andere Mittel und Wege. Ein Beispiel, welches vier der größten Versicherungsgesellschaften in Frankreich gegeben haben, verdient vor Allem hier Erwähnung.

Diese unter sich in Cartell stehenden Gesellschaften gewähren ihren Beamten und Angestellten aller Art (mit Ausnahme der Directoren) jährlich 5 Procent des Reingewinns dergestalt, daß der jedem Einzelnen nach Maßgabe seines Gehaltes zukommende Antheil auf einem für ihn angelegten Conto gutgeschrieben wird, ohne daß der Betreffende aber anders, als unter Erfüllung gewisser Bedingungen darüber verfügen kann. Diese Bedingungen sind sehr einfach. Der Beamte, der einer oder mehren dieser Gesellschaften zwanzig Jahre hintereinander gedient hat, ist Herr des ganzen für ihn angesammelten Vermögens. Der Betreffende kann das Vermögen aus der Casse nehmen oder darin stehen lassen; er kann auch ferner der Gesellschaft dienen und ist vom 21. Dienstjahre ab überhaupt zu jeder Zeit berechtigt, über sein Capital zu disponiren. Wer krank und hinfällig wird und darum seine Entlassung nehmen muß, ist ebenfalls sofort Herr des auf seinem Conto befindlichen Guthabens. Wer aus Anlaß eines mit nothwendigen Ausgaben verknüpften Familienereignisses besondere Mittel nöthig hat, kann über einen Theil seines Guthabens verfügen. Diese Einrichtung besteht schon seit 1850. Dank ihr sind einzelne Beamte bereits zu Beträgen von 5, 6, 8, 10 und mehr Tausend Franken gelangt. Das Guthaben eines ersten Buchhalters, der 25 Jahre im Dienst der Gesellschaft stand, war sogar bis auf 65,000 Francs angewachsen, und ein Cassengehülfe hatte in der nämlichen Zeit sein Guthaben auf 25,000 Francs gebracht. Das ist eine Einrichtung, welche nachgeahmt werden sollte und welche mit der Betheiligung der Arbeiter am Reingewinn die Beseitigung der Contractbrüche verbindet. Weil diese Einrichtung sich auch nach letzterer Richtung hin trefflich bewährt hat, darum habe ich s. Z. meinem Freunde W. Borchert, dem ehemaligen alleinigen Besitzer der Actiengesellschaft „Neue Berliner Messingwerke“ vorgeschlagen, sie einzuführen, und sie ist dort, nur in etwas anderer Weise, schon seit Jahr und Tag eingeführt. Jeder Beamte und Arbeiter mit weniger als 1000 Thaler Jahreseinnahme erhält nach einer bestimmten Dienstzeit eine lediglich von dem Arbeitgeber bestrittene Invaliditätspension bis zu 300 Thaler p. a. Die Wittwe eines verstorbenen Beamten oder Arbeiters genannter Kategorie erhält 100 Thaler p. a. und eine vaterlose Waise bis zum 14. Jahre 24 Thaler, eine vater- und mutterlose Waise 48 Thaler p. a. Auch zu diesen Pensionen trägt der Arbeiter nichts bei. Trotzdem befinden sich drei Arbeiter mit im Curatorium der Stiftung des Herrn Borchert, aus deren Erträgnissen jene Pensionen bestritten werden. Das von demselben für diesen Zweck gestiftete Capital beläuft sich auf 50,000 Thaler. Ich bin ebenfalls Mitglied des Curatoriums dieser Stiftung, welche gleichzeitig dem Arbeiter Gelegenheit giebt, ein nennenswerthes Capital anzusammeln.

Bisher waren noch sehr wenig Todesfälle in der Fabrik vorgekommen, und die Arbeiter hatten keine rechte Meinung von der Stiftung, weil ihnen ihre segensreichen Wirkungen noch nicht augenscheinlich geworden waren. Da ereigneten sich kurz hintereinander drei Sterbefälle, in welchen Wittwen und Waisen hinterlassen wurden. Die Bestimmungen des Stiftungsstatuts traten in Wirksamkeit. Ihr Ansehen hob sich plötzlich; mir jedoch nicht unerwartet. Wer es selbst ein oder mehre Male durchgemacht hat, für eine arme Wittwe 20—30 Thaler nur als einmalige Gabe aus öffentlichen Mitteln zu erbitten, der hat nicht Worte des Dankes genug für eine Institution, die so prompt und doch so geräuschlos eintritt und nicht blos vorübergehende, sondern dauernde Hülfe spendet, nicht als Wohlthat, sondern als Anerkennung für treue Dienste des Arbeitnehmers seitens des Arbeitgebers. Die Frauen der Männer jener Fabrik sind es, welche sich jetzt gegen etwaigen Contractbruch ihrer Männer erheben würden; letztere werden von ersteren gezwungen, in einer Fabrik zu bleiben, wo Allen so reichliche Beneficien zufließen. Auf Grund dieser Erfahrungen aus dem Leben kann ich den Arbeitgebern nur empfehlen, daß sie ihren Arbeitern über den vollen Lohn hinaus aus eigenen Mitteln eine Extraversicherung zu Theil werden lassen möchten. Und weil sie diese Extraversicherung aus eigenen Mitteln bestreiten, so sind sie nun selbstverständlich auch Herren der Bedingungen, unter welchen sie dieselbe gewähren wollen. Indeß auch hierbei mögen sie nicht vergessen, daß die größte Humanität schließlich doch den besten Effect hat.

Sie werden unzweifelhaft aus dem, was meine Vorredner und ich Ihnen vorgetragen haben, ersehen, meine Herren, daß, wie Vieles auch über den Versicherungs- und den Cassenzwang (was keineswegs identisch ist) hier schon gesprochen wurde, trotzdem die ganze Angelegenheit noch nicht völlig spruchreif ist! Wir können die Thesen des Herrn Correferenten annehmen; aber wir sollten noch einen Schritt weiter gehen. Und hierbei bietet sich gleichzeitig eine Gelegenheit dar, ein Werk der Versöhnung zu üben. Vor dreiviertel Jahren ward Seitens des preußischen Handelsministers eine Enquête über das Pensionscassenwesen veranlaßt, die muthmaßlich gute Resultate zu Tage gefördert hat. Einige Handelskammern haben ihre Gutachten zur Sache veröffentlicht. Aber es sind auch viele Private gefragt worden, über deren Auskunft bis jetzt noch nichts verlautete. Wir sollten uns heute hier zu dem Antrag an den preußischen Handelsminister vereinigen, daß er die Resultate dieser Enquête veröffentlichen lasse. Ich bin der Meinung, daß mit den Antworten auf die gestellten Fragen der Enquête-Commission etwas ganz Gutes zu machen wäre. Ferner bin ich der Meinung, daß der Ausschuß oder eine Commission ad hoc das betreffende Material bei Ausarbeitung eines wirklichen Gesetzentwurfs über das gewerbliche Hülfscassenwesen sehr gut verwenden könnte; und damit unser Verein hierbei nicht allein und einseitig vorgehe, möchte sich's empfehlen, den „Volkswirthschaftlichen Congreß" zu ersuchen, sich gleichfalls durch einen Ausschuß oder eine Commission an dieser Arbeit zu betheiligen. Auf diese Weise könnte dann ein einheitlicher, von den competentesten Personen ausgearbeiteter Gesetzentwurf dem Reichstage unterbreitet werden. Jedenfalls müßte ich es beklagen, wenn von zwei verschiedenen Seiten zwei verschiedene Entwürfe vorgelegt würden.

Ich enthalte mich für's Nächste noch eines schriftlichen Antrages, weil der Ausschuß, wenn Sie ihn dazu autorisiren, die nöthigen Schritte selbst ergreifen kann, behalte mir jedoch eventuell vor, einen schriftlichen Antrag einzubringen. In Betreff der Thesen aber empfehle ich, den ersten Satz: „Die Capitalversicherung der Arbeiter ist der Rentenversicherung nicht vorzuziehen", wegzulassen, die übrigen Thesen aber vorbehaltlich einiger mehr oder weniger wichtiger

Aenderungen, die ich bei der Specialdebatte geltend zu machen suchen werde, zu acceptiren.

Vors. Prof. Dr. Nasse: Es ist also der Antrag gestellt worden, uns an das Handelsministerium um Veröffentlichung der Enquête, und an den „Volkswirthschaftlichen Congreß" zu wenden, um mit uns gemeinschaftlich eine Commission einzusetzen, welche einen Gesetzentwurf mit uns gemeinsam entwerfe.

Ein erneuter Schlußantrag wird gleichfalls abgelehnt. — Das Wort erhält

Prof. Dr. A. Wagner: Meine Herren. In dieser vorgerückten Stunde ist es gewiß schwer, Ihre Aufmerksamkeit noch einen Augenblick auf den Gegenstand zu richten, der uns heute schon den ganzen Tag beschäftigt hat. Ich möchte aber doch noch mit einigen Worten wenigstens die eigentliche Principienfrage berühren, nämlich, ob wir uns für oder gegen Zwang erklären sollen. Mir scheint nun die Sache wesentlich so zu liegen, daß die überwiegenden Gründe für Zwang sprechen. Ich möchte nicht sagen, daß der Zwang besser ist als die Freiheit; im Gegentheil, jeder Vernünftige wird wünschen, daß, was wir erstreben, ohne Zwang gehe, denn wenn es sich so von selbst macht, so ist es gewiß besser. Aber was wir von der gegenwärtigen Lage und den Menschen wissen, spricht dafür, daß wir mit der Freiheit nicht vorwärts kommen. Darüber liegen Erfahrungen aus dem Gebiete des Versicherungswesens selbst vor. Als vor bald 200 Jahren die Brandversicherung eingeführt wurde, war gar kein Interesse und Verständniß dafür da. Der Staat hat Cassen errichtet und zwangsweise die Leute Prämien unter dem Namen von Brandsteuern zahlen lassen; später konnte er zum Theil den Zwang fallen lassen; da versicherten die Leute, einmal mit der Einrichtung vertraut, von selbst. Es war hier also der Zwang eine Art Erziehungsmittel. Wir sehen Aehnliches auch auf anderen Gebieten. Auch beim Schulwesen muß ja der Zwang eintreten, bis Indolenz und übler Wille und Vorurtheil durch und durch überwunden ist. Ich betrachte in allen solchen Fällen also den Zwang als ein sehr gutes Erziehungsmittel, wie wir ihn denn in den verschiedensten Lebensverhältnissen anwenden müssen. Verständigen wir uns doch! Wir haben in unseren modernen Staaten vielfach Zwang und vielfach Freiheit in solchen Dingen. Weder für das Eine, noch für das Andere können wir uns allgemein oder principiell erklären, sondern wir untersuchen mit Recht von Fall zu Fall: was ist hier das Beste? Im vorliegenden Falle scheinen mir gerade die Argumente meines Freundes Engel zu beweisen, daß wir uns für Zwang erklären müssen. Man hat eingewandt, wir hätten es hier mit einer neuen Art Classengesetzgebung zu thun, — wir degradirten die Arbeiter. Nun, meine Herren, bei einer ganz anderen Kategorie von Arbeitern, die doch bekanntlich die Elite der Arbeiter bildet, bei den Staatsbeamten, sehen wir noch heute, daß sie gezwungen werden, in eine Wittwen- und Waisenpensionscasse einzutreten; daß früher mannigfach zwangsweise Abzüge vom Gehalte für Alterspensionscassen der Beamten stattfanden, aber Niemand hat darin einen Abbruch der socialen Stellung des Beamten gefunden. Wenn wir dergleichen bei einer so bedeutenden Classe sehen, die doch erheblich über dem Durchschnittsniveau der Arbeiter an Bildung steht, warum sollen wir bei den gewöhnlichen Arbeitern nicht ebenso vorgehen dürfen?! Die angeführte Consequenz der nothwendigen Verallgemeinerung des Zwangs für die ganze Bevölkerung würde ich gar nicht so sehr scheuen. Sie hat sogar für den Reichen ihr Gutes: es kommt ja alle Tage vor, daß Leute, z. B. aus dem Kaufmannsstande, verarmen, wo der Nothpfennig einer Pension zum größten Segen werden kann. Diese Consequenz würde an sich keineswegs so abschreckend sein. Erklären wir uns aber für das Zwangsprincip, so haben wir noch eine ganze Reihe anderer Vortheile. Es ist wiederholt, und auch vom Correferenten zugegeben, daß eine staatliche Controle der freien Cassen vorhanden sein müsse. Man hat ferner zugegeben: die mathematischen Principien des Cassenwesens entziehen sich nothwendig der Beurtheilung der Bevölkerung. Hier wird also doch von Staatswegen eine Bevormundung eintreten müssen, welche bei allgemeinem Zwange nur viel wirksamer ist.

Ferner haben wir den Vortheil, daß wir alsdann gerade die Cassen für andere Zwecke mehr und mehr freigeben können. Es ist u. A. gesagt worden: es sei zu befürchten, daß die freien Pensionscassen ihre Gelder für andere Zwecke verwenden könnten. Diese Gefahr verschwindet, — und die Sache erleichtert sich dadurch in hohem Maße, wenn wir für die Pensions- und einige andere Cassen den Zwang festsetzten; dann können die Arbeiter für Bildungs- und andere Zwecke ihre freien Cassen gründen. Es ist weiter eingewandt worden, die Mittel, die man auf diesem Wege des Zwanges einzusammeln im Stande wäre, könnten höchstens Minimalsätze der Pension gewähren. Zugestanden; aber auch diesen Einwand halte ich für nicht durchschlagend. Es ist dies derselbe Fall, wie bei den Wittwen- und Waisen-Pensionen der Beamten. Wir wissen, daß die Wittwen von der kleinen Pension allein nicht leben können; aber es ist doch Thatsache, daß diese Pension gegen die allergrößte Noth sichert und damit ist schon viel erreicht. Also selbst, wenn für die Arbeiter nur ebenfalls ein solches Minimum gewährt wird, haben wir doch schon außerordentlich viel gebessert. Schließlich spitzt sich die ganze Frage darauf zu: Wer soll die Last der Versorgung der Invaliden der Arbeit tragen? Soll das die ganze Bevölkerung in der Gemeinde thun, oder sollen das die Arbeitgeber thun, die von den Arbeitern die meisten Vortheile gehabt haben? Ich glaube, daß gerade die Gründung und Unterhaltung derartiger Cassen oder die Uebernahme dieser Last durch die Commune der ärgste Communismus ist, den es giebt, und daß viel richtiger nur der für den Arbeiter zu zahlen hat, der den Vortheil von dem Arbeiter gehabt hat. Die gegenwärtige Armengesetzgebung wälzt die Last durchaus auf Schultern, die sie zu tragen billiger Weise nicht verpflichtet wären; und das ist ein schreiendes Unrecht!

Es ist heute wiederholt gesagt worden: wenn wir auf diesem Wege gehen, so haben wir mit dem Princip der „Selbsthülfe“ gebrochen und es nur noch mit „Staatshülfe“ zu thun. Meine Herren! Lassen Sie uns doch einmal diese Schlagwörter vermeiden, damit wird doch gar nichts für und wider bewiesen! Es hat mich gewundert, daß Herr Geh.-Rath Engel eine seiner ganz richtigen Hauptthesen in der Lehre von den nothwendigen Selbstkosten der Arbeit hier nicht verwerthet hat. Wenn der Arbeiter die Cassenbeiträge nicht zahlen kann, so beweist das uns, daß ihm der Arbeitgeber zu wenig Lohn gezahlt hat, und er muß es nachholen in der Pension, die er für den Arbeiter zahlen muß. Denn Cassenbeiträge, wie die in Rede stehenden, gehören gerade nach Herrn Engels Ausführungen zu den nothwendigen Selbstkosten der Arbeit. Wollen wir, daß der Lohn diese Selbstkosten unbedingt deckt, so müssen wir uns hier für das Princip des Zwanges erklären, damit Dasjenige, was dem Arbeiter bei der Lohnregulirung nach dem Gesetz von Angebot und Nachfrage nicht gewährt wird, noch nachträglich gewährt werde. Freilich wird die Folge davon sein, daß wir für die Zukunft dann eine etwas veränderte Production und Vertheilung erhielten; natürlich —: was der Arbeiter hier mehr bekomm an Lohn (einschließlich der Versicherungsprämie), muß dem Capitalisten am Gewinn entzogen werden. Das ist aber wieder kein Einwand gegen den Zwang. Wenn der Arbeitgeber auf diese Weise z. B. ein paar Hundert Thaler mehr an die Arbeiter bezahlt, so kann er freilich nur eine entsprechend schwächere Nachfrage nach Producten unterhalten, aber umgekehrt steigt in demselben Maße die Nachfrage nach Producten, welche die Arbeiter von sich ausgehen lassen können. Es widerlegt sich dadurch ein Einwand der deutschen Freihandelsschule, den ich immer für einen der flachsten gehalten habe.

Die Herren haben uns oft sehr weise belehrt, daß all' unser Streben nach höheren Löhnen nichts nütze, wenn nicht zuvor mehr producirt sei, dazu aber fehle es an dem Capital u. s. w. Auf Geldlohnerhöhung komme es doch nicht an, sondern darauf, daß der Arbeiter mehr Fleisch, Kleidung u. s. w. erhalte. Und daran eben mangele es. Diese Belehrung brauchen wir nicht; denn die Argumentation enthält lauter Selbstverständliches, nur der Schluß daraus ist unrichtig. Auch aus den vorhandenen Capitalien und Arbeitskräften läßt sich erheblich mehr reelles Product für die Arbeiterconsumtion liefern, wenn eben bei höheren Löhnen und kleineren Gewinnsten die Arbeiter mehr, die Capitalisten u. s. w. etwas weniger Nachfrage nach Producten von sich ausgehen lassen können. Die Folge ist dann nur, daß weniger Luxusartikel für die höheren und mehr Arbeiterconsumptibilien für die unteren Classen producirt werden. Wir erzielen also durch Lohnsteigerung eine bessere Einkommens- und Vermögensvertheilung in der Volkswirthschaft und darauf wirkt sehr vortheilhaft auch das Zwangs-Pensionswesen mit hin!

Mein Freund Engel hat auch noch den Umstand geltend gemacht: der Arbeiter wolle gar nicht sein Alter sichern. Gerade dies spricht für Zwang! So ist's ja auch vielfach bei den Beamten. Der junge Mann wird lieber einen größeren Gehalt beziehen, und mancher wird vielleicht lieber besser leben wollen, als Versicherungsprämien zahlen. Eben deswegen, um solche Kurzsichtigkeit zu corrigiren, tritt der Zwang ein.

Ich schließe mit einem Wort gegen eine Aeußerung des Herrn Dr. Max Hirsch. Er hat uns davor gewarnt, unsere Popularität durch einen Beschluß für den Zwang aufs Spiel zu setzen. Ja, meine Herren, wenn wir uns erst davor fürchten, dann ist unser Verein todt. Wir haben nach unserer besten Ueberzeugung die Wahrheit zu sagen, wir sind nicht unfehlbar, das wissen wir, aber Rücksichten auf Popularität, sie zu gewinnen, sie zu erhalten, dürfen uns niemals leiten. Ich bitte Sie, für das Zwangsprincip einzutreten. (Beifall.)

Der Schluß wird von Neuem beantragt. Zum Worte sind noch gemeldet die Herren Sombart, Hiltrop und Kerdyk für, und Isaak gegen. — Der Schlußantrag wird angenommen.

Zu einer persönlichen Bemerkung erhält zunächst das Wort

Dr. Eras: Ich bin durchaus nicht der Ansicht, daß, wenn Jemand freiwillig aus dem Gewerkverein scheidet, er dann noch in der Pensionscasse des Vereins bleiben muß. Ich habe nur sprechen wollen von Solchen, die vom Vereine ausgeschlossen werden. Nur in diesem Sinne bitte ich mein Amendement anzusehen.

Dr. Max Hirsch (Berlin): Meine Herren! Der letzte Herr Redner hat sich verwahrt gegen eine Aeußerung: Sie wollten nicht um den Preis der Popularität gegen Ihr Gewissen handeln. Es liegt darin unbedingt ein Mißverständniß dessen, was ich gesagt habe. Nicht Ihre Ueberzeugung habe ich gerathen zu ändern, sondern zur Bestimmung Ihrer Ueberzeugung auch etwas darauf Rücksicht zu nehmen, was die großen Massen darüber denken, die ja in erster Linie dabei betheiligt sind; und ich denke, eine kleine Rücksicht auf die wachsende Popularität dieses Vereins ist hier keineswegs unangemessen!

Dr. Zillmer (Berlin): Herr Schulze hat auch mich mißverstanden. Ich habe in meinem Gutachten die Frage des Pensionscassenwesens und die anderen immer auseinander gehalten, wie dies die letzten Worte meines Gutachtens deutlich ergeben.

Ein Antrag auf Schluß der Sitzung resp. Vertagung der Verhandlungen wird nach einer kurzen Geschäftsordnungsdebatte angenommen. Es wird beschlossen, die Verhandlungem um 6 Uhr wieder zu eröffnen.

(Schluß $3^1/_4$ Uhr.)

Dritte Sitzung.

Montag, den 12. October, Nachmittags 6¼ Uhr.

Der Vorsitzende, Professor Dr. Nasse, eröffnet die Sitzung und ertheilt das Wort dem

Correferenten Franz Duncker. Meine Herren! Ich werde mir zunächst erlauben, auf ein paar Interpellationen des Herrn Dr. Engel zu erwidern; und zwar zunächst dahin, daß ich sehr gern seinem Wunsche entspreche und die Nr. 1 meiner Thesen zurückziehe. Ich habe ja schon bemerkt, daß ich dieselbe nur aus einer übergroßen Gewissenhaftigkeit gestellt habe. An sich lege ich auf dieselbe keinen Werth und erkenne die Bedenken Dr. Engels vollständig an. Sodann hat er monirt, daß ich die Verhältnisse der Krankencassen in meinen Resolutionen nicht in Betracht gezogen habe. Das liegt aber daran, daß ich mich streng an das vom Ausschuß gestellte Thema gehalten habe, welches sich nur auf das Pensionscassenwesen beschränkte. Ich bin nun mit ihm der Meinung, daß sich dies allerdings nicht für sich allein reguliren läßt, sondern nur in Verbindung mit dem gesammten Hilfscassenwesen überhaupt. Ich bin überzeugt, daß natürlich auch die Krankencassen nicht per Zwang zu errichten, aber ferner auch, daß sie nicht in so großen Verbänden herzustellen nöthig sind, wie dies bei den Pensionscassen erforderlich ist.

Ich will keinen Rückblick werfen auf die Gesammtheit der Debatte; nur ein paar Worte muß ich doch erwidern auf die Ausführungen des letzten Herrn Redners. Derselbe hat sich entschieden für Zwang ausgesprochen; aber doch nicht für den absoluten Zwang. Er hat nur gesagt, er scheue vor dem Zwang nicht zurück, wenn er denselben gebrauchen könne als Erziehungsmittel. Ja, aber auch der Pädagoge legt doch seinen Zöglingen nicht die Ruthe auf, wenn er noch glaubt, ohne den Stock sie auf den richtigen Weg durch Ermahnung zurechtweisen zu können! (Ruf: Sehr gut!) Es wird immer so viel davon gesprochen, daß die arbeitenden Classen nicht fähig seien zur Selbsthülfe. Aber wie jung ist denn nicht diese ganze Bewegung überhaupt in unserem Vaterlande! Eigentlich ist doch eine Bewegung erst im Gange seit 1848. Dann wurde sie unterbrochen durch eine Reactionsperiode von 1850 bis 1860, die sogar in manchen deutschen Staaten noch länger gedauert hat. Was wollen Sie überhaupt also aus einer Periode von 10 bis 12 Jahren argumentiren über das, wessen das Volk fähig ist! Es liegt also wohl durchaus kein Motiv vor, schon jetzt die Ruthe anzuwenden, wenn wir noch andere Mittel haben!

Alsdann hat der Redner ausgesprochen, daß die Zwangscassen ein Mittel zur Regulirung der Armenlast seien. Er hat also eigentlich meinem Bedenken zugestimmt und hat auch zugegeben, daß das eine Lohnregulirung von Seiten des Staats sei. Nun frage ich aber, ob nicht schon an dieser Art der Lohnregulirung sich zeigt, wie ohnmächtig die Staatsgewalt sich erweisen wird, eine gerechte Lohnregulirung vorzunehmen. Denn wenn immer behauptet wird, man müsse die Last auf die Schulter der wirklich Verpflichteten legen, man müsse die Arbeitgeber heranziehen, damit nicht ein großer Zuzug von wirthschaftlich schwachen Kräften in eine einzelne Gemeinde hervorgerufen würde, so ist es doch sehr die Frage, wie im concreten Falle die Sache ausfallen würde. Wenn ich mir z. B. eine industrielle Commune denke, wo eine große Arbeiterbevölkerung bereits vorhanden ist, und denke mir die gegenwärtigen Verhältnisse, und dem gegenüber die künftigen Verhältnisse, wie sie bei zwangsweiser Einführung der Cassen eintreten würden, so muß ich mir doch sagen, daß z. B. jetzt in den rheinischen Fabrikstädten dadurch große Summen aufgebracht werden, daß erhebliche Zuschläge zur Einkommensteuer von den besitzenden Classen eingezogen werden; hier würden also doch die Vorschläge des Herrn Professor Wagner den Effect haben, daß ein großer Theil der Lasten, die jetzt in dieser Weise getragen werden, abgewälzt wird auch auf die Schultern von kleineren Arbeitgebern und Fabrikanten und auf die Schultern von kleinen Handwerksmeistern, die viel weniger in der Lage sind, diesen Zuschuß zu tragen, als die reichsten, die durch die Einkommensteuer betroffen werden. Diese Art, den Lohn zu reguliren, meine ich, ist eine äußerst zweifelhafte, und wenn in Arbeiterkreisen sich starke Instincte gegen diese Art der Lohnregulirung geltend machen, so meine ich, hat mein Freund Hirsch wohl Recht, in einer so zweifelhaften Sache auch an den Instinct zu erinnern. Denn ich gebe Herrn Schulze wohl darin vollkommen Recht, daß wir uns in erster Linie von der erforschten Wahrheit leiten zu lassen haben, aber in zweiter Linie gilt es doch auch Rücksicht zu nehmen auf den Instinct der von einer Maßregel betroffenen Massen. Sie können annehmen, daß jene darin doch wohl durch ein richtiges Gefühl geleitet werden.

Dann wollte ich noch Einiges bemerken in Bezug auf die Stellung der Gesetzgebung über Pensionscassen zu dem auch von Herrn Kalle herbeigezogenen Haftpflichtgesetz. In seinem Gutachten sagt er in Bezug auf dasselbe [1]):

> „Für den Industriellen liegt noch ein specieller Grund, die Errichtung von Pensionscassen für invalide Arbeiter und für die Hinterbliebenen von Arbeitern zu betreiben, in der Existenz des Haftpflichtgesetzes, welches, an und für sich eine Abnormität, ganz unhaltbar gemacht ist durch Einschiebung des Lasker'schen Paragraphen. Sobald Pensionscassen unter Mitwirkung der Arbeitgeber in ähnlicher Weise wie bei den Bergwerken gebildet werden, fällt das Haftpflichtgesetz von selbst."

---

[1]) Schriften des Vereins für Socialpolitik V. S. 2.

Mir ist diese Deduction nicht ganz verständlich, soweit ich sie aber verstehe, erscheint sie mir wenig löblich. Denn es tritt hier wieder das Bestreben hervor, die Lasten, welche das Haftpflichtgesetz den Unternehmern auferlegt, wieder auf die Arbeiter abzuwälzen.

Das Haftpflichtgesetz ist aber in seiner Grundidee meiner Ansicht nach ein durchaus richtiges. Nur geht es noch nicht weit genug, und ist durch die Einschiebung des Lasker'schen Paragraphen allerdings noch mehr abgeschwächt worden. Ich pflichte vollständig Herrn Geh. Rath Engel und einigen anderen Rednern bei, welche sagen, der Arbeitslohn müsse ausreichend sein, nicht nur den augenblicklichen Lebensunterhalt des Arbeiters zu gewähren, sondern er müsse, weil die Arbeitskraft des Arbeiters sich abnutzt, auch die Amortisationsrente für dieses einzige Capital des Arbeiters darstellen, und diese Rente muß vom Arbeitgeber direct in die Hand des Arbeitnehmers gezahlt werden. Nur dann wird er das Gefühl haben, daß er genügend bezahlt werde. Alle anderen Manipulationen werden in dem leidenden Theile nicht das Gefühl der Befriedigung erwecken. Anders steht es beim Haftpflichtgesetz, welches die Fälle behandelt, wo eine ungewöhnliche, unerwartete Abnutzung oder eine völlige Vernichtung der Arbeitskraft eintritt. Meine Herren! Ein Arbeiter, der bei einem selbst gefährlichen Industriezweige in Lohn tritt, wird ebensowenig als der Arbeitgeber, der ihn annimmt, an den Fall denken, daß ihn der Tod oder dauernde Verstümmelung treffen könne. Beide setzen stillschweigend voraus: ist auch schon Mancher in unserem Gewerbe verunglückt, in diesem besondern Falle wird ein solches Unglück nicht eintreten. Der Arbeitnehmer verdingt daher nur seine Arbeitskraft, nicht aber auch sein Leben; er ist kein Soldat, der mit dem Gedanken eintritt, für das Vaterland sein Leben hinzugeben, und tritt dennoch dieser Fall ein, so erscheint er als ein unerwartetes Unglück. Die Gerechtigkeit und das einfache Menschengefühl lehrt hier, daß der Arbeitgeber in einem solchen Falle ebenso verpflichtet ist, für die Instandhaltung dieser menschlichen Maschine einzutreten, wie er für seine todten Maschinen eintreten muß, wenn sie durch Brand oder sonst einen Unglücksfall unbrauchbar werden, und er wird, besitzt er anders die nöthige wirthschaftliche Voraussicht, sich durch Versicherung seiner todten wie lebenden Maschinen gegen solche Unfälle schützen. Ist nun das Haftpflichtgesetz einmal aus dieser richtigen Erwägung heraus gegeben: so sollte man nicht danach streben, es auf Nebenwegen wieder umzustürzen oder unwirksam zu machen, wozu allerdings zu meinem Bedauern der Lasker'sche Paragraph, den ich deshalb auch seiner Zeit lebhaft bekämpft habe, die Handhabe bietet. Schafft man Pensionscassen unter Betheiligung von Arbeitgebern und Arbeitnehmern, so tritt dies ein, denn der Arbeitnehmer, der sich freiwillig oder gezwungen betheiligt, wird, erfolgt ein Unfall, nach dem erwähnten Laskerschen Paragraphen um das Resultat dieser seiner Vorsorge gebracht. Giebt es nämlich keine Pensionscassen mit gemeinschaftlicher Betheiligung: so muß der Arbeitgeber dem verunglückten Arbeiter seine volle Arbeitskraft ersetzen und außerdem erhält der Arbeiter unverkürzt die Pension, welche er sich vielleicht durch langjährige Beiträge schwer erworben, während andernfalls der Arbeitgeber berechtigt ist, diese Pension auf seine zu zahlende Entschädigungssumme in Anrechnung zu bringen. Aus diesem Grunde verzichten die Arbeitnehmer, wie mir scheint, aus einem sehr richtigen Instincte des

Selbstinteresses auf die Betheiligung der Arbeitgeber bei den Pensionscassen, wenn man anders nur ihren eigenen Cassen, wie ich das von den gesetzgebenden Factoren des Reiches erwarte, vollen und ganzen Spielraum gewährt! —

Ref. Kalle (Bieberich): In meinem Referat habe ich bereits darauf hingewiesen, daß meine Ausführungen nicht Anspruch auf Vollständigkeit machen können, und daß man in manchen Punkten andere Maßregeln ausführen kann; und ich muß gestehen, daß die von den Herren Prof. Held und Knauer vorgebrachten Gründe für eine Eintheilung nach Gewerben viel für sich haben. Ich werde auf die principiellen Einwände gar nicht eingehen; sie sind durch die Redner, die auf Seiten des Zwanges standen und besonders durch Hrn. Prof. Wagner genügend beleuchtet. Doch muß ich antworten auf eine Frage, die der Herr Correferent an mich gestellt hat. Ich sehe etwas Abnormes in der Stellung, die durch das Haftpflichtgesetz geschaffen ist. Ich glaube, die Gesetzgeber waren vollständig klar darüber, daß der Industrie dadurch Opfer auferlegt würden, die man bisher keiner einzigen Classe von Menschen aufzulegen geneigt war; und man hat diesem Gefühl Rechnung getragen durch Einschiebung des § 4, worin es heißt, daß, wenn die Industriellen zu den Hülfscassen halb soviel beitragen, als die Gesammtheit ihrer Arbeiter, die Leistungen der Casse von der Unterstützung in Abzug kommen sollen, die der Arbeitgeber dem vom Unfalle betroffenen Arbeiter zu geben verpflichtet ist. Auch auf die mehr sachlichen Einwände des Correferenten gehe ich nur mit wenigen Worten ein und schicke einige factische Berichtigungen voraus.

Zunächst bestritt der Herr Correferent in seiner ersten Rede die Dringlichkeit des Bedürfnisses der Pensionscassen, indem er eine Stelle aus der Arbeit des Herrn Dr. Hirsch citirt, worin es heißt:

> „Jedes Pfund guten Brodes und Fleisches, jedes Liter unverfälschter Milch und kräftigen Bieres, jeder Cubikfuß reiner, trockener Luft, der großen Masse des deutschen Arbeiterstandes und ihren Kindern zugelegt, jede Stunde übermäßiger und gesundheitsschädlicher Arbeit, die ihnen abgenommen wird, ist weitaus heilsamer für Gedeihen und Lebensglück, als die reichsten Pensionen, wenn die Lebenskraft erst gebrochen ist."

Ja, meine Herren! Ich habe ja in keiner Weise behauptet, daß die Leistungsfähigkeit des Arbeitnehmers abnehmen soll durch Errichtung von derartigen Cassen. Ich habe ja hervorgehoben, daß ich vollständig überzeugt bin, daß die Beiträge überwälzt werden auf die Arbeitgeber. Und wenn vielleicht auf die Beiworte „unverfälschter" und „kräftiger" ein Nachdruck gelegt werden sollte, so versichere ich, daß ich durchaus nicht dagegen bin, wenn durch polizeiliche Maßnahmen die Verfälschung der Nahrungsmittel verhindert wird.

Ferner hat der Herr Correferent es als grausam hingestellt, daß ich einen Mann, der so und soviel Jahre zu einer Casse beigetragen hat, erst in das Arbeitshaus schicken will, um zuvörderst constatiren zu lassen, ob er eine Pension verdient. Ich habe ausdrücklich gesagt, daß ein Arbeiter erst dann in ein solches Haus aufgenommen werden soll, wenn dringender Verdacht vorliegt, daß er simulirt. Und wenn am Ende ein Bürger 20, 30 Jahre lang Steuern bezahlt, und er begeht irgend eine Steuerdefraudation, so wird er eben auch bestraft! Ferner hat er gesagt, ich hätte mir zwei Briefe aus England schreiben lassen, aus denen hervorgegangen, daß die Cassen in England auch nichts Bedeutendes leisten. Diese Briefe bewiesen nur, daß es auch in England Leute gebe, die die dortigen Verhältnisse nicht kennen.

Ich habe bei meinem Aufenthalt in England mündlich häufiger gehört, daß gerade in Bezug auf die Arbeiter und ihre Invalidität sehr unzulängliche Einrichtungen getroffen sind, und ich wandte mich nicht an unglaubwürdige, sondern an sehr competente Leute. Einer davon ist Sir Young, auf den auch Dr. Hirsch Bezug nimmt; und dieser schreibt, „die Friendly Societies bedenken auch die Invalidität"; aber im Allgemeinen sind die Cassen nicht im Stande, dauernd diese Lasten zu tragen und einige chronische Fälle werden sie gewöhnlich zu Falle bringen. Die Zahlen der Arbeit des Herrn Dr. Hirsch beweisen, daß sehr viel geschieht durch die Friendly Societies für die Arbeiter in England, nicht aber, daß dort auch viel geschieht für die Pensionsversicherung der Arbeiter. Das Einzige, was geschieht, ist die Auszahlung einzelner Summen im Falle des Todes. Ich gestehe zu, daß ich die trades unions als Organisationen für den Kampf bezeichnete und somit als wenig geeignet zur Anbahnung des socialen Friedens. Ich habe aber nicht gesagt, daß sie ihre angesammelten Mittel zu Kampfzwecken mißbrauchten. Ich muß mich dagegen verwahren. Es schien, als ob der Herr Correferent in Bezug auf diesen Punkt sich gegen mich wendete; er muß mich mißverstanden haben.

Und wie es sich mit den Zahlen betreffs der Friendly Societies verhält, so verhält es sich mit den trades unions. Auch da wird nur ein kleiner Theil verwandt für die Zwecke der Pensionsversicherung. Doch gebe ich ja gern zu, daß die Summen, die sie auszahlen, im Falle Jemand stirbt, in der Gesammtheit bedeutend diejenigen überschreiten, die sie für Strikezwecke ausgeben.

Wenn Herr Duncker hervorgehoben hat, daß die gemeinschaftliche Arbeit bei der Cassenverwaltung nicht zur Anbahnung des socialen Friedens dient, weil bei diesen Cassenverwaltungen Streitigkeiten vorkommen können, so muß ich doch erwähnen, daß er sich da in Widerspruch stellt mit dem Streben der Gewerkvereine für Einigungsämter. Der „Gewerkverein" hat wiederholt hervorgehoben, daß er gerade in den Einigungsämtern ein Moment zur Herbeiführung des Friedens sehe, und bei den Einigungsämtern kommen ja nur streitige Fragen vor.

Das sind die Bemerkungen, die ich gegenüber den Einwendungen des Herrn Correferenten machen wollte. Ich will ja gern zugeben, daß ich durch meine nicht ganz klare Ausdrucksweise einzelne Mißverständnisse selbst verschuldet habe.

Herr Dr. Zillmer sagt dann in seiner Rede, die Cassen seien deshalb unzweckmäßig, weil man die Menschen nicht zwingen könne, die Pensionen, die sie bekämen, auch richtig zu verwenden. Ja, meine Herren, wenn die Pensionen sehr bedeutend wären, so wäre es allerdings denkbar, daß sie falsch angewendet würden. Aber bei den geringen Summen, die gewährt werden können, ist doch nicht gut anzunehmen, daß sie statt für Brod, Kleidung u. s. w. zu Börsenspeculationen und anderem Luxus verwendet werden.

Ich will hier nicht weiter eingehen auf das, was die übrigen Herren Redner eingewandt haben. Gegenüber der Aeußerung des Herrn Dr. Hirsch, daß die

Einführung des Cassenzwanges auf den Weg zum crassen Socialismus führen würde, erlaube ich mir aber die Frage zu stellen: Wie kann der Staat, wenn er diesen Zwang nicht aussprechen kann, dann verlangen, daß die Communen den Unterhalt für die Armen aufbringen? — wie kann er den Schulzwang einführen und die Eltern dafür bestrafen?! — Und will man jede Beschränkung der persönlichen Freiheit perhorresciren, so sage ich: Das ist ja gerade die Negation dieses Vereins, dessen Grundgedanke der ist, daß der Staat unter gewissen Verhältnissen befugt, ja verpflichtet ist, einen Eingriff in die persönliche Freiheit der Staatsangehörigen zu thun.

Hiermit ist die Discussion geschlossen.

Der Vorsitzende schreitet zur Abstimmung. — Der Correferent, Herr Duncker, zieht die erste seiner Thesen zurück. — Ein Mitglied der Versammlung hebt hervor, daß diese bei der großen Zahl leerer Stühle seiner Meinung nach nicht mehr so zusammengesetzt sei, daß sich aus einer Abstimmung die Durchschnittsmeinung des Vereins ergeben würde. — Ein anderes Mitglied spricht in dem nämlichen Sinne und wünscht einfach die protocollarische Bemerkung aufgenommen, daß die Versammlung wegen schwachen Besuchs von einer Abstimmung über den vorstehenden Gegenstand Abstand genommen habe.

Prof. Held: Dieser Antrag ist allerdings aus sachlichen Gründen ganz gut motivirt; ich kann mich demselben aber nicht anschließen, denn es läge darin eine Ungerechtigkeit gegenüber unserer gestrigen Abstimmung über die Contractbruchsstrafe, bei welcher wir auch eine sehr kleine Majorität bei vielen Fehlenden, die zur Einkommensteuerdebatte gegangen waren, bekommen haben. Die Abstimmungen haben ja keine große Bedeutung als solche und die Verhandlungen selbst sind die Hauptsache. Nichtsdestoweniger aber sind die Abstimmungen nothwendig, weil wir sonst nicht debattiren können, weil sonst die Redner nicht wissen, zu welchem Zwecke sie sprechen. Wenn wir einmal die Abstimmung unterlassen, so wissen auch in der Zukunft die Redner nicht mehr, ob sie im Hinblick auf eine folgende Abstimmung zu sprechen haben oder nicht

Prof. Wagner: Ich möchte anheim geben, daß ins Protocoll aufgenommen würde, die Versammlung sei bereits auf die Hälfte zusammengeschmolzen und so eine Abstimmung nicht mehr thunlich gewesen. Auch in Betreff der gestrigen Abstimmung könnte man angeben, daß auch diese nur von einer stark zusammengeschmolzenen Versammlung erfolgt sei. Dadurch ist ja keine Partei berührt. Es ist aber bekannt, daß großes Gewicht, besonders in den Zeitungen, auf Abstimmungen gelegt wird. Durch eine Bemerkung, wie die von mir gewünschte, könnte der übertriebenen Werthlegung auf Abstimmungsresultate vorgebeugt werden.

Prof. Brentano: Ich würde gar nichts dagegen haben, wenn wir das gestern auch im Protocoll bemerkt hätten.

Prof. Wagner: Das ist ja mein Antrag.

Dannenberg: Ich möchte darauf hinweisen, daß doch vorzugsweise Rücksicht auf die Anwesenden genommen werden muß und nicht auf Diejenigen, die nicht anwesend sind. Es hat sie ja Niemand hinausgewiesen oder gezwungen, nicht hier zu sein. Wollte man überhaupt nicht abstimmen, so würden ganz besonders Diejenigen präjudicirt, die nicht reden, während bei der Abstimmung Jeder sich geltend machen kann, auch wenn er vorher nicht gesprochen hat.

Vors. Prof. Dr. Nasse: Ich möchte darauf aufmerksam machen, daß bei der gestrigen Abstimmung die Zahl Derjenigen angegeben worden ist, die sich in der Versammlung befanden.

Prof. Wagner: Es kann ja angegeben werden, daß von den 100 Mitgliedern nur noch so und soviel anwesend waren.

Vors. Prof. Dr. Nasse: Wir werden das in einer Anmerkung anführen. Die Abwesenheit so vieler Mitglieder erklärt sich daraus, daß gleichzeitig mit uns eine Sitzung der Reichseinkommensteuer-Liga stattfindet, auch sind die Mitglieder heute zum Theil bereits abgereist.

Prof. Dr. Held: Diese beiden Desiderien meines Freundes Wagner werde ich also im stenographischen Bericht berücksichtigen.

Duncker: Meine Herren! Ich möchte mir in Bezug auf die Abstimmung einen doppelten Vorschlag erlauben. Erstens möchte ich den Vorsitzenden bitten, die Versammlung um ihre Zustimmung zu ersuchen, daß zunächst über Nr. 3 und 4 der Kalle'schen Thesen abgestimmt werde, damit wir wissen, ob wir in die Special-Discussion über meine Thesen einzutreten haben oder nicht.

Dann aber in Bezug auf die geringe Zahl der Anwesenden möchte ich mir den Antrag erlauben, daß die Abstimmung eine namentliche sein solle. Meine Herren! Ich glaube, unsere ganze Tendenz und die ganze Art, wie unser Verein seine Aufgabe erfaßt, ist ja mehr eine durch die Macht der Discussion in seinen Versammlungen und durch die Autorität des Namens seiner Mitglieder wirkende, als ein Versuch, durch massenhafte Zahlen zu imponiren. Ich glaube, wir erreichen den Eindruck nach Außen am besten dadurch, wenn die Abstimmung eine namentliche ist, denn das Gewicht der hier noch vertretenen Namen ergänzt sicherlich die Schwäche der Zahl der bei Abstimmung noch Betheiligten.

Vors.: Was den ersten Antrag des Herrn Vorredners betrifft, so muß ich gestehen, daß derselbe viel für sich hat. Ich möchte mir indessen eine Modification erlauben; nämlich die Resolution 2 und 3 des Herrn Kalle zusammen zur Abstimmung zu bringen, denn es würde nicht gut gehen, über eine These abzustimmen, die mit „Insoweit" anfängt. Würden aber die Thesen 2 und 3 nicht angenommen werden, so würde ich nicht weiter in die Abstimmung über die Thesen des Referenten einzugehen nöthig zu haben glauben. Ich würde dann übergehen zur Abstimmung über die Thesen des Herrn Correferenten, und über dieselben einzeln mit den dazu gestellten Amendements abstimmen lassen.

Die Versammlung ist mit diesem Modus der Abstimmung einverstanden. — Die Thesen 2 und 3 des Referenten Kalle werden vom Schriftführer verlesen und gelangen darauf zur namentlichen Abstimmung.

Es stimmen mit

Ja:

Bacmeister.
v. Bojanowsky.
Bücher.
Dr. Held.
Hiltrop.
Dr. Jannasch.
Dr. Koller.
Ludwig-Wolf.
Prof. Dr. Wagner.
Schulze.
Kalle.

11 Stimmen.

Der Abstimmung enthält sich:

v. Oertzen.

Nein:

Brentano.
Dr. Blum.
Dannenberg.
Duncker.
Dr. Engel.
Eisenlohr.
Dr. Fischer.
Dr. Gensel
Dr. Hildebrand.
Dr. Hirsch.
Jacobi.
Janson.
Isaak.
v. Koeth.
Koumanine.
Dr. Nasse.
Neumann.
Dr. Perrot.
Philippi.
v. Roggenbach.
Dr. Roscher.
Rösler.
Roth.
Samter.
Schober.
v. Samarin.
Dr. Thiel.
Dr. Zillmer. [1])

[1]) Es waren also am Abend von 110 nur mehr 40 Mitglieder anwesend.

Die Thesen 2 und 3 des Ref. Kalle sind also mit 28 gegen 11 Stimmen abgelehnt. Es folgt daher die Abstimmung über die Thesen des Correferenten Duncker.

These 1 ist von dem Antragsteller zurückgezogen.
These 2, alinea a wird mit großer Majorität angenommen.
These 2 alinea b desgl.

Ueber These 3 eröffnet der Vorsitzende die Special-Discussion, und ersucht den stellvertretenden Vorsitzenden Prof. Hildebrand seinen Stuhl einzunehmen, da er sich an der Debatte betheiligen werde.

Stellvertr. Vors. Prof. Hildebrand übernimmt den Vorsitz.

Prof. Dr. Nasse: Meine Herren, ich bitte, die dritte These zu theilen, und zwar bis zu den Worten: „— sollen durch dieses Gesetz nicht berührt werden"; dagegen die folgenden Worte: „— doch soll der Beitritt oder das Verbleiben in denselben für solche Personen nicht mehr obligatorisch sein, welche einer freiwilligen, auf Grund der gedachten Normativ-Bedingungen anerkannten Casse gehören, die mindestens dieselben Leistungen als die entsprechende Zwangscasse ihren Mitgliedern in Aussicht stellt" zu streichen.

Ich bin erstaunt gewesen, diese These in der Vorlage des Correferenten zu finden, da ich in der Schrift seines Freundes, des Herrn Dr. Hirsch, gesehen habe, daß dieser durchaus nicht der Ansicht ist, die bestehenden Knappschaftscassen seien zu beseitigen. Er sagt, daß er sie, da sie auf einer Bestimmung beruhen, die früher sehr segensreich gewirkt habe, unberührt lassen wollte. Der Schlußsatz der dritten These aber greift in die Zwangscassen ein, denn es wird der Grundgedanke der Beitragspflicht der Arbeitgeber und Arbeitnehmer dadurch aufgehoben. Meine Herren! Ich habe gegen die Thesen des Herrn Referenten gestimmt, obgleich ich eine große Bewunderung vor der Einrichtung der Knappschaftscassen hege, weil ich andererseits den neuen Verbänden, den Gewerkvereinen, eine freie Entwickelung lassen will. Ich wünsche daher, diesen dieses Mittel des Gedeihens und der Macht nicht zu entziehen. Aber darum will ich keineswegs ein so altgewordenes Institut wie die Knappschaftscassen auflösen. Ich glaube, die Knappschaftscassen haben Jahrhunderte lang Großes geleistet und es ist nicht sicher, ob wir auf anderen Wegen das erreichen werden, z. B. eine ähnliche Sicherheit der Altersversorgung. In England sind die Leute in zahlreichen Fällen in ihren Ansprüchen und Hoffnungen, wirklich eine Alterspension zu bekommen, getäuscht worden. Ferner, um nur das Wichtigste zu erwähnen, haben die Knappschaftscassen den großen Vortheil, die Arbeiter in einen corporativen Verband zusammenzuschließen. Wir haben gestern davon gesprochen, wohin es dann kommt, wenn den Leuten das Selbstgefühl fehlt, einer großen Verbindung anzugehören. Ich möchte daher den Correferenten bitten, diesen Theil seiner These zurückzuziehen oder eine getrennte Abstimmung zu gestatten. Gewerkvereine haben ja Feinde genug und werden gut thun, die Knappschaftscassen, die viele Freunde haben, vorläufig bestehen zu lassen.

Duncker: Ich will der Aufforderung unseres verehrten Herrn Präsidenten um so lieber nachkommen, als ich ja heute Morgen schon geäußert habe, daß ich an den bestehenden Zuständen nichts ändern, sondern nur den neuen Entwickelungen Raum zur Thätigkeit gewinnen will. Ich ziehe hiermit also den von Prof. Nasse angefochtenen Theil meiner Resolution zurück; denn, erreiche ich durch den ersten Theil derselben, daß die Cassen der Gewerkvereine gesetzlich anerkannt werden, dann wird der jetzt schwebende Streit, ob die Zugehörigkeit zu den freien Cassen von den Beiträgen zu den Zwangscassen befreit, gegenüber den Bestimmungen der Gewerbeordnung von selbst erledigt sein. Die Knappschaftscassen natürlich bleiben ganz unberührt.

Stellv. Vors.: Der zweite Theil also ist zurückgezogen.

Dannenberg: Ich nehme ihn wieder auf! Was dort steht, ist ja richtig insofern, als in der Gewerbe-Ordnung bereits bestimmt ist, daß Diejenigen, welche einer anderen Casse angehören, nicht gezwungen werden sollen, einer Zwangscasse beizutreten. Neu ist es nur, daß die Leistungen mindestens dieselben sein sollen, als die entsprechende Zwangscasse in Aussicht stellt. In der Gewerbe-Ordnung hat man bekanntlich das vergessen. Die Bedeutung der Verbindung mit anderen Cassen leugnet kein Mensch mehr, und wenn der erste Theil angenommen würde, so würde sich die Sache so machen, daß die freiwilligen Cassen sehr geschädigt würden. Man will jetzt versuchen, gleichsam die Innungen wieder herzustellen, so daß die Cassen bestehen müßten aus einer Verbindung von Arbeitgebern und Arbeitnehmern. Diese Cassen würden nur dann aufblühen können, wenn sie ebenso wie die Gewerkvereine anerkannt werden, und wenn man den Arbeitern zugiebt, daß sie, wenn sie ihre Pflichten gegen die eine Casse vollkommen erfüllt haben, in eine andere eintreten können. Darum habe ich den Antrag wieder aufgenommen. Wir wollen ja doch nur Zwang für Diejenigen, die freiwillig das nicht schon gethan haben, was sie thun sollen; thun sie das freiwillig, so wollen wir keinen Zwang.

Stellvertr. Vors. Prof. Hildebrand: Es ist noch ein Abänderungs Antrag eingegangen von Herrn Oekonomie-Rath Thiel: den dritten Absatz der dritten These von Duncker derartig zu fassen, daß hinter den Worten: „doch soll —" eingefügt wird: „mit Ausschluß der Knappschaftscassen".

Dr. Engel: Ich halte diesen Einschub für keine Verbesserung. Wir haben gar keine anderen Cassen, in welche der Eintritt obligatorisch ist. Die gewerblichen Cassen sind nur Krankencassen, und gewähren keine Invalidenpensionen.

Prof. Dr. Nasse: Für unsere preußischen Verhältnisse ist das ja vollkommen zutreffend. Aber nun berichtet uns Herr Dannenberg, daß allerdings in Hamburg oder sonstwo noch solche Cassen bestehen, die Beiträge zu solchen Pensions- oder Invaliden-Cassen haben. Davon würde es abhängen, ob es wünschenswerth wäre, diesen Passus noch aufzunehmen. Die Befürchtung, daß man auf Umwegen doch wieder zum Zwange kommen könne, wird ja ausgeschlossen durch den ersten Theil des dritten Absatzes dieser Resolutionen, denn da heißt es ja ausdrücklich, daß an den bestehenden Bestimmungen nicht gerührt werden solle. Also neue Bestimmungen können nicht mehr eingeführt werden, wenn die freiwilligen Cassen anerkannt sind.

Duncker: Die Kenntniß der Thatsachen des Herrn Geh. Rath Engel in allen Ehren, so glaube ich doch nicht, daß wir im Augenblick übersehen können, ob nicht irgendwo innerhalb Preußens oder eines anderen Staates Alterversorgungs-Zwangscassen existiren, und ich weiß z. B., daß in Berlin auf Grund eines Ortsstatutes eine Buchdruckercasse besteht, die zugleich Kranken- und Invaliden-Casse ist.

Dannenberg: Ich muß meinen Irrthum zugestehen. Die Zwangscassen, die wir in Hamburg haben, beziehen sich nur auf Kranke und deren Unterstützung, nicht auf Pensionen; dadurch würde also dieser Einwand wegfallen. Aber es wird jedenfalls der Versuch gemacht werden, entgegen diesen Cassen andere zu gründen.

Ungenannt: Meine Firma besitzt eine Casse, die gleichzeitig Kranken-, Sterbe- und Pensionscasse ist, und zwar auf Grund einer Bestimmung vom 9. Februar 1846. Ich würde deshalb den Antrag Thiel's zur Annahme empfehlen.

Prof. Dr. Held: Es handelt sich ja hauptsächlich um die Knappschaftscassen, wenn wir zur Abstimmung kommen. Es ist aber möglich, daß außer diesen noch andere Cassen derart in deutschen Ländern existiren können, die vielleicht Rücksicht verdienen. Ob sie noch existiren, wissen wir nicht. Ich kann mich daher nur aus vollem Herzen dem Antrage des Herrn Nasse anschließen. Warum wollen wir darüber abstimmen, nachdem wir erkennen, daß wir nicht genau darüber informirt sind? Ich bitte also, getrennt abzustimmen, aber den letzten Passus: — „doch soll u. s. w.“ nicht anzunehmen.

Prof. Dr. Nasse stimmt Herrn Prof. Held bei.

Dr. Gensel: Ich beziehe mich auf die eben gehörten Worte des Herrn Prof. Held, aus denen mir hervorzugehen scheint, daß es zweckmäßiger wäre, es nicht so zu machen, wie er will, sondern einfach hinter „erwerben können" fortzufahren: „Die bestehenden Knappschaftscassen werden durch dies Gesetz nicht berührt." Die Cassen, über die wir uns augenblicklich nicht orientiren können, bleiben außer Spiel.

Dannenberg: Ich ziehe meinen Antrag zurück.

Dr. Engel: Meine Herren! Nehmen Sie gar keinen Bezug auf die Knappschaftscassen. Es giebt sicher auch in Preußen eine Anzahl Knappschaftscassen, die insolvent sind, wenn man die Grundsätze der Bilanzziehung für Versicherungsgesellschaften auf sie anwenden wollte.

Dr. Thiel: Nach Dannenberg ziehe ich natürlich auch meinen Antrag wieder zurück.

Stellvertr. Vors. Prof. Hildebrand: Nachdem der eine Theil zurückgezogen ist, kommt der übrige Theil zur Abstimmung.

Prof. Dr. Held: Ich möchte Herrn Dr. Gensel bitten, seinen Antrag zurückzuziehen; denn wenn wir sagen, die Knappschaftscassen werden nicht berührt, so können wir immer den Fehler machen, daß andere etwa existirende den Knappschaftscassen ähnliche Cassen nach unserem Vorschlag unter das neue Gesetz fallen, d. h. nicht unberührt bleiben sollen; während, wenn wir die Fassung des Correferenten beibehalten, doch im größeren Theile Deutschlands Jedermann weiß, daß die Knappschaftscassen gemeint sind.

Dr. Gensel: Ich habe bereits erklärt, daß ich, wenn nach den Worten „erwerben können" beschlossen wird, dann meinen Antrag zurückziehe.

Bei der jetzt erfolgenden Abstimmung wird die These 3 bis zu den Worten „nicht berührt werden" in getrennter Abstimmung für beide Sätze angenommen. Damit ist der Antrag Gensel gefallen. Der übrige Theil der These 3 ist zurückgezogen.

Es folgt Special-Debatte über These 4. Das Wort erhält zunächst

Prof. Neumann: Ich habe nur zwei Worte zu sagen. Nämlich es kommt hier von „Garantie" so viel vor, die zu schaffen sei, „daß für die einzuzahlenden Beiträge die versprochenen Leistungen auch wirklich gewährt werden können." Da scheint mir nun das Bedenken nahe zu liegen, als solle gewissermaßen der Staat eine Garantie übernehmen. Um die Möglichkeit dieses Mißverständnisses zu beseitigen, würde ich vorschlagen, so zu sagen:

„Den Normativ-Bestimmungen selbst ist die Selbstverwaltung der Cassen zu Grunde zu legen, doch ist es durch die Einwirkung staatlich approbirter Sachverständiger und andere geeignete Controlmaßregeln, sowie die Errichtung einer obersten Sachverständigen-Behörde thunlichst sicher zu stellen, daß für die einzuzahlenden Beiträge die versprochenen Leistungen auch wirklich dauernd geleistet werden können."

Schulze: Ich muß mich ganz entschieden gegen diesen Antrag erklären! Ich verstehe es vollkommen, daß man sagt: Die staatliche Ueberwachung, wie sie hier vorgeschlagen ist, ist überhaupt etwas Ueberflüssiges, und der Entwickelung der freien Cassen in vieler Hinsicht schädlich! Wenn man aber eine staatliche Ueberwachung in solchen Angelegenheiten will, dann acceptire ich auch mit vollem Bewußtsein das Wort „Garantie", — staatliche Garantie! Wenn der Staat eine solche Casse anstellt, und wenn er die mathematischen Grundlagen des Geschäfts prüft und sich darüber fortwährend auf dem Laufenden erhält, so bin ich der Meinung, daß der Wortlaut der Resolution 4 des Correferenten der durchaus richtige ist, und bin der Ueberzeugung, daß der Staat dann auch für etwaige Nachlässigkeiten und Versehen seiner Beamten haften müsse, so daß allerdings das Wort „Garantie" stehen bleiben muß!

Dr. Hirsch: Meine Herren! Ich trete für die verbesserte Fassung des Herrn Prof. Neumann ein. Ich habe ja selbst in meinem Gesetzentwurf und Gutachten die möglichste staatliche Fürsorge für die Lebensfähigkeit der Cassen empfohlen. Aber ich verkenne keinen Augenblick, daß eine wirkliche Garantie unmöglich vom Staate übernommen werden kann; denn beim allerbesten Sachverständigen können Irrthümer passiren und bei der besten Verwaltung können unvorhergesehene Unglücksfälle eintreten. Auch möchte ich von vorn herein die Idee von den Mitgliedern fernhalten: Da ist der Staat; der wird schon dafür sorgen! — Nein, das wäre eine große Schädigung! — Die Mitglieder sollen selbst aufpassen, daß ihre Casse richtig verwaltet werde.

Dr. Engel: Ich möchte Sie fast bitten, den §. 4 abzuschließen bis „zu Grunde zu legen", und den Rest wegzulassen. Es versteht sich ja von selbst, daß die Cassen möglichst sicherzustellen sind. Daß Sie den Staat mit hineinziehen, möchte ich schon deshalb nicht wünschen, weil ja, wie Sie wissen, in England kürzlich große Debatten über das Zweckmäßige oder Unzweckmäßige der Staatsaufsicht gepflogen worden sind, wobei sich herausgestellt hat, daß trotz der staatlichen Aufsicht über die Friendly Societies eine Menge derselben ihren Verpflichtungen nicht nachkommen konnten, beziehungsweise zu Grunde gegangen sind. Dies Factum liegt vor, und wir können uns doch nicht so schlecht mit den Thatsachen abfinden, daß wir von dergleichen Vorgängen keine Kenntniß nehmen! Die Knappschaftscassen, von denen hier die Rede ist, sind ja staatlich beaufsichtigte Cassen. Aber haben Sie es nicht mit erlebt, meine Herren, daß bei den großen Unglücksfällen, die vor mehreren Jahren in sächsischen und preußischen Steinkohlen-Bergwerken sich ereigneten, die Cassen nicht im Stande waren, ihren Verpflichtungen nachzukommen? daß große Sammlungen veranstaltet werden mußten, um den Hinterbliebenen der Verunglückten zu Hülfe zu kommen und sie existenzfähig zu machen? — Ich halte dafür, daß es genügt zu sagen: „Den Normativ-Bestimmungen selbst ist die vollständige Selbstverwaltung der Cassen zu Grunde zu legen."

Prof. Brentano: Ich kann nur bestätigen, was Herr Geheimerath Engel über die Insolvenz der größten unter den Friendlar Societies gesagt hat. In einem anderen Punkte dagegen muß ich ihm widersprechen. Er behauptet, man sei in England von der Idee eines Registry Office für Friendly Societies zurückgekommen. Nun ist allerdings richtig, daß das bisher bestehende Registriramt die Erwartungen nicht erfüllte, die man von ihm hegte. Dies hat jedoch nur zu der Einsicht geführt, daß für dasselbe andere als die bisherigen Bestimmungen getroffen werden mußten, keineswegs zu dem Entschlusse, das Registriramt ganz abzuschaffen. Im Gegentheile; der von der Regierung in der letzten Session des Parlamentes eingebrachte Gesetzentwurf handelt in §. 11—23 von dem Registriramt und in §. 24—35 von der Registrirung der Gesellschaften. Allerdings ist dieser Gesetzentwurf noch nicht angenommen; die Debatte und Abstimmung darüber sind vielmehr auf die nächste Session des Parlamentes vertagt.

Dr. Hirsch: Ja, das wollte ich bestätigen. Darum dreht sich ja gerade der Hauptstreit in England, ob die jetzige Gesetzgebung für die Sicherheit der Cassen genügend ist. Die Enquête hat ergeben, daß die bisherige Art zu registriren nicht hinreicht, und die königliche Commission ist daher zu der Resolution gekommen, daß eine verschärfte Aufsicht nothwendig ist. Meine Herren, es könnte nichts Schlimmeres geben, als wenn wir nach Jahren erklären müßten: unsere freien Hülfscassen sind insolvent! — deshalb habe ich mich für verpflichtet gehalten, darauf hinzuweisen, daß, abgesehen von der Garantie, der Staat Vieles thun kann, um die Sicherheit der Cassen und ihrer Mitglieder zu fördern, und ich glaube, daß in der Fassung des Herrn Prof. Neumann dieser Satz vollständig acceptabel ist!

Assessor Hiltrop (Dortmund): Herr Geheimerath Engel hat gesagt, daß die Knappschaftscassen in Westfalen und Sachsen insolvent gewesen wären, um die bekannten Unglücksfälle zu decken. Die Cassenverhältnisse der sächsischen Vereine sind mir nicht bekannt; ich weiß aber, daß die Bergisch-Märkische Knappschaftscasse mit etwa 43,000 Mitgliedern, in deren Bereich das Unglück auf Zeche Neu-Iserlohn vorgekommen, keineswegs insolvent gewesen ist, und ist es mir unglaublich, daß die Vereine in Sachsen nicht auch im Stande gewesen sein sollten, den Schaden zu decken. Leider sind die gesammelten Fonds nicht in die Knappschaftscassen geflossen, sondern nebenher verwaltet worden; dadurch ist es gekommen, daß die Wittwen außer ihrer Knappschaftspension noch mehr aus den Sammlungen erhalten haben, und das hat im höchsten Grade unsittlich gewirkt.

Ich möchte noch bitten das Wort „vollständige" zu streichen. Es sind das ja schon drei Gruppen von Ausnahmen, die in diesen Resolutionen gemacht werden.

Prof. Held: Dem Antrage des Herrn Assessor Hiltrop kann ich mich vollständig anschließen; ebenso dem Antrage Neumann. Aber ich muß zugleich dem Antrage Engel widersprechen, daß wir nach dem Worte „zu Grunde zu legen" aufhören sollen. Es muß doch Sorge getragen werden, daß die Normativbestimmungen aufrecht erhalten werden, und eine staatliche Behörde zur Aufsicht darüber ist ja unerläßlich. Es ist ja schlimm, daß wir so viele leges imperfectae haben, die auf dem Papiere stehen und doch in ganzen Gegenden mißachtet werden, weil keine Behörde ex officio sich um die Ausführung kümmert, wie z. B. bei den Gesetzen über Kinderarbeit in Fabriken. Wir müssen eine staatliche Aufsichtsbehörde haben, und deshalb müssen wir die Vorschläge des Herrn Prof. Neumann annehmen!

Janson: Ich glaube doch, daß in diesen Normativbestimmungen die Bestimmungen enthalten sind, welche dem Staate eine Aufsicht über die Verwaltung einräumen. Aber eine „Garantie" dem Staate zuzuschieben, halte ich nicht für zweckmäßig; denn es müßte doch dann auch seine Befugniß, in die Cassen einzugreifen, eine größere sein. Ich bin der Meinung, die Cassen haben sich dem zu fügen, was Herr Dr. Zillmer sagt, nämlich nöthigenfalls die Beiträge zu erhöhen, damit sie nicht insolvent werden, wie z. B. heute die Communen zu Subventionen für Zwangscassen herangezogen werden, wenn kein Geld mehr da ist. Die Normativbestimmungen enthalten Alles, was darin nöthig ist.

Die Discussion über Punkt 4 wird geschlossen.

Stellv. Vors. Prof. Hildebrand: Zunächst wird über den ersten Satz bis „zu Grunde zu legen" abzustimmen sein. — Dann ist beantragt, das Wort „vollständig" wegzulassen. Ich glaube auch, dies Wort kann gestrichen werden; der Sinn bleibt derselbe; und wenn Niemand widerspricht, so möchte ich das Wort „vollständig" streichen. (Zustimmung.)

Bei der jetzt erfolgenden Abstimmung wird der Punkt 4 in der von Prof. Neumann beantragten Fassung, nämlich wie folgt angenommen:

„Den Normativbestimmungen selbst ist die Selbstverwaltung der Cassen zu Grunde zu legen, doch ist es durch die Einwirkung staatlich approbirter Sachverständiger und andere geeignete Controlmaßregeln, sowie durch Errichtung einer obersten sachverständigen Behörde thunlichst sicherzustellen, daß für die einzuzahlenden Beiträge die versprochenen Leistungen auch wirklich dauernd gewährt werden können".

Die Versammlung tritt in die Discussion über These 5.

Prof. Dr. Nasse: Meine Herren! Dieser Paragraph ist von nicht geringer Bedeutung. Sie wissen, welche lebhafte Discussionen darüber im Volkswirthschaftlichen Congreß gepflogen worden sind; und immerhin ist nicht zu verkennen, daß die Ausscheidung von Mitgliedern aus anderen Gründen als Nichtzahlung der Beiträge eine große Macht ist, die wir den Vereinen zugestehen, selbst wenn Entschädigung erfolgt. Denn es kann diese Entschädigung in vielen Fällen kein Aequivalent sein für den verlorenen Anspruch aus den jahrelang vielleicht gezahlten Beiträgen. Aber nichtsdestoweniger muß ich gestehen, daß ich solchen Vereinen, welche diese große Macht im Sinne einer sittlichen Zucht der Arbeiter ausüben wollen, diese Macht zu geben wünsche, und ich erkläre ferner, daß ich überzeugt bin, daß die englischen Gewerkvereine diese Zucht zwar nicht immer, aber doch meistens geübt haben, und daß sie wichtige Mittel zu Zucht und Sitte für die englischen Arbeiter geworden sind. Ich habe die Hoffnung, daß es auch bei den deutschen Gewerkvereinen so werden wird. Aber nun können doch Vereine errichtet werden, von ganz anderen Tendenzen ausgehend. Ich lebe in einer Gegend, wo ein großer Theil der Bevölkerung sich im offenen Kriege gegen die Staatsgesetze befindet, und wo die Leute durch die vielen Vereine, mit denen ihr ganzes geistiges und wirthschaftliches Leben verbunden ist, von einer staatsfeindlichen Macht abhängig sind. Es könnte sich ja ereignen, daß auch diese kirchliche Macht Vereine zur Altersversorgung gründet; dasselbe können auch die Socialdemokraten thun. Ich möchte daher nicht jedem Verein diese Macht geben, denn für solche Cassen mit staatsfeindlichen Tendenzen glaube ich nicht, daß der Staat Anlaß hat, einzutreten, ihnen Rechte zu geben, zu ihrer Prüfung Sachverständige zu ernennen u. s. w. Vor solchen Cassen hat der Staat alle Ursache, sich zu hüten, damit er nicht von clerikalen oder socialdemokratischen Elementen untergraben wird. Ich möchte deshalb den Zusatz machen, daß der Staat nur auf Grund von Normativbestimmungen errichteten Vereinen, solchen Vereinen, die vom Staate anerkannt sind, auch das Recht des Ausschlusses geben möge, also auch den Gewerkvereinen, sobald sie eben gesetzliche Normativbestimmungen haben. In diesen Bestimmungen — das setze ich voraus — wird die Bedingung angegeben sein, daß man nicht wegen kirchlicher oder politischer Differenzen vom Verein ausgeschlossen werden darf. Wenn wir das Recht der Ausschließung an eine bestimmte staatliche Zustimmung binden, so glaube ich wohl, daß der Staat solchen Vereinen, wie den Gewerkvereinen, eine derartige Berechtigung wird geben dürfen.

Stellv. Vors.: Es sind drei verschiedene Amendements gestellt worden.

Schriftführer Prof. Held: Sie sind bereits am Vormittage gestellt worden, und zwar zunächst einer von mir, der zu den Anträgen des Referenten und Correferenten gestellt war. Danach würde der fünfte Punkt anders lauten, nämlich:

„Verbindung von anerkannten Pensionscassen mit anderen anerkannten Vereinen ist zulässig. Es ist aber in diesem Falle getrennte Cassenführung für die Pensionscasse zu fordern. Mitglieder, die aus anderen Gründen, als wegen Nichterfüllung ihrer Beitragspflicht gegen die Pensionscasse aus letzterer ausgeschlossen werden, sind für ihre gezahlten Pensionscassen-Beiträge zu entschädigen.“

Dann kommt ein Antrag des Herrn Prof. Nasse, welcher blos verlangt, einzuschieben:

„nach gesetzlichen Normativbestimmungen errichteten Vereinen sind zulässig.“

Ich denke, wir können des einfacher machen: ich ziehe meinen Antrag zurück und nehme den Nasse'schen an, nur bestehe ich auf Einfügung der Worte:

„Es ist aber in diesem Falle gesonderte Cassenführung für die Pensionscasse zu fordern“.

Der dritte Antrag von Eras lautet:

„Verbindungen solcher gesetzlich anerkannter, auf Grund dieser Normativbestimmungen errichteter Cassen mit anderen Vereinen sind zulässig, doch dürfen Mitglieder aus den Vereins-Pensionscassen nur dann ausgeschlossen werden, wenn sie ihrer Beitragspflicht nicht genügten.

Dr. Engel: Ich möchte den Herrn Correferenten fragen, ob er überhaupt auf diesen Absatz 5 einen großen Werth legt? Geht er nicht schon über die Bestimmungen des Pensionscassenwesens hinaus? Sie verlangen, daß Cassenmitglieder aus anderen als versicherungscontractlichen Gründen ausgeschlossen werden können. Führt das nicht zu demselben Ziele, das Sie bei den bestehenden Cassen so stark tadeln: zur Verquickung der Selbsthülfe mit Polizei. Sie wollen gleichfalls neben der Versicherung noch eine Polizei ausüben, eventuell Jemanden wegen der Divergenz seiner von den socialpolitischen Ansichten und Bestrebungen der Majorität der Cassenmitglieder die Fortdauer der Versicherung verkümmern. Damit daß Sie, wie hier angegeben, den jeweiligen Werth seiner Ansprüche zurückerstatten, begleichen sie doch den Schaden nicht, den Sie ihm durch den Ausschluß zufügen. Dieser jeweilige Werth ist bekanntlich sehr klein, er beläuft sich keineswegs unter allen Umständen auf die volle Höhe der gezahlten Prämie, denn der bislang Versicherte hat ja ein gewisses Risico schon consumirt. Wer schon einmal eine Lebensversicherung fallen gelassen hat, der wird ja wissen, wie gering die ihm für diesen Fall zustehende Reserve ist. Dazu kommt noch ein anderer, möglicherweise sehr erheblicher Nachtheil. Nehmen Sie an, der Mann hätte zwanzig Jahre gesteuert und sei im Laufe der Zeit krank geworden; von einer andern Casse wird er dann nicht mehr aufgenommen, und findet er keine Unterkunft, d. h. keine Versicherung für sich und die Seinigen, so haben Sie ihn und seine Familie ruinirt. Sie können solchen nachtheiligen Wirkungen nur dadurch begegnen, daß Sie mit Versicherungscassen keine anderen als Versicherungszwecke anstreben und alle übrigen Zwecke daraus entfernen.

Stellv. Vorf.: Ich möchte mich dem Antrage anschließen, daß der Punkt 5 ganz gestrichen wird, es ist gar kein Grund dazu, denn was er will, gehört Alles in die Normativbestimmungen, die später berathen werden.

Duncker: Ich muß doch sagen, daß ich allerdings auf die Beibehaltung des §. 5 großen Werth lege. Ich könnte vielleicht davon absehen, wenn die Sache nicht hier wie auch in der Presse als eine offene Streitfrage vorläge. Ich meine, da sie einmal aufgeworfen ist, daß wir sie auch nach der einen oder nach der anderen Richtung hin entscheiden müssen, und ich bitte Sie, dieselbe im Sinne meiner Anträge zu entscheiden. Den Hauptgrund dafür hat Herr Dr. Hirsch Ihnen schon vorgeführt. Meine Herren! Wenn Sie den Vereinen nicht diese Macht ertheilen, so setzen Sie dieselben der Gefahr aus, daß einem Vereine zeitweise Massen von Mitgliedern beitreten, blos um der Wohlthaten der Cassen, welche der Verein oft vielleicht mit großen Opfern ins Leben gerufen hat, theilhaftig zu werden. Hernach verlassen diese Mitglieder den Verein wieder —: sie sind ja nun in der Casse. Das ist ein Uebelstand, der große Dimensionen annehmen kann. Dem gegenüber steht der weit kleinere Uebelstand, daß einzelne Mitglieder, die nach längerer Beitrittszeit aus andern Gründen ausgeschlossen werden können, vielleicht nur eine kleine Abfindungssumme bekommen. Aber wollen Sie den corporativen Geist solcher Vereinigungen erhalten, dann dürfen Sie eine solche Bestimmung nicht ablehnen, wonach Mitglieder ausgeschlossen werden können, welche direct gegen die Ehre der Gemeinschaft handeln. Ich bin überzeugt, daß thatsächlich sehr selten solche Fälle eintreten werden, in denen ein solcher Ausschluß stattfindet. Principiell habe ich gegen den Antrag unseres Präsidenten gar nichts, denn auch ich und meine Freunde stehen auf dem Standpunct, daß die Vereine zu den Rechten juristischer Personen kommen müssen. Aber, meine Herren, im Interesse des schrittweisen und doch nicht allzulangsamen Vorgehens der socialen Gesetzgebung möchte ich bitten, von dem Amendement Nasse Abstand zu nehmen, denn es wird kaum möglich sein, ein solches Gesetz in kurzer Zeit fertig zu bringen. Nehmen Sie also das Amendement Nasse an, so vertagen Sie die Frage bis dahin, wo ein Gesetz über die Gewerkvereine zu Stande kommt. In dem Normativgesetz selbst kann die Bestimmung ja so gefaßt werden, wie sie Dr. Max Hirsch in §. 10 seines Entwurfes [1]) vorschlägt:

Ausgeschlossen von der Vergünstigung des Absatz 2 (des Anschlusses der Cassen an einen gesetzlich erlaubten Verein) sind jedoch:

1) Vereine, welche politische oder religiöse Zwecke verfolgen und ihnen thatsächlich dienen, ferner geistliche Orden oder Gesellschaften und religiöse Körperschaften jeder Art;

und dann geht Dr. Hirsch noch weiter, indem er vorschlägt:

2) Vereine von Arbeitgebern oder Arbeitern, welche nach ihren Statuten oder thatsächlich, sich die Veranstaltung von Arbeits-Aussperrungen oder Einstellungen zur Aufgabe machen, insofern sie nicht die Verpflichtung, sich an den die Verhütung und

[1]) Schriften des Vereins für Socialpolitik V. S. 181.

Schlichtung von Streitigkeiten über Lohn und Arbeitsbedingungen bezweckenden Einigungs- und Schiedsämtern verbindlich zu betheiligen, statutarisch und thatsächlich anerkennen.

Sie sehen, daß selbst von den eifrigsten Freunden und Vertretern der Gewerkvereine dieser Punct in's Auge gefaßt ist, und wenn ich ihn nicht mit aufgenommen habe, so ist dies nur geschehen, um die Resolution nicht allzusehr zu bepacken. Ich bitte daher Herrn Professor Nasse, seinen Antrag zurückzuziehen.

Prof. Brentano: Auch ich möchte Sie bitten, an diesem Paragraphen festzuhalten. Herr Geh.-Rath Engel verweist klagend auf die Misère bei den Knappschaftscassen. Es besteht aber ein großer Unterschied zwischen diesen und den Gewerkvereinscassen: die einen sind Zwangscassen, die andern sind freiwillige Cassen. Niemand braucht ihnen beizutreten, der Zweifel hat an ihrer Solidität. Mein Haupteinwand gegen den Geh.-Rath Engel ist aber der, daß er diese ganze Frage lediglich vom Standpunkt der Versicherung ansieht, die Gewerkvereine dabei jedoch ganz außer Augen verliert. Wenn Sie seinem Antrage Folge geben und es den Gewerkvereinen unmöglich machen, andere Unterstützungscassen mit ihren Strikecassen zu verbinden, so drücken Sie die Gewerkvereine zu reinen Strikevereinen herab. Dagegen ist es eine bekannte Thatsache, daß eben die anderen Unterstützungen, welche die Gewerkvereine, abgesehen von dem Fall der Arbeitslosigkeit gewähren, deren Mitglieder geradezu strikeunlustig machen, und dies wird ja gerade den Gewerkvereinen des Dr. Hirsch von den Socialdemokraten immer vorgeworfen. Dieser Gesichtspunkt würde allerdings in den Hintergrund treten, würde durch diese Verbindung der Unterstützungscassen mit den Strikecassen den Anforderungen nicht genügt, welche man vom Standpunkte der Versicherung an erstere zu stellen hat. Diese Anforderungen sind, daß durch diese Verbindung die Ansprüche, welche die Versicherten an die Unterstützungscasse zu machen haben, nicht gefährdet werden. Diesen Anforderungen genügen aber die Bestimmungen des § 5 der Duncker=schen Resolutionen vollkommen. Ich befürworte demnach dringend, ihn anzunehmen.

Dr. Engel: Wenn es sich um das Pensionscassenwesen handelt, so muß man sich eben nur auf diesen, d. h. den Versicherungsstandpunkt, stellen und auf keinen andern daneben. Sie werden diesen Grundsatz auch in allen ähnlichen Fällen angewendet finden. Einer Lebensversicherungs-Gesellschaft wird vom Staate, in Preußen wenigstens, niemals gestattet, eine Creditbank oder noch etwas Anderes daneben zu sein; sie ist eine Sparcasse und ihre aufgeschobenen Sparfonds müssen intact bleiben. Ich für meinen Theil kann mich also nicht auf den Standpunkt der Gewerkvereine stellen. Indessen, die Versammlung ist souverain; sie kann den Passus beibehalten oder ablehnen. Wenn Sie meinem Rath folgen wollen, so bitte ich, ihn abzulehnen, denn man soll bei Pensionsversicherungen nicht noch andere, hiervon gänzlich abseits liegende Zwecke im Auge haben.

Hiltrop: Ich schließe mich Herrn Geh.-Rath Engel an, weil ich glaube, daß der Inhalt dieses Paragraphen in die Normativbestimmungen selbst gehört.

Prof. Brentano: Wenn Herr Geh.-Rath Engel mir erwidert hat, man dürfe sich bei Behandlung dieser Frage eben nur auf den Standpunkt der Versicherung stellen, so kann ich dem gar nicht zustimmen. Den Anforderungen, welche von diesem Standpunkt aus gemacht werden müssen, muß allerdings genügt werden, wie ich bereits vorhin hervorhob, und dies geschieht durch § 5. Wenn jedoch etwas nach mehreren Richtungen, nicht blos nach einer einzigen hin wirkt, dürfen wir es auch nicht blos unter einem einzigen Gesichtspunkt betrachten. Auch widerspräche dies geradezu der Grundanschauung unseres Vereins, welche es verbietet, ein Interesse isolirt und an sich zu verfolgen, ohne Rücksicht darauf, wie dies andere und vielleicht wichtigere Interessen berühre. Das Hauptinteresse aber, das wir vor Augen haben, ist die Hebung der Arbeiterclasse, und diesem wird mehr gedient, wenn Sie Punkt 5 der Duncker'schen Resolutionen annehmen, als wenn Sie ihn verwerfen.

Dr. Hirsch: Ich möchte nur kurz bemerken, daß Sie nach der principiellen Abstimmung zu Gunsten der freien Cassen sich unmöglich gegen die Verbindung zwischen Gewerkverein und Hülfscasse erklären können, denn ohne diese Verbindung würden Ihre Beschlüsse rein in der Luft schweben. Wenn Sie die freien Cassen wollen, meine Herren, so müssen Sie auch die Gewerkvereinscassen zulassen, denn augenblicklich giebt es kaum andere freie Cassen, und zwar ist diese Erscheinung nicht zufällig, sondern beruht auf dem mächtigen corporativen Drange, welcher die arbeitenden Classen beseelt; darum ist auch zunächst keine Aussicht auf eine Aenderung hierin. Auch würden Sie durch das Verbot des Zusammenhanges zwischen Gewerkverein und Hülfscasse der gesunden Entwickelung beider den schlechtesten Dienst erweisen. Die Folge würde unbedingt sein, daß die Gewerkvereine sich und ihre Cassen nicht unter das Gesetz stellen, daß also der Staat die Controle darüber ganz verliert und gerade die Mißbräuche dieser Cassen ungehindert bestehen, während Sie bei Zulassung der Gewerkvereinscassen unter den gesetzlichen Cautelen das erwirken, daß die Hülfscassen sich in ruhiger und angemessener Weise entfalten.

Prof. Dr. Nasse: Ich möchte Sie ebenfalls bitten, auf der einen Seite die Resolution 5 nicht ganz zu verwerfen, sondern sie anzunehmen aus mehrfachen Gründen, weil ich in dem Gewerkvereine die Ansätze zu einer corporativen Gliederung, umfassend den ganzen Arbeiterstand, sehe, und weil ich diese Ansätze einer corporativen Gliederung nicht unterdrück.n, sondern fördern will; und ich hoffe, daß sich noch eine Form finden lassen wird, welche auch die Arbeitgeber in diese corporative Gliederung einschließen lassen wird. Wenn Sie aber dieser corporativen Gliederung das Recht nehmen, Jeden auszuschließen, so machen Sie sie freilich zu Strikecassen, nur geleitet von dem einen Interesse, höheren Lohn zu bekommen. Alsdann kann ich mich aber nicht entschließen, meinen Antrag zurückzuziehen, weil die Worte: „Auf Grund dieser Normativbestimmungen errichteten Cassen mit anderen nach gesetzlichen Normativbestimmungen errichteten Vereine“ wichtig sind; ich möchte, daß auch diese aufgenommen würden. Die Bestimmungen, welche in dem Gesetzentwurf des Herrn Dr. Hirsch sich finden, liegen ja zunächst für unsere Beschlüsse doch nicht vor. Diese Resolution 5 geht zunächst in das Publicum hinaus. Da heißt es dann: wir wollen jedem Vereine das Recht geben, eine Invaliden-Pensionscasse zu gründen, und dann doch ihm das Recht geben, beliebig Leute daraus auszuschließen. Das ist eine offenbar gefährliche Sache, und das wollen ja auch die Herren Hirsch und Duncker nicht. So weitgehende Rechte wollen wir nicht jedem beliebigen Vereine geben, und deshalb möchte ich bitten, meinen Zusatz anzunehmen.

Prof. Held: Es giebt außer den Gewerkvereinscassen noch verschiedene andere Subventionscassen. Es giebt nämlich religiöse Vereine, welche mit Pensionscassen verbunden sind; auch bei sonstigen beliebigen Vereinen kann dies vorkommen, und es giebt Fabrikcassen. Es giebt Einrichtungen, denen zufolge die Arbeiter einer Fabrik unter sich einen Verein mit dem Arbeitgeber bilden, welcher Verein dann die Pension besorgt und noch vieles Andere dazu, z. B. Krankencasse ꝛc. Es muß dafür Sorge getragen werden, daß, wenn ein Arbeiter aus solcher Fabrik entlassen wird, er auch mit seinen Pensionsbeiträgen nicht ganz zu kurz kommt. Mit Rücksicht auf diese Pensionscassen scheint es mir besonders nothwendig, daß wir eine Abstimmung über die hier angeregte Frage nicht unterlassen. Auch ist ganz allgemein eine Trennung der Cassenführung zwischen Pensions- und Krankencassen wünschenswerth, worauf sich mein zu Punkt 5 des Correferenten gestelltes Amendement bezieht.

Stellv. Vors. schreitet zur Abstimmung. Aus derselben geht der Passus 5 der Duncker'schen Resolutionen, unter Annahme der Amendements Nasse und Held, wie folgt hervor:

> „Verbindungen solcher gesetzlich anerkannter, auf Grund dieser Normativbestimmungen errichteter Cassen mit anderen, nach gesetzlichen Normativbestimmungen errichteten Vereinen sind zulässig. Es ist aber in diesem Falle gesonderte Cassenführung für die Pensionscassen zu fordern. Mitgliedern, welche aus andern Gründen, als weil sie ihrer Cassenpflicht nicht genügt haben, aus dem Verein und der Casse ausgeschlossen werden, muß eine Entschädigung, entsprechend dem jeweiligen Werthe ihrer Ansprüche an die Pensionscasse, gezahlt werden“

Damit ist der Antrag Eras gefallen.

Der Beschluß der Versammlung lautet also:

1) Die schleunige Regelung des Pensionscassenwesens der Arbeiter durch die Reichsgesetzgebung ist nothwendig:
   a) Weil nur durch diese die in einzelnen Bundesstaaten eingetretene Rechtsunsicherheit bezüglich des Cassenwesens der Arbeiter vollständig im Sinne und in Fortbildung der bisherigen Reichsgesetzgebung beseitigt werden kann.

b) Weil nur auf einem großen einheitlichen Rechtsgebiet umfassende Cassen errichtet werden können, welche ihren Mitgliedern die volle Freizügigkeit gewährleisten, zugleich aber durch die große Zahl ihrer Theilnehmer das Gesetz der verschiedenen Zufälligkeiten, gegen welche versichert werden soll, am reinsten zur Erscheinung kommen lassen, und dadurch im Stande sind, ihren Mitgliedern für die möglichst geringsten Opfer die größten Leistungen zu gewähren.

2) Das zu erlassende Reichsgesetz hat die Normativbestimmungen derartiger Cassen festzustellen, vermittelst deren Erfüllung solche ohne besondere obrigkeitliche Concession ins Leben treten und die Rechte einer juristischen Person erwerben können. Die bereits bestehenden, nach landesgesetzlichen Bestimmungen auf gesetzlichem Zwange beruhenden Cassen sollen durch dieses Gesetz nicht berührt werden.

3) Den Normativbestimmungen ist die Selbstverwaltung der Cassen zu Grunde zu legen; doch ist es durch Einwirkung staatlich approbirter Sachverständiger und andere geeignete Controlmaßregeln thunlichst sicher zu stellen, daß für die einzuzahlenden Beiträge die versprochenen Leistungen auch wirklich dauernd gewährt werden können.

4) Verbindungen solcher gesetzlich anerkannter, auf Grund solcher Normativbestimmungen errichteter Cassen mit anderen, nach gesetzlichen Normativbestimmungen errichteten Vereinen sind zulässig. Es ist aber in diesem Falle gesonderte Cassenführung für die Pensionscassen zu fordern. Mitgliedern, welche aus anderen Gründen, als weil sie ihrer Cassenpflicht nicht genügt haben, aus dem Verein und der Casse ausgeschlossen werden, muß eine Entschädigung, entsprechend dem jeweiligen Werthe ihrer Ansprüche an die Pensionscasse, gezahlt werden.

Es folgt die Berathung über den Antrag des Herrn Geh.-Rath Engel.

Antrag Engel:

Der Verein wolle beschließen:

1) Den preußischen Herrn Handelsminister zu ersuchen, die Ergebnisse der im August 1873 angestellten Enquête über das gewerbliche Hülfscassenwesen veröffentlichen zu lassen;

2) Seinen Ausschuß oder einen ad hoc zu ernennenden Ausschuß zu beauftragen, sich im Verein mit einem Ausschuß des „Volkswirthschaftlichen Congresses“ mit der Ausarbeitung eines Gesetzentwurfs über das gewerbliche Hülfscassenwesen zu beschäftigen, und diesen Gesetzentwurf rechtzeitig beim Reichstage mit der Bitte um thunlichste Berücksichtigung einzureichen.

Prof. Dr. Nasse: Ich möchte in Bezug auf den zweiten Antrag Engel, betreffend den Volkswirthschaftlichen Congreß, in Erwägung geben, daß unsere Resolutionen von denen des letzteren doch in erheblichen Punkten abweichen, so daß es immerhin zweifelhaft ist, ob man sich zu einem gemeinsamen Gesetze vereinigt, und ich frage daher Herrn Geh.-Rath Engel, ob er noch auf diesem Antrage besteht?

Engel: Ich bleibe allerdings bei meinem Antrage stehen. So gut, wie es Herrn Dr. Hirsch gelungen ist, die Versammlung von der Nothwendigkeit seines Antrags zu überzeugen, kann es ihm ja auch noch gelingen, die etwa dissentirenden Mitglieder der Commission zu überzeugen.

Der Schriftführer verliest den jetzt im Wortlaut vorliegenden Antrag Engel: den preußischen Herrn Handelsminister zu bitten, die Ergebnisse der im August 1873 angestellten Enquête über die gewerblichen Hülfskassen mitzutheilen.

Prof. Neumann: Ich möchte eingeschaltet wissen: „soweit nicht dienstliche Gründe entgegenstehen."

Prof. Dr. Held: Mein Freund Wagner bezeichnet mich oft scherzhaft als Vermittlungsmann. Wenn Sie nun den Antrag Engel annehmen, so muß ich einen Schreibebrief an das Königliche Ministerium richten, und Sie können ohne besonderen Beschluß mir vertrauen, daß ich alle mögliche Rücksicht nehmen werde, die man bei einem Gesuch an eine Hohe Königliche Behörde nehmen muß.

Prof. Neumann: Es handelt sich hier darum, daß an die Regierung das Ersuchen gestellt wird, Etwas zu publiciren, was sie ganz allein für sich gesammelt hat!

Prof. Dr. Nasse: Würde sich der Herr Antragsteller mit dem Versprechen des Herrn Dr. Held begnügen, die Bitte an das Ministerium so zu fassen, daß darin allen dienstlichen Rücksichten Rechnung getragen wird? (Dr. Neumann: Jawohl!) und seinen Antrag zurückziehen? (Dr. Neumann: Jawohl!)

Dann eröffne ich die Discussion über den zweiten Antrag Dr. Engel's.

Prof. Wagner: Meine Herren. Ich möchte Sie bitten, diesen Antrag nicht anzunehmen. Herr Geh.-Rath Engel hat für mich nicht genügend motivirt, warum wir uns in diesem Falle gerade mit dem Volkswirthschaftlichen Congreß zusammenthun sollen. Es widerspricht dies unseren bisherigen Traditionen. Aber auch sachlich wird darin die unrichtige Tendenz verfolgt, uns von vornherein auf einen Compromißstandpunkt zu stellen. Ich glaube ferner, je größer eine solche Commission ist, desto schwieriger ist es ihr, ein ordentliches Elaborat bald fertig zu stellen. Viel besser ist ein kleiner Kreis; am besten ein einzelner Fachmann für eine solche Arbeit. Außerdem sind ja auch mehrere unserer Mitglieder zugleich Mitglieder des Volkswirthschaftlichen Congresses. Diese können sich an den Arbeiten beider Versammlungen mit Erfolg betheiligen und eine sachliche Annäherung in dieser Frage der Cassen vertreten. Meines Erachtens liegt aber kein triftiger Grund vor zu einer gemeinsamen Commission, und ich bitte, den Antrag abzulehnen.

Dr. Gensel (Leipzig): Auch ich gehöre dem Ausschuß des Volkswirthschaftlichen Congresses als Mitglied an. Als Ihr Vorstand mir die Ehre erwies, mich zu einem Correferat in der Steuerfrage aufzufordern, da muß ich offen gestehen, daß ich dies als ein Zeichen dafür aufgefaßt habe, daß die Beziehungen zwischen den beiden Congressen sich freundlicher gestaltet hätten als es bis dahin der Fall war. Ich kann Ihnen versichern, daß die Nachricht, Ihr Vorsitzender würde dem Volkswirthschaftlichen Congresse die Ehre seines Besuches erweisen, mit großer Freude aufgenommen worden ist. Wir haben dann sehr bedauert, daß es ihm unmöglich gemacht war, diesen Vorsatz auszuführen. Ich kann Ihnen ebenso versichern, daß, wenn die anderen Herren zum Volkswirthschaftlichen Congreß gekommen wären, sie mit Freuden dort aufgenommen worden wären. Sie können annehmen, daß Sie dieselben Meinungen, wie heute hier, auch dort gefunden haben würden. Gerade in Bezug auf das Invalidencassenwesen möchte ich Sie wirklich bitten, die beiderseitigen Vorschläge einmal zu vergleichen. Die Differenzen laufen auf sehr kleine Nuancen hinaus, auf weit kleinere Abweichungen, als heute zwischen den Thesen des Referenten und Correferenten. Eine Differenz findet nur statt im letzten Satze, und wäre das Amendement Ihres Vorsitzenden angenommen worden, so würde die — (Vors. Prof. Dr. Nasse: Es ist angenommen!) Bitte um Entschuldigung! Jedoch das letzte Amendement, das von Herrn Dr. Eras, wäre das angenommen worden, so würde vollständige materielle Uebereinstimmung herrschen. Da ich nun aber Mitglied des Ausschusses des Congresses bin, so werden Sie mir erlassen, mich jetzt über den Antrag speciell auszusprechen. Ich bitte also um die Erlaubniß, mich darüber der Abstimmung enthalten zu dürfen. Das aber glaube ich Ihnen versichern zu können, daß, wenn an den ständigen Ausschuß des Congresses eine derartige Aufforderung gelangte, sie mit großer Bereitwilligkeit angenommen werden würde. Was die Zahl anbetrifft, so ist, wenn Sie drei Mitglieder ernennen, und der andern Seite auch drei zu wählen überlassen, die Zahl keineswegs zu groß. Ueber diesen Antrag hier als Mitglied des Vereins für Socialpolitik abzustimmen, dazu halte ich mich nicht in der Lage; aber das glaube ich versichern zu können, daß er mit Freuden aufgenommen werden wird.

Vors. Prof. Dr. Nasse: In Folge dieser freundlichen Worte ziehe ich meinen Widerspruch zurück und empfehle die Annahme des Antrags Engel.

Dr. Engel: Ich darf sagen, daß mich bei Stellung meines Antrags lediglich die Zweckmäßigkeit geleitet hat. Der Volkswirthschaftliche Congreß beschäftigt sich seit drei Jahren mit der Frage der Arbeiter-Pensionscassen und hat in dieser Angelegenheit eine Menge Material zu Tage gefördert, aber gerade dort finden sich sehr lebhafte Gegner derjenigen Ansichten, die hier ausgesprochen wurden, und insbesondere Gegner der von Herrn Dr. Max Hirsch vertretenen Ansichten. Da wir indeß jetzt nicht mehr allzuweit den Ansichten des Volkswirthschaftlichen Congresses entfernt stehen, so halte ich es für zweckmäßig, daß ein gemeinsamer Antrag aus beiden volkswirthschaftlichen Lagern an den Reichstag gelangt und nicht deren zwei. — Warum wir das jetzt machen sollen und nicht schon früher gethan haben, dafür habe ich nur die Antwort, daß früher der Fall nicht vorlag, daß beide Congresse in einer Saison sich mit ein und derselben Sache beschäftigten.

Prof. Brentano: Wenn ich das Wort ergreife, so geschieht dies lediglich, um meine Abstimmug zu motiviren. Ich werde gegen den Antrag des Geh.-Rath Engel stimmen, und möchte nur ein paar Worte sagen, damit meine Abstimmung nicht etwa dahin mißverstanden werde, als ob sie aus Abneigung gegen den Volkswirthschaftlichen Congreß erfolge. Meine Motive sind vielmehr gleichfalls Zweckmäßigkeitsgründe. Diese führen mich jedoch zu dem entgegengesetzten Resultate wie Herrn Dr. Engel. Herr Engel hält es für unnütz, daß an den Reichstag zwei Gesetzentwürfe gelangen, und auch ich würde zwei Entwürfe für unnütz halten, wenn beide Congresse es wären, die den Entwurf abzufassen hätten, über den der Reichstag debattiren und abstimmen soll. Es handelt sich aber lediglich darum, dem Reichstage die über diese Frage herrschenden Anschauungen vorzutragen. Nun hat uns allerdings Herr Dr. Gensel gesagt, daß dieselben Anschauungen, die heute hier vertreten wurden, auch auf dem Volkswirthschaftlichen Congresse vertreten waren, nur seien die Nuancen etwas anders gemischt gewesen: diejenige, die hier überwiege, sei dort in der Minorität, und umgekehrt. Aber, meine Herren, gerade dies ist es, worauf es ankommt. Würde ein von beiden Versammlungen bestellter gemeinsamer Ausschuß einen einzigen Gesetzentwurf vereinbaren, so müßte nothwendig eine Nuance nicht zur Geltung gelangen. Ich finde es aber recht zweckmäßig, daß der Reichstag beide Nuancen kennen lerne.

Prof. Dr. Held: Die sachlichen Gründe, die mein Freund Brentano gegen den Antrag vorgeführt hat, sind gewiß von großem Gewicht, und sie würden mir vollständig genügt haben, den Antrag Engel nicht zu stellen. Aber der Antrag ist gestellt, und er ist von Dr. Gensel zwar nicht officiell angenommen, er hat sich aber in einer solchen Weise darüber geäußert, daß wir durch Ablehnung dieses Antrages zeigen würden, daß wir dieselben Gesinnungen, die ein Mitglied des Volkswirthschaftlichen Congresses für uns hat, nicht auch für ihn haben, und deshalb muß ich bitten, den Antrag anzunehmen, nachdem er einmal gestellt und so freundlich besprochen ist.

Prof. Wagner: Ich glaube, die Consequenz der Annahme dieses Antrages ist, daß wir dann überhaupt auf eine vollständige Verschmelzung mit dem Volkswirthschaftlichen Congresse hinauskommen. Das hat ja gewiß Vieles für sich, wenigstens nach der Ansicht Mancher; aber dann muß man es auch offen thun. Jedoch so ohne Weiteres dergleichen in einem Specialfall thun, dafür sehe ich keinen Grund! — Also, entweder beschließen Sie direct die Vereinigung unseres Vereins mit dem volkswirthschaftlichen Congresse, oder beschließen Sie, für sich allein weiter vorzugehen, Eins von beiden ist nur möglich!

Prof. Dr. Held. Herr Prof. Wagner zieht gern weitgehende Consequenzen. Ich glaube aber, daß die Nothwendigkeit, die er anführt, nicht vorliegt. Der Volkswirthschaftliche Congreß steht auf dem Boden der freien Concurrenz, und kann eine Vereinigung mit uns, nachdem wir einmal selbständig aufgetreten sind, und dadurch eine belebende Concurrenz besteht, gar nicht wünschen. Ich sehe deshalb nicht ein, warum man nicht in einem einzelnen Fall, zur Erreichung eines außerhalb der Vereinsdebatten liegenden Zieles, nämlich zur Ausarbeitung eines solchen Gesetzentwurfs, einmal zusammengehen sollte!

Dr. Hirsch: Ich möchte nur für alle Fälle, im Interesse der Sache, den eventuellen Antrag stellen, daß wir den Antrag des Herrn Dr. Engel: „einen Ausschuß zu beauftragen u. s. w." —, trennen von dem: „im Vereine mit dem Ausschuß des Volkswirthschaftlichen Congresses". Denn, sollte aus irgend welchen Gründen die Versammlung die Vereinigung mit dem Ausschuß nicht belieben, so können wir doch beschließen, daß wir die Sache allein in die Hand nehmen.

Dr. Thiel: Der Antrag Engel ist doch immerhin von einer gewissen Tragweite. Er ist präjudiciell für die Stellung der beiden Gesellschaften zu einander, und deshalb glaube ich, daß wir bei dieser vorgerückten Stunde und bei der schwachen Betheiligung eine Beschlußfassung unterlassen, die doch die nichtanwesenden Mitglieder, wie den ganzen Verein sehr stark tangirt. Ich möchte daher bitten, die ganze Sache lieber dem Ausschuß zu überweisen.

Prof. Dr. Nasse: Ich will nur darauf aufmerksam machen, daß der Volkswirthschaftliche Congreß uns schon bei früheren Gelegenheiten sehr freundlich entgegen gekommen ist, und daß er schon vor anderthalb Jahren uns ersucht hat, auf seiner Versammlung in Wien zu erscheinen und Referenten neben den seinigen zu bestellen, und neben den damals von ihm in Aussicht genommenen Thematen noch andere vorzuschlagen. Auf dieses Schreiben hat der Volkswirthschaftliche Congreß eine officielle Antwort gar nicht erhalten, weil keine Ausschußsitzung vorher stattfand, und es hat für manche Mitglieder den Anschein gehabt, als ob man ihm habe gar nicht antworten wollen. Um so mehr freut es mich, daß durch den Antrag Engel jetzt Gelegenheit gegeben ist, ihm das Gegentheil zu zeigen! — Es sind ja übrigens keine scharfen Unterschiede, die uns trennen, da ja die Linke des Volkswirthschaftlichen Congresses sich mit der Rechten dieses Vereins auf's nächste berührt. Daher glaube ich auch, daß ein gegenseitiges Besuchen der Vereine beiden Vereinen zum Vortheil gereicht. Die Consequenz, die Herr Prof. Wagner daraus zieht, daß eine vollständige Verschmelzung entstehen möchte, die kann ich nicht ziehen. Da sind sehr viele Schwierigkeiten, die einer solchen vollständigen Vereinigung noch entgegentreten. Da nun diese Verhandlungen in die Oeffentlichkeit kommen und die Verhandlungen des Ausschusses nicht, so möchte ich bitten, den Antrag hier anzunehmen.

Prof. Brentano: Ich kann trotz des von den Herren Nasse und Held Gehörten nur den Antrag Thiel unterstützen. Dabei hege ich allerdings nicht die Anschauung des Prof. Wagner, daß durch Annahme des Antrags Engel eine Verschmelzung beider Vereine herbeigeführt würde. Meine Gründe habe ich vielmehr schon vorhin angegeben, und ich möchte nur noch darauf aufmerksam machen, was ein solcher gemeinsamer Ausschuß, wie ihn Herr Engel beantragt, thun könnte. Wir würden offenbar solche Mitglieder in denselben wählen, welche die heute gefaßten Resolutionen ausnahmslos vertreten würden, und der Volkswirthschaftliche Congreß würde, wenn er seinerseits auf den Vorschlag eingeht, gleichfalls Mitglieder wählen, welche an den von ihm gefaßten Resolutionen ausnahmslos festhielten. Die so zusammengesetzte Commission könnte aber schwerlich zu einem gemeinsamen Resultate gelangen. Das, was erreicht würde, wäre, daß in allen Punkten, in denen die Beschlüsse beider Versammlungen auseinander gehen, besondere Vota abgegeben würden. Wenigstens ist nicht abzusehen, daß die Mitglieder unserer Majorität, die heute von den Gründen der Minorität nicht überzeugt wurden, dort diesen Gründen größere Bedeutung beilegen würden, und umgekehrt. Das Resultat des gemeinsamen Ausschusses könnten also nur zwei Resultate sein; auch er könnte nur zwei Gesetzentwürfe an den Reichstag gelangen lassen. Also gerade Dasjenige, was Herr Dir. Engel durch den gemeinsamen Ausschuß erreichen will, würde durch denselben nicht erreicht.

Die Discussion wird hierauf geschlossen. Bei der Abstimmung wird der Antrag Thiel: die ganze Sache dem Ausschuß zu überweisen, angenommen. — Damit ist der Gegenstand erledigt.

Vors. Prof. Dr. Nasse: Wir haben damit unsere heutige Tagesordnung wohl erledigt und ich erlaube mir, Ihnen meinen Dank auszusprechen für die Theilnahme an diesen Verhandlungen, ganz besonders den Herren Gutachtern, die die Verhandlungen so gut vorbereitet und so wesentlich erleichtert haben; und ferner den Referenten und Correferenten, die sie durch ihre Referate so ausgezeichnet eingeleitet haben. Ich glaube, es ist immerhin eine erfreuliche Sache, daß zwei, die öffentliche Meinung jetzt so aufregende Fragen hier in so gründlicher Weise von Männern der verschiedensten Parteien haben erörtert werden können, in dem Sinne, in dem wir unsern Verein begründet haben: zu sorgen, wie wir die bis jetzt von unsern Culturgütern fast ausgeschlossenen Classen derselben möglichst theilhaftig machen; wie wir sie heranziehen zu den Gütern des geistigen und wirthschaftlichen Lebens, die den gebildeten Classen unseres Volkes eigen sind, und wie wir dadurch den Classengegensatz und diesen Haß beseitigen, der in Deutschland in den letzten Jahren schon so große Dimensionen angenommen hat. Ich danke endlich noch dem Localcomité, welches so große und vielfache Geschäfte auf sich genommen und so sorgfältig durchgeführt hat! Und damit schließe ich die Sitzung.

Prof. Brentano: Meine Herren! Ich glaube im Sinne aller Anwesenden zu handeln, wenn ich unserem verehrten Präsidenten den Dank ausspreche für die große Umsicht und Liebenswürdigkeit, mit der er die Debatten geleitet hat. Wenn wir mit dem Verlaufe unserer Verhandlungen zufrieden sein können, so danken wir dies zum größten Theile seiner vortrefflichen Leitung! (Zustimmung aus der Versammlung.)

Vors. Prof. Dr. Nasse: Ich danke Ihnen, meine Herren!

(Schluß $9^{1}/_{4}$ Uhr Abends.)

Alphabetisches Verzeichniß der Redner.

Die Theilnehmer

an den Sitzungen des

Vereins für Socialpolitik

am 11. und 12. October 1874.

Bacmeister, J., Verlagsbuchhändler, Bielefeld.
Backofen, E., Fabrikbesitzer, Mittweida.
Blödner, Zimmermeister, Erfurt.
Blum, Dr. W., Heidelberg.
Blumenstengel, Dr., Pfarrer, Sitten b. Leisnig.
v. Bojanowsky, P., Redacteur, Weimar.
Bönisch, Stadtrath, Dresden.
Brandes, Tischlermeister, Berlin.
Brentano, L., Professor, Bresaul.
Bruder, Dr. Adolf, Insbruck.
Bücher, Dr. phil., K., Frankfurt a. M.
Calberla, Dr., Rittergutsbesitzer, Merzdorf b. Riesa.
Conrad, Professor, Halle.
Contzen, Dr., Professor, Aachen.
Dannenberg, Redacteur, Hamburg.
v. Dedem, W. K., Haag.
Duncker, Franz, Verlagsbuchhändler, Berlin.
v. Eichel, Ed., Rittergutsbesitzer, Eisenach.
Eisenlohr, Ministerialrath, Karlsruhe.
Elcho, Redacteur, Berlin.
Engel, Dr., Geheimer Ober-Regierungsrath, Berlin.
Eras, Dr., Vertreter der Handelskammer, Breslau.
Fischer, Dr., Gerichtsassessor, Berlin.
Friedberg, Stud. jur., Berlin.
Fuhrmann, G., Fabrikinspector, Worms.
Full, Dr., Bürgermeister, Kissingen.
Geibel, Domänenpachter, Unterrohn.
Gensel, Dr. jur., Jul., Vertreter der Handelskammer, Leipzig.
Gersfeldt, Ph., Advocat, Leipzig.
Goldner, H., Turnlehrer, Eisenach.
Goltz, Regierungsrath, Berlin.

Hache, G., Oberbürgermeister, Essen.
Hammer, Advocat, Chemnitz.
Hartmann, Dr., Magdeburg.
Hecht, Dr., Bankdirector, Mannheim.
Heitzer, Jos., Rechtsrath, Regensburg.
Held, Dr., Professor, Bonn.
v. Helldorf, Landrath, Bedra b. Merseburg.
v. Helldorf, Bürgermeister, Halle.
Hildebrand, Dr., Geheimer Regierungs-Rath, Jena.
Hiltrop, J., Assessor, Dortmund.
Hirsch, Dr. Max, Berlin.
v. Hoff, H., Reg.-Director, Wernigerode.
Isaak, Kaufmann (Vertreter des Centralrathes der deutschen Gewerkvereine), Charlottenburg.
Jacobi, J., Redacteur, Dortmund.
Jannasch, Dr. R., Director des statistischen Bureaus, Dresden.
Janson, Schneider (Vertreter der Verbände der deutschen Gewerkvereine), Berlin.
Jürgens, Dr. phil., A. H., Halberstadt.
Kalle, Fabrikbesitzer, Biebrich.
Kerdyk, A., Schulinspector, Haag.
Kleeberg, Director, Leipzig.
Knapp, Dr., Professor, Leipzig.
Knauer, Gutsbesitzer, Gröbers.
Koumanine, Alex., Kaiserlich Russischer Attaché, Berlin.
Koller, Dr., Schriftsteller, Berlin.
Dael v. Koeth, Dr. Freiherr, Mainz.
Lindwurm, Dr., Braunschweig.
Lohmann, Geheimer Regierungsrath, Berlin.
J. Löwenheim, Redacteur, Eisenach.
Ludwig-Wolf, Bürgermeister, Großenhain.
Mascher, Dr., Bürgermeister, Hoerde.
Meyer, Dr. Rudolf, Redacteur, Berlin.
v. Minnigerode, Baron, Rositten (Ostpreußen).
Mühlbrecht, Buchhändler, Berlin.
Müller, Moritz, Fabrikant, Pforzheim.
Müller, Regierungs-Rath, Gotha.
Nasse, Dr., Professor, Bonn
Neumann, Professor, Freiburg.
Niendorf, M., Schriftsteller.
Nies, Albert, Zimmermeister, Braunschweig.
v. Oertzen, Freiherr, Rittergutsbesitzer, Horn b. Hamburg.
Pache, Schuldirector, Lindenau b. Leipzig.
Perrot, Dr., Rostock.
Perthes, Emil, Verlagsbuchhändler, Gotha.
Pfeifer, Gustav, Bauunternehmer, Merseburg.
Philippi, Eisenwerkbesitzer, Stromberg.
Quistorp, Commerzienrath, Stettin.

v. Roggenbach, Freiherr, Bonn.
v. Rohland. **Woldem.**, Cand. jur., Leipzig.
Roscher, Dr. C., Handelskammer-Secretär, Zittau.
Rößler, Const., Professor, Berlin.
Roth, Fabrikant, Chemnitz.
v. Samarin, Collegienrath, Moskau.
Samter, A., Bankier, Königsberg.
Sältzer, Ed., Baumeister, Eisenach.
Schäfer, Dr. W., Hannover.
Schmidt, H., Stud. cam., Livland.
Schober, Dr., Bezirks-Assessor, Leipzig.
Schulze, Jul., Secretär der Handelskammer, Mainz.
Schuster, Dr., Professor, Leipzig.
Siebert, Apotheker, Marburg (Prov. Hessen).
Sombart, A. L., Rittergutsbesitzer, Ermsleben a. H.
Stöpel, Dr. Franz, Frankfurt a. M.
Ströll, Dr., München.
Strupp, Dr. jur., **G.**, Meiningen.
Sulze, Dr. E., Pastor, Chemnitz.
v. Swaine, Richard, Bergwerksbesitzer, Stockheim.
Swaine, W., Landtagsabgeordneter, Sonneberg.
v. Sybel, Professor, Bonn.
Thiel, Dr., Berlin.
v. Thüngen, **Carl**, Freiherr, Roßbach.
Tiedemann, Landrath, Mettmann.
Wagener, Geheimer Ober-Regierungsrath a. D., Berlin.
Wagner, Dr., Professor, Berlin.
Weitemeier, Rittergutspachter, Großlupnitz.
v. Werthern, Freiherr, Landrath, Cölleda.
v. Wintzingerode, Graf, Bodenstein.
Ziegler, Gottfried, Director der Gutehoffnungshütte, Sterkrade.
Ziller, Landrath, Sonneberg.
Zillmer, Dr., Berlin.

Pierer'sche Hofbuchdruckerei. Stephan Geibel & Co. in Altenburg

FSC
www.fsc.org
MIX
Papier | Fördert
gute Waldnutzung
FSC® C083411

Kolibri 360 GmbH
Ferdinand-Jühlke-Straße 7
99095 Erfurt, Deutschland
produktsicherheit@kolibri360.de

Druck:
CPI Druckdienstleistungen GmbH
im Auftrag der
Kolibri 360 GmbH
Ferdinand-Jühlke-Str. 7
99095 Erfurt